碳达峰 碳中和：
中国建筑业高质量发展路径

李素蕾 刘金东 李 坤 著

中国建筑工业出版社

图书在版编目（CIP）数据

碳达峰　碳中和：中国建筑业高质量发展路径 / 李素蕾，刘金东，李坤著 . -- 北京：中国建筑工业出版社，2024. 8. -- ISBN 978-7-112-30195-9

Ⅰ . F426.9

中国国家版本馆 CIP 数据核字第 20246XX682 号

责任编辑：张智芊
责任校对：赵　力

碳达峰　碳中和：中国建筑业高质量发展路径
李素蕾　刘金东　李　坤　著
*
中国建筑工业出版社出版、发行（北京海淀三里河路9号）
各地新华书店、建筑书店经销
北京雅盈中佳图文设计公司制版
建工社（河北）印刷有限公司印刷
*

开本：787 毫米 ×1092 毫米　1/16　印张：15　字数：251 千字
2024 年 9 月第一版　2024 年 9 月第一次印刷
定价：**68.00** 元
ISBN 978-7-112-30195-9
（43189）

版权所有　翻印必究
如有内容及印装质量问题，请与本社读者服务中心联系
电话：（010）58337283　QQ：2885381756
（地址：北京海淀三里河路 9 号中国建筑工业出版社 604 室　邮政编码：100037）

前　言

随着环境问题的日益严重和全球温度的不断上升，建筑行业作为国民经济的支柱产业，每年碳排放量巨大。在此背景下，从建设项目的施工材料运输、建设项目施工、建设项目运行、建设项目拆除到建筑垃圾回收利用整个过程，都在一定程度上产生二氧化碳排放，因此建筑行业的低碳发展受到广泛关注。从 2020 年 9 月开始，我国曾多次提出力争二氧化碳排放 2030 年前达到峰值，努力争取 2060 年前实现碳中和，简称为"双碳"目标。"双碳"目标是国家高品质发展、绿色发展的必然要求。随着"双碳"国家战略目标的提出，建筑领域的减碳已然是我国实现"双碳"目标的重要一环，必须加强建筑行业的绿色低碳环保自主创新，大力发展绿色低碳产业，改进生态环境品质，建筑行业的减碳既体现了建设绿色美好世界的要求，也体现了人类命运共同体的大国担当。对建筑行业二氧化碳排放实施控制，对于实现国家"双碳"目标具有重大作用。"双碳"目标的提出直接关系到建筑行业未来的可持续发展，对建筑行业既是机遇也是挑战。建筑行业碳达峰、碳中和将对建筑行业及其相关企业产生非常积极的影响，从而产生积极的社会影响，为全行业碳减排的发展和全国实现碳达峰、碳中和提供动力。建筑行业产业链条长，涉及的环节多，建筑行业实现碳中和面临着重大挑战，同时也彰显出建筑行业实现碳中和是我国实现"双碳"目标的重要一环。建筑行业作为巨大碳排放领域之一，践行绿色低碳发展理念，不仅能够促进建筑产业绿色低碳转型升级，而且对于打造低碳社会意义重大。建筑行业的绿色、环保、节能、低碳发展刻不容缓，促进新建节能建筑中的绿色建筑、既有建筑中的绿色化改造工作和建筑垃圾的资源化利用等发展，对促进建筑行业碳减排，具有重大意义。

本书主要研究碳达峰、碳中和目标下建筑业高质量发展的路径分析。首先分析了碳达峰、碳中和目标的相关理论以及建筑行业的基本发展情况和碳排放情况,为建筑行业在碳达峰、碳中和目标下的发展提供理论分析,然后从新建建筑、既有建筑、建筑垃圾三大角度出发,以新建节能建筑中的绿色建筑、装配式建筑、既有建筑中的绿色化改造工作和建筑垃圾的资源化利用四项重点工作为建筑行业低碳发展的聚焦点,探究了其与双碳目标的内在逻辑,具体分析了各自的减碳路径,针对绿色建筑中的重点部分绿色建筑设计方案评价,构建了基于 OPA 法的绿色建筑设计方案评价模型,通过 OPA 法确定基于属性和专家意见的备选方案的权重,基于权重最大则最优的原则,进而确定绿色建筑设计方案的优劣排序,最后得到客观科学的评价方案。通过应用分析具体项目案例,最终得到的设计方案评价结果符合实际,证明了本书基于 OPA 法建立的绿色建筑设计方案评价模型具有实用性。建立的绿色建筑设计方案评价模型能够科学合理地选择最佳绿色建筑设计方案,为建设绿色建筑的投资决策提供有效依据。通过实际案例将绿色建筑与传统建筑全寿命周期碳排放进行对比,更加直观地认识到发展绿色建筑对于减碳的重大作用。最终探索出在碳达峰、碳中和目标下建筑行业该如何行动,提出在碳达峰、碳中和目标下建筑行业的发展策略和路径,不断挖掘建筑行业碳减排潜力,促进建筑行业绿色低碳发展,精心谋划、采取行动,积极落实。

本书的创新点首先体现在研究内容方面。本书重点研究了碳达峰、碳中和目标下建筑业高质量发展的路径分析,弥补了现有文献相关研究的不足。其次本书创新的关键在于从新建建筑、既有建筑、建筑垃圾三大角度出发,以新建节能建筑中的绿色建筑、装配式建筑、既有建筑中的绿色化改造工作和建筑垃圾的资源化利用四项重点工作为建筑行业低碳发展的聚焦点,探究了其与双碳目标的内在逻辑,逐一分析四项重点工作的具体减碳路径,最终得出在碳达峰、碳中和目标下建筑行业的发展路径。目前尚未发现有任何文献采用上述研究体系研究建筑行业的发展路径问题。最后,本书创新的独特之处在于针对绿色建筑中的绿色建筑设计方案评价问题,构建了基于 OPA 法的绿色建筑设计方案评价模型,并应用到具体项目案例。目前,尚未发现有任何文献采用 OPA 法构建绿色建筑设计方案评价模型对绿色建筑设计方案进行评价。

笔者多年从事工程项目管理、低碳建筑的一线教学、研究与咨询工作,虽无五车之学,但对于专业也有着自己的一些拙见,希望借此拙作能够抛砖引玉,为同行们提供一些既能解决实际问题,又能开展深入研究的思路。笔者的学识终是有限的，我们会尽最大努力给读者提供准确、恰当的信息，但终不能避免书中会出现些许纰漏，希望各位读者不吝笔墨给予斧正，笔者不胜感激。

在成书过程中，笔者参考了大量的文献资料，从中汲取了丰富的营养，在这里向这些学界的前辈以及为本书提供帮助的同仁表示最衷心的感谢。

目 录

第1章 绪论 ··· 001
  1.1 研究背景和意义 ·· 002
  1.2 国内外研究现状 ·· 006
    1.2.1 绿色建筑和装配式建筑减碳路径分析的相关研究 ······ 006
    1.2.2 既有建筑绿色化改造减碳路径分析相关研究 ·········· 007
    1.2.3 建筑垃圾资源化利用减碳路径分析相关研究 ·········· 008
  1.3 研究内容 ·· 008
  1.4 研究思路 ·· 009
  1.5 主要创新点 ·· 009
    1.5.1 研究内容的创新 ··· 009
    1.5.2 研究体系的创新 ··· 009
    1.5.3 研究方法的创新 ··· 010

第2章 相关理论基础 ··· 011
  2.1 全寿命周期碳排放理论 ······································· 012
    2.1.1 全寿命周期评价理论 ···································· 012
    2.1.2 全寿命周期评价定义 ···································· 013
    2.1.3 建筑全寿命周期评价内涵 ······························ 014
  2.2 建筑业绿色发展理论 ·· 014
    2.2.1 绿色发展的内涵 ··· 015
    2.2.2 绿色发展的特征 ··· 016
    2.2.3 相关概念辨析 ·· 018
    2.2.4 绿色发展理念的实践应用 ······························ 019
  2.3 "碳达峰·碳中和"理论 ······································· 020

2.3.1 "双碳"目标相关术语 ································· 021
　　　2.3.2 "双碳"目标内涵 ··································· 023
　　　2.3.3 建筑业碳排放 ····································· 025
　　　2.3.4 建筑业碳排放强度 ································· 026
　2.4 建筑行业发展以及碳排放基本情况 ··························· 026
　　　2.4.1 我国"双碳"目标时间规划 ··························· 026
　　　2.4.2 建筑行业发展基本情况 ····························· 027
　　　2.4.3 建筑碳排放核算范围 ······························· 029
　　　2.4.4 全国建筑碳排放情况 ······························· 029

第3章 建筑业的建筑碳排放分析 ······························· 033
　3.1 建筑碳排放计算概述 ····································· 034
　　　3.1.1 计算标准理论基础 ································· 034
　　　3.1.2 计算方法 ··· 035
　　　3.1.3 数据来源 ··· 035
　3.2 建筑全过程碳排放分析 ··································· 035
　　　3.2.1 建筑能耗和碳排放现状 ····························· 035
　　　3.2.2 建筑全过程碳排放阶段划分 ························· 038
　　　3.2.3 建筑材料碳排放分析 ······························· 039
　　　3.2.4 建筑运行碳排放分析 ······························· 040
　　　3.2.5 建筑施工碳排放分析 ······························· 041
　3.3 以南方某办公大楼为例进行碳排放预测分析 ··················· 043
　　　3.3.1 项目工程概况 ····································· 043
　　　3.3.2 绿色低碳技术的应用 ······························· 044
　　　3.3.3 建筑碳排放强度分析 ······························· 045
　　　3.3.4 总结 ··· 048
　3.4 建筑绿色低碳发展存在的问题总结 ··························· 048

第4章 建筑业全寿命周期碳排放计算 ··························· 051
　4.1 建筑全寿命周期评价 ····································· 052
　　　4.1.1 建筑全寿命周期评价的必要性 ······················· 052

4.1.2 建筑全寿命周期评价的意义和局限性 ………………… 053
4.1.3 建筑全寿命周期评价框架 ………………………………… 053
4.2 建筑全寿命周期碳排放量估算模型 …………………………………… 055
4.2.1 建材生产阶段所产生的碳排放量计算模型 …………… 055
4.2.2 建材运输阶段排放量计算模型 ………………………… 056
4.2.3 建筑施工建造和拆除阶段碳排放量计算模型 ………… 057
4.2.4 建筑运行阶段碳排放量计算模型 ……………………… 059
4.2.5 新建筑施工和旧建筑拆除所产生的废料处理阶段所产生的
  碳排放量计算模型 ………………………………………… 059
4.3 建筑全寿命周期碳排放量估算 ………………………………………… 061
4.4 建筑业碳排放强度测算 ………………………………………………… 063
4.4.1 建筑行业碳排放强度影响因素分类 …………………… 065
4.4.2 建筑行业碳排放强度直接影响因素 …………………… 066
4.4.3 建筑行业碳排放强度间接影响因素 …………………… 069

第5章 绿色建筑减碳路径分析 ………………………………………… 075

5.1 绿色建筑与"双碳"目标的内在逻辑 ………………………………… 076
5.1.1 碳中和背景下绿色建筑的新定义 ……………………… 076
5.1.2 发展绿色建筑的背景和意义 …………………………… 076
5.1.3 绿色建筑的内涵 ………………………………………… 078
5.2 绿色建筑与传统建筑碳排放对比分析 ………………………………… 078
5.2.1 项目案例 ………………………………………………… 078
5.2.2 建材阶段碳排放 ………………………………………… 080
5.2.3 建造阶段碳排放 ………………………………………… 080
5.2.4 运行阶段碳排放 ………………………………………… 081
5.3 基于梯形模糊顺序优先级方法的绿色建筑设计方案优选 …………… 083
5.3.1 研究现状 ………………………………………………… 083
5.3.2 建立绿色建筑设计方案评价指标体系 ………………… 084
5.3.3 基于梯形模糊顺序优先级方法的绿色建筑设计方案评价模型 … 086
5.3.4 OPA 法步骤 …………………………………………… 089
5.3.5 实例应用 ………………………………………………… 090

5.4 装配式建筑——绿色建筑的典型代表 ····· 095
5.4.1 装配式建筑与"双碳"目标的内在逻辑 ····· 095
5.4.2 装配式建筑国内外发展现状 ····· 098
5.4.3 装配式建筑绿色节能实例分析 ····· 101
5.4.4 装配式建筑推广路径分析 ····· 101
5.5 绿色建筑发展建议 ····· 103
5.5.1 加强技术创新 ····· 103
5.5.2 构建绿色建筑激励机制 ····· 103
5.5.3 完善绿色建筑标识制度 ····· 103
5.5.4 加强绿色建筑管控监管 ····· 104

第6章 既有建筑绿色化改造减碳路径分析 ····· 105
6.1 既有建筑绿色化改造与"双碳"目标的内在逻辑 ····· 106
6.1.1 既有建筑现状 ····· 106
6.1.2 既有建筑绿色化改造背景和意义 ····· 107
6.1.3 "双碳"背景下既有建筑绿色化改造新要求 ····· 107
6.2 既有建筑绿色化改造实例分析 ····· 108
6.2.1 具体实例 ····· 108
6.2.2 实例分析 ····· 110
6.3 既有建筑绿色化改造推广工作建议 ····· 110
6.3.1 加大宣传力度 ····· 110
6.3.2 创建利益共享机制 ····· 111
6.3.3 政府适时引导 ····· 111

第7章 建筑垃圾资源化利用减碳路径分析 ····· 113
7.1 建筑垃圾资源化利用基本理论 ····· 114
7.1.1 建筑垃圾定义和分类 ····· 114
7.1.2 建筑垃圾问题现状及应对措施 ····· 115
7.1.3 建筑垃圾资源化利用与"双碳"目标的内在逻辑 ····· 117
7.1.4 建筑垃圾资源化利用背景和意义 ····· 119
7.1.5 建筑垃圾资源化国内外现状 ····· 119

7.2 建筑垃圾的减碳策略 ··· 120
    7.2.1 从源头减量，设计、施工过程考虑建筑垃圾减量措施 ········ 120
    7.2.2 政府加快建筑垃圾消纳场地建设，禁止擅自设立消纳场 ····· 121
    7.2.3 制定新的建筑垃圾管理政策，政策实施过程中加强监管 ····· 121
    7.2.4 以建筑垃圾产业化推进资源化，实现变"废"为宝 ············· 121
7.3 建筑垃圾资源化利用实例分析 ································· 123
    7.3.1 具体实例 ··· 123
    7.3.2 实例分析 ··· 124

第8章 "双碳"目标下建筑业高质量发展路径 ················· 125

8.1 建筑业高质量发展概述 ··· 126
    8.1.1 "双碳"目标与建筑业高质量发展的关系 ···················· 127
    8.1.2 政策支持与"双碳"目标下建筑业高质量发展 ················ 128
    8.1.3 国内外建筑业高质量发展的实践经验 ······················ 129
    8.1.4 建筑业高质量发展的成功案例分析 ························ 129
    8.1.5 建筑业高质量发展的问题和挑战分析 ······················ 130
8.2 基于"双碳"目标的建筑业高质量发展路径 ···················· 131
    8.2.1 建筑节能减排与建筑业高质量发展的结合点 ················ 131
    8.2.2 建筑节能减排与建筑业高质量发展的协同机制 ············· 132
    8.2.3 基于"双碳"目标的建筑业高质量发展路径的制定和实施 ··· 134
8.3 我国建筑行业碳达峰碳中和路径 ································ 135
    8.3.1 大力发展绿色建筑、装配式建筑、超低能耗建筑等 ········· 136
    8.3.2 对既有建筑进行节能改造 ································ 136
    8.3.3 加大城市绿化面积，提高碳汇能力 ························ 137
    8.3.4 绿色建筑试点示范全面推进 ······························ 137

附　录 ··· 138
参考文献 ··· 223
后　记 ··· 227

CHAPTER 1

第1章

绪 论

研究背景和意义
国内外研究现状
研究内容
研究思路
主要创新点

1.1 研究背景和意义

工业革命至今，因为煤、石油等化石能源的大规模燃烧和工业过程二氧化碳的巨大排放，造成了大气中二氧化碳的含量持续上升，引发了以气候变暖为主要特点的全球气候变化。随着环境问题的日益严重和全球温度的持续升高，全球气候变化不单单是一个环境难题，也是一个发展难题，气候变化倒逼我国发展转型。我国为充分体现大国担当，主动积极地处理全球气候变化问题，力争二氧化碳排放 2030 年前达到峰值，努力争取 2060 年前实现碳中和，简称为"双碳"目标。《中华人民共和国国民经济和社会发展第十四个五年规划和 2035 年远景目标纲要》中明确，实施以碳强度控制为主，碳排放总量控制为辅的制度，支持有条件的地方和重点行业、重点企业率先达到碳排放峰值，深入推进工业、建筑、交通等领域低碳转型。从"十四五"规划开始，我国的经济增长由高速度增长向高质量发展转变，碳达峰则是"十四五"规划的一个内在要求，"双碳"目标与我国的高质量发展转型联系密切。2021 年 3 月 15 日，"双碳"目标事关中华民族的永续发展和构建人类命运共同体。"碳达峰·碳中和"已纳入我国生态文明建设整体布局。我国主张做好人与自然环境的协调工作，为全球可持续发展作出贡献。

中国提出碳达峰和碳中和目标，这是中国作为一个负责任大国应当担任起的国际责任，同时也是我们实现经济和社会全面绿色转型的内在需求。建筑领域是我国能源消费和碳排放的三大领域之一，在减排方面有着广阔的市场前景和巨大的碳减排潜力。

建筑业作为国民经济的支柱产业，在国民经济整体发展中处于领先地位。近年来，我国建筑业持续快速增长，产业规模不断扩大，"十四五"期间，我国建筑市场将进入中低速发展期，但中国仍拥有全球最大的建设规模，建筑业增势较猛。经国家统计局初步核算，2021年国内生产总值1143670亿元，比上年增长8.1%。且全年建筑业实现增加值80138亿元，同比增长2.1%，占国内生产总值的比重为7.01%。如图1-1所示，建筑业增加值的增长速度近年来虽有所下降，但自2012年以来其占国内生产总值的比例始终保持在6.85%以上，可见建筑业不仅是国民经济支柱，而且支柱产业地位非常稳固。

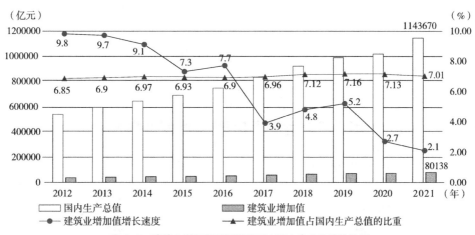

图1-1　建筑业增加值及其增速和占国内生产总值的比重
（数据来源：国家统计局发布的《中国统计年鉴》）

然而，随着我国经济社会的不断发展，仅仅依赖传统建筑业那种高能耗、高排放、低效率、难循环的粗放型发展模式已难以实现建筑行业的长远发展。国家统计局数据显示（图1-2），2014—2020年中国建筑业能源消费总量逐年上升，2020年更是达到了9462万吨标准煤。从全国建筑全寿命周期能耗总量来看（图1-3），建筑能耗占全国能源消费总量的比重为46.5%，且建筑全寿命周期的碳排放总量更是超过了全国碳排放总量的50%。由此可见，建筑行业已成为我国主要碳排放来源之一。

建筑业除了高能耗、高排放的缺点外，每年还会产生大量的建筑垃圾。据测算，我国每年产生建筑垃圾35亿吨以上，且中国的建筑垃圾存量已超过200亿吨。近年来，我国建筑垃圾年排放量已在15.5亿~24亿吨，相当于城市垃圾的40%左右，但资源化利用率不到5%，对自然环境造成了严重的破坏。如图1-4所示，一些发达国家的建筑垃圾资源化利用率已达到90%以上，而我国仅为5%，远远低于韩国、日本、德国等国家。

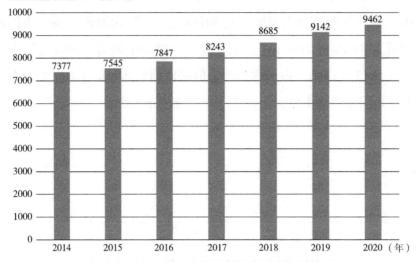

图1-2　2014—2020年中国建筑业能源消费总量情况

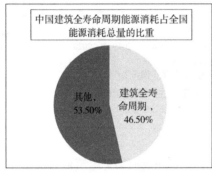
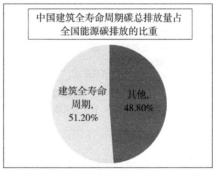

图1-3　中国建筑全寿命周期能耗及碳排放总量占比情况

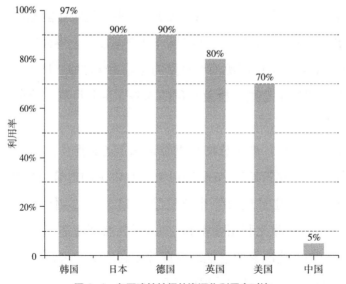

图1-4　各国建筑垃圾的资源化利用率对比

随着国家提出"碳达峰·碳中和"的要求，建筑行业的"绿色""低碳""节能"已经成为一种新的趋势。建筑行业的碳减排已经成为实现碳达峰和碳中和目标的关键，也是全面实现低碳社会、实现高质量发展的关键。要大力发展绿色、智慧、工业化等新的建筑形式，积极探索节能、健康等多种发展模式，促进建筑结构的优化和高质量发展。推动建筑行业的绿色发展，是实现"双碳"目标，促进社会和谐发展，提高人民幸福感、满足感，顺应数字化、智能化发展趋势，是培育壮大经济发展新动能的关键举措。随着碳达峰、碳中和政策的推进，我国的绿色建筑将进入快速发展的轨道，预计今后将会有4亿~6亿平方米的新增绿色建筑，其中已有的绿色改造市场将达到万亿规模，市场潜力巨大。我们要抓住这个重要的历史契机，支持龙头企业和标杆企业，创建示范工程和典型案例。同时，大力推广和运用绿色建筑及其技术产品，也是促进建筑业绿色、低碳、循环发展的一个重要途径。由于我国建设行业起步较晚，目前仍存在着重设计、轻运行的问题，因此，建设的低碳转型仍是任重道远。

"双碳"目标是国家高品质发展、绿色发展的必然要求。伴随着中国工程建筑全产业链迈进中高档行列，必须加强绿色低碳环保自主创新，大力发展绿色低碳产业，改进生态环境品质。建筑行业的减碳既体现了建设绿色美好世界的要求，也体现了人类命运共同体的大国担当。建筑行业作为国民经济的支柱产业，每年碳排放量巨大，因此建筑行业的低碳发展受到广泛关注。

按照《中国建筑能耗与碳排放研究报告（2022）》，全国建筑整个过程能耗在2020年总量达到了22.7亿吨标准煤，其中，建筑材料生产阶段、建筑项目施工阶段、建筑项目运营阶段消耗的能源分别为11.1亿吨、0.9亿吨、10.7亿吨标准煤，消耗能源占全国消费能源总数量的比重分别为22.3%、1.9%和21.3%；全国建筑项目整个过程在2020年产生的二氧化碳排放总的数量是50.8亿吨，占整个国家二氧化碳排放量的比重为50.9%，其中，建筑材料生产阶段、建筑项目施工阶段、建筑项目运营阶段产生的二氧化碳排放量分别为28.2亿吨、1.0亿吨和21.6亿吨，产生的二氧化碳排放量占整个国家产生的二氧化碳排放量比重分别为28.2%、1.0%和21.7%。由以上数据可以看出，全国建筑整个阶段消耗能源与二氧化碳排放变化呈现一致的过程性特点。从2005年至2020年，全国建筑整个过程消耗能源由9.34亿吨标准煤升高到22.7亿吨标准煤，扩大到2.43倍。

全国建筑整个过程二氧化碳排放由 22.34 亿吨升高到 50.8 亿吨，扩大到 2.27 倍。

综上可知，建筑行业控制碳排放对于完成碳达峰、碳中和目标意义重大，对于整个社会走向低碳，推动建筑行业绿色发展意义重大。"双碳"目标的提出直接关系到建筑行业未来的可持续发展，是机遇也是挑战。建筑行业碳达峰、碳中和将对建筑行业及其相关企业产生积极的影响，为全行业碳减排的发展和全国实现碳达峰、碳中和提供动力。建筑行业产业链条长，涉及的环节多，建筑行业实现碳中和面临着重大挑战，同时也彰显出建筑行业实现碳中和是我国实现"双碳"目标的重要一环。综上所述，为了落实"双碳"目标，应当加快建筑行业的绿色、环保发展，促进以绿色建筑为代表的新建建筑、既有建筑中的绿色化改造工作和建筑垃圾的资源化利用等发展，对于促进建筑行业碳减排，具有重大意义。

1.2 国内外研究现状

与本书有关的国内外学术研究主要包含三个方面，一是绿色建筑和装配式建筑减碳路径分析的相关研究；二是既有建筑绿色化改造减碳路径分析相关研究；三是建筑垃圾资源化利用减碳路径分析相关研究。

1.2.1 绿色建筑和装配式建筑减碳路径分析的相关研究

张凯等（2022）通过研究"双碳"目标与绿色建筑发展的内在逻辑关系，提出了促进绿色建筑高质量发展的政策建议。郁泽君等（2021）通过实例分析得出了绿色建筑运维期间的相关节能技术。张兵（2022）等通过综合运用熵权法对绿色建筑发展水平进行测度和评价，得出我国的绿色建筑总体处于低水平，具有地域差异性。沈彦君（2022）对绿色建筑进行效益分析，论证了其经济价值和环保价值，并提出如何促进绿色建筑发展建议。柴丽（2021）提出现行政策管理体系、相关法律法规、管控和鼓励措施影响了我国绿色建筑健康有序的发展，并进一步提出了有效的建议和对策。李张怡（2021）等提出促进建筑行业绿色转型发展有益于完成我国"碳达峰·碳中和"的总体目标。Liriu Dong 等（2020）剖析了绿色建筑产业发展中存在的不足，提出高度重视人才培养和提高低碳技术的使用率有益于促进绿色建筑产业的发展。Guo 等（2021）发现绿色住宅工程具备显著的空间地理差异和空间关联性，并进一步发现绿色住宅工程的级别与社会经济发展和房地产市场明显有关。Wang Liping 等（2022）提出了基于灰色关联分析和人工神经网络的绿色建筑物联网应用层自适应调整策略及方法。与现有方法相比，该方法在平均减少 10% 过期测量的情况下，能耗降低 30% 以上。这些战略对绿色建筑的节能产生了重大影响。XieYing（2022）等提出通过绿色供应链管理促进生态现代化，是为利益相关者制定监管框架和建立伙伴关系的有效方法。何文波（2022）认为应当大力推进装配式钢结构的发展，钢结构对于完成"双碳"目标具有很大潜力。汪盛（2022）主要研究了基于"双碳"背景下，装配式建筑技术的发展问题。Zairul Mohd（2021）对与装配式建筑有关的文献进行阅读整理，研究将来装配式建筑下的循环经济趋势。徐雨濛（2015）从经济、资源、环境、社会四个方面分析了装配式建筑可持续发展的影响因素，构建了一套完善的装配式建筑可持续发展的评价指标体系，并运用 AHP 与灰色系统理论进行综合评价。廖赐平（2019）基于三角模糊数法与系统动力学理论，构建了装配式建筑绿色度系统动力学模型，并得出对装配式建筑绿色度提升程度影响最大的五个关键要素：资源使用效率、新施工方法应用水平、机械化程度、碳排放量、产业结构及运输发展水平。李芊等（2022）利用 PEST 战略环境分析模型确定影响装配式建筑发展水平的关键因素，构建了基于熵值法的装配式建筑发展水平评价体系。

1.2.2 既有建筑绿色化改造减碳路径分析相关研究

吴祺航（2021）等通过建立的灰色系统评价方法对既有建筑改造潜力进行研究，为既有建筑绿色化改造项目投资评价提供一定依据。杨震（2021）通过研究夏热冬冷地区的既有建筑改造问题，提出了一些改造技术，为冬冷夏热地区的既有建筑改造提供思路和参考。王玉婧（2020）通过研究某一框架结构既有建筑，为相同类别的既有建筑改造提供参考和技术经验。王凤晖（2022）等通过研究既有建筑绿色化改造市场机制，概括了其市场运行的特点。陈立文（2022）等通过构建 DEMATEL-ISM 模型，研究出影响既有建筑改造的重要因素和各因素之间的结构和路径。Clemett Nicholas（2021）等通过研究考察了在多准则决策（MCDM）过程中，将可能的改造方案的 EI 作为附加 DV，如何影响意大利某钢筋混凝土学校建筑最优改造方案的选择。

1.2.3 建筑垃圾资源化利用减碳路径分析相关研究

张亮（2022）等利用寿命周期评价法对典型的建筑垃圾资源化处理进行了碳减排效益分析得出，建筑垃圾资源化处理过程具有明显的碳减排效益，并建议应尽可能地对建筑垃圾资源化处理。王森彪（2022）等针对北京市建筑垃圾资源化利用发展历程研究，并提出相关建筑垃圾资源化利用建议。舒宏源（2022）分析了建筑垃圾资源化利用的可行性，并研究了建筑垃圾的再生利用路径和保障措施。Xu Jinjun（2022）等从国家自然科学基金支持的研究和研究驱动的应用角度，对我国建筑垃圾回收再利用进行了基于信息挖掘的综述。高犁难（2023）等对建筑垃圾从源头到成品采取全链条管理模式，实现城市建筑垃圾处置的绿色转型、节能降碳及可持续发展。傅为忠（2022）等通过构建政策效力评价标准和PMC指数政策评价模型对中国建筑垃圾资源循环产业政策量化评价研究，得出需要从政策、产废企业自身及行业制定标准方面对产后垃圾进行处理，达到"双碳"标准。高烨（2023）通过构建演化博弈模型和系统动力学模型，研究建筑垃圾资源化利用中政府、承包商和公众的演化稳定策略，推动建筑垃圾资源化利用持续稳定发展。娄鹏飞（2023）等对建筑垃圾减量化、资源化综合利用的路基填筑技术研究，对建筑垃圾进行填充处理。陈美琴（2023）通过分析得出对建筑垃圾就地资源化再利用，实现循环，提高园林绿化率。赵云伟（2022）等提出建筑垃圾清理途径除施工单位在施工过程中废弃料再利用外，应加大建筑垃圾工厂建设，并加快建筑垃圾资源化利用的技术创新，努力拓宽发展新模式。

综上所述，四项重点工作的相关研究为本书的课题研究提供了很重要的参考作用。但是现有的相关研究大部分局限于某一部分、某一城市。从国家层面出发的建筑行业的低碳发展研究较少，在现有文献中没有发现专门针对碳达峰、碳中和背景下建筑行业的发展路径研究。

1.3 研究内容

本书主要研究"碳达峰·碳中和"目标下，建筑行业的发展路径分析。重点研究五大问题：①分析碳减排对建筑行业的影响，明确碳减排对建筑行业的重要性；②研究"碳达峰·碳中和"目标下，绿色建筑和装配式建筑减碳路径分析,以及构建基于OPA法的绿色建筑设计方案评价模型,对绿色建筑设计方案进行评价;③研究"碳达峰·碳中和"目标下,既有建筑绿色化改造减碳路径分析;④研究"碳达峰·碳中和"目标下,建筑垃圾资源化利用减碳路径分析;⑤最终总结提出"碳达峰·碳中和"目标下建筑行业高质量发展的路径。

1.4 研究思路

首先,介绍了本书的研究背景和意义,然后分析了建筑行业的基本发展情况和二氧化碳排放量,明确了建筑行业低碳转型对于实现"双碳"目标的重要作用;其次,从新建节能建筑中的绿色建筑、装配式建筑,既有建筑中的绿色化改造工作和建筑垃圾的资源化利用四项重点工作入手分别分析了其减碳的重要意义和对建筑行业绿色低碳发展的重要作用,然后提出各自的推广发展建议;最后,总结得出"碳达峰·碳中和"目标下建筑行业的发展路径探析,挖掘建筑行业发展潜力,提出发展路径。

1.5 主要创新点

本书研究的主要创新点如下:

1.5.1 研究内容的创新

建筑行业的低碳转型相关的研究内容较多,然而大多数研究者在对"碳达峰·碳中和"目标下建筑行业的发展问题进行研究时,都较为零散、不成体系,大多侧重于某一领域或者某一城市,在国家层面的研究较少,在此基础上,本书重点研究了碳达峰、碳中和目标下建筑行业整体的高质量发展路径分析,弥补了现有文献相关研究的不足。

1.5.2 研究体系的创新

本书创新的关键在于从新建建筑、既有建筑、建筑垃圾三大角度出发,以绿色建筑、装配式建筑为代表的新建节能建筑,既有建筑绿色化改造和建筑垃圾的资源化利用四项重点工作为建筑行业低碳发展的聚焦点,探究了其与双碳目标的内在逻辑，对这四项重点工作展开具体详细的减碳路径分析，最终总结得出建筑行业在"双碳"目标下应采取的行动，更加具体全面、客观准确，目前尚未发现有任何文献采用上述研究方法研究建筑行业的发展路径问题。

1.5.3 研究方法的创新

本书创新的独特之处在于针对绿色建筑中的绿色建筑设计方案评价问题，构建了基于OPA法的绿色建筑设计方案评价模型，通过OPA法确定基于属性和专家意见的备选方案的权重，基于权重最大则最优的原则，进而确定绿色建筑设计方案的优劣排序，最后得到客观科学的评价方案。通过应用分析具体项目案例，最终得到的设计方案评价结果符合实际，证明了本书基于OPA法建立的绿色建筑设计方案评价模型具有实用性，为绿色建筑设计方案评价提供有效依据。

CHAPTER 2

第 2 章

相关理论基础

全寿命周期碳排放理论
建筑业绿色发展理论
"碳达峰·碳中和"理论
建筑行业发展以及碳排放基本情况

2.1 全寿命周期碳排放理论

2.1.1 全寿命周期评价理论

LCA（Life Cycle Assessment）是指对产品从原料的收集、生产、运输、销售、使用、再利用、维修、最后处理等各个环节所涉及环境污染进行评估的流程。首先，识别并量化全寿命周期各环节的能源、材料消耗与环境排放，并评估其对环境的影响，最终识别并评估降低其影响的途径。

LCA 是美国中西部研究所接受可口可乐公司的委托，在 1969 年对从原料开采到废物处置的整个过程中，对其进行的一种定量的、可追踪的、可持续的、具有重要意义的研究方法。LCA 作为一种先进的环保技术，已被国际公认为是一种先进的环保技术。按照 ISO14040: 1999 中的定义，LCA 指的是"对一个产品系统的寿命周期中输入、输出及其潜在的环境影响的汇编和评价"，包括互相联系、不断重复进行的四个步骤：目的与范围的确定、清单分析、影响评价和结果解释。全寿命周期评价指的是"一种用于评估产品在其整个寿命周期中，也就是从原材料的获取、产品的生产到产品使用后的处置，对环境影响的技术和方法"。

本研究将全寿命周期评价方法应用在建筑领域。建筑领域是全寿命周期评价应用的热点之一，全寿命周期评价有助于确定更可持续的选择。由于国际和地方机构最近发展了全寿命周期评价方法，全寿命周期评价在建筑领域的使用正在迅速增加。信息共享和经验交流网络加快了全寿命周期评价的发展进程。尽管全寿命周期评价方法已得到改进，但进一步的国际标准化将扩大其实际应用。LCA 自 1990 年开始被用于建筑领域，至今已有 30 年的历史，该方法已经成为评估建筑对环境影响的重要技术工具。

全寿命周期评价理论的特点是：全面、系统地反映产品完整寿命过程的影响效果，而不仅局限于产品生产的某一阶段。

2.1.2 全寿命周期评价定义

随着 LCA 的发展，国内外已有多种 LCA 的定义，但以 ISO、SETAC 两个最具权威。在 ISO 中，Local Review 被定义为：对一种产品或服务系统在其全寿命周期中的全部输入和输出进行综合和评估，并对其可能产生的环境效应进行综合和评估。

1990 年环境毒理学与化学学会（SETAC）全寿命周期评价被界定为：全寿命周期评价指的是一种对产品、生产工艺以及活动对环境压力展开评价的客观过程，它是通过对能源和物质利用以及废物排放对环境的影响，寻找改善环境影响的机会，以及如何利用这些机会。该评估过程贯穿于产品、工艺及生产活动的全过程，从原料的开采到生产过程；产品的生产，运输和销售；产品的使用，再使用及保养；垃圾回收和垃圾处理。

对于建筑物全寿命周期的研究，国内外部分学者分别给出了不同的定义。尚春静、张智慧学者为国内较早开始研究建筑全寿命周期理论的学者，核算了北京某住宅小区全寿命周期的碳排放，将案例划分为物化阶段和运行阶段；与此类似的是罗智星学者将建筑（住宅建筑）全寿命周期分为物化阶段、使用阶段、建筑寿命终止三个阶段；其次，有学者如姚鑫萍基于寿命周期理论对公共建筑碳排放基线进行了研究，将建筑分为从建筑材料的生产到设计建造到使用维护再到拆除处置这四个阶段。

相较于国内，国外对建筑全寿命周期理论的研究相对早一些，研究内容更加全面同时也更加丰富。D.Z.Li 等将住宅建筑的寿命周期分为五个阶段，包括建筑材料准备、建筑施工、建筑运营、建筑拆除和建筑及拆除废物处理阶段；Fang You 等学者以城市住宅建筑为例，计算了住宅建筑系统整个寿命周期主要五个阶段的二氧化碳排放量，具体包括建筑材料准备、建筑施工和改造、建筑运营、建筑拆除以及废物处理和回收阶段。

国内外学者对建筑全寿命周期碳排放进行了大量充分的研究，但由于研究的目的和内容不同，国内外学者对建筑全寿命周期阶段的划分也不同。样本数据库中国内外学者将案例按照四个阶段划分的论文数量最多，但大多数论文都包含了建材生产以及建筑运行阶段。

2.1.3 建筑全寿命周期评价内涵

全寿命周期的概念应用很广泛,特别是在政治、经济、环境、技术、社会等诸多领域经常出现,产品的全寿命周期是指产品从设计、制造到报废的整个过程,具体包括概念设计阶段、加工制造阶段、使用与维护阶段和报废阶段。产品的全寿命周期是一个整体,各个阶段之间是相互关联的。

建筑领域的碳排放量要达成"双碳"目标,就要了解我国建筑全寿命周期的构成,从建筑全寿命周期的各阶段进行减碳以实现"双碳"目标。建设项目的全寿命周期是指从建设项目的构思开始到建设工程报废的全过程,在建设寿命周期是指从材料与构件生产、规划设计、建造与运输、运行与维护直到拆除与处理的全循环过程。同时,将建设寿命周期应用至低碳建筑中,根据划分的每一阶段进行分析,为分析制约建筑业低碳发展的影响因素打好基础。

通过对全寿命周期内各个阶段的能源消耗与环境负荷进行综合评估,可以更好地指导绿色建筑的建造。建筑全寿命周期评估是指对建筑从"出生"至"坟墓"这一整个寿命周期中所产生的生态环境效应进行的一种较为详尽的评估。

对于建筑产业碳排放边界的界定,本书将建筑产业碳排放分为直接碳排放、间接碳排放与隐含碳排放。其中,直接碳排放为建筑产业自身活动产生的碳排放,即为建筑产业在设计、施工以及拆除等阶段直接消耗煤炭、焦炭、石油、天然气以及电力等能源所产生的碳排放;建筑产业间接碳排放定义为与建筑产业息息相关的五大建筑材料包括钢材、木材、水泥、玻璃、铝材在生产以及运输过程中产生的碳排放,由于钢材与铝材可以回收利用,考虑其回收利用率,可得出其被消耗的材料所消耗的实际碳排放;建筑隐含碳排放指建筑施工和建材生产带来的碳排放,也被称为建筑物化碳排放,隐含碳排放则包括了生产中投入的中间品在生产时所排放的CO_2,是直接与间接消耗的总和。直接碳排放与间接碳排放之和即为建筑运行碳排放,全部三项之和可称为建筑全寿命周期碳排放。

2.2 建筑业绿色发展理论

2015年,中共十八届五中全会通过《中共中央关于制定国民经济和社会发展第十三个五年规划的建议》首次创造性地提出了绿色发展理念,并将其与创新、协调、开放、共享发展理念共同构成五大发展理念,推动我国发展全局的深刻变革。

随着城镇化进程的快速推进,大量的资源和能源被消耗,虽然中国拥有得天独厚的自然资源总量,但由于人口众多,人均自然资源占有量稀少,导致有些资源在人们的肆意挥霍下已接近资源承载极限,而且在建筑的全寿命周期内会产生大量的建筑垃圾并排放大量的温室气体,这对生态环境造成了严重的破坏。因此,在"双碳"背景下,高能耗、高排放、高污染的传统建筑业发展模式已不再符合可持续发展的要求,实现从高污染高排放向低污染低排放的绿色转型已成必然选择。将绿色发展理念融入建筑工程建设全要素、全过程、全寿命周期中,大力推行绿色建筑、绿色建材、清洁能源、生态环保等新兴产业,加大对绿色建造、绿色技术等领域的投资力度,推动建筑工程建设向低能耗、低污染、低排放、高效率的新型发展模式转变。只有实现建筑业与绿色发展理念的有机融合,才能转变传统发展方式,满足人民日益增长的美好生态环境需要。只有推行建筑业的绿色发展,才能解决经济效益与生态环境保护的矛盾,缓解自然环境与资源的压力,实现水、土地、石油、原煤等资源的可持续发展。只有促进建筑行业的绿色转型,才能改善建筑全寿命周期建设活动对生态环境的破坏,减少碳排放,实现建筑垃圾减量化和再利用,提高建筑业绿色发展的质量和效益,从而实现建筑行业的可持续发展。

2.2.1 绿色发展的内涵

绿色发展是一种实现经济、社会与自然和谐共生、协调发展的创新发展理念与新型发展模式,它体现了"绿色"与"发展"的有机统一,而"绿色"与"发展"又是绿色发展内涵的重要组成内容。"绿色"象征着自然、寿命与环保,强调以解决生态环境与自然资源的短板问题为重点,合理利用资源,保护生态环境,形成人与自然和谐共生的新格局;"发展"代表着进步变化的过程,体现的是经济增长和社会进步的协调发展。两者相互促进、相互融合,缺一不可,共同构成了实现社会、经济与环境的可持续发展的重要支柱。由此看来,绿色发展似乎关注的只是解决资源与环境的突出问题,但其本质是以人为本,从社会、经济、政治、文化、环境等多个维度构建人与自然、社会和谐共生的有机整体，不断满足人民群众日益增长的美好生活需要，为人民创造良好生产生活环境。

2.2.2 绿色发展的特征

1）唯民性

"唯民"的含义就是以人为本、发展为民、为民发展。在经济社会发展过程中，把人民的利益作为一切工作的出发点和落脚点，不断满足人民日益增长的美好生活需要。改革开放以来，我国在经济建设、工业及城市建设等多个方面均取得显著成就，但由于某些地区过于执着追求内在的发展速度，而忽略了发展过快带来的外在影响，导致资源过耗、环境污染、生态失衡等问题日益突出严重，使得人民群众对美好生态环境的需求日益增加，由过去"盼温饱"转向现在"盼环保"、过去"求生存"转向现在"求生态"。国家大力推进生态文明建设和绿色发展，满足人民日益增长的美好生活需要。唯有通过走绿色发展之路，保护好生态环境，才能保障人民生活的幸福安康。

2）绿色性

根据绿色发展中"绿色"的含义，可以归纳出其属性——绿色性。绿色是大自然的底色，象征着生机与活力、低碳与环保。绿色发展的核心就是提升绿色价值，尽可能地减少能源和不可再生资源的使用，减少对空气、水等环境的污染，实现自然资源的合理利用和生态环境的有效改善。从远古的旧石器时代到未来的人工智能时代，人类发展的脚步从未停止。但随着人类经济社会的不断发展，人与自然的矛盾日益突出，导致双方逐渐走向"对立"的局面。"绿水青山就是金山银山"，这一重要思想成为指引中国走绿色发展道路，实现经济发展与生态环境保护"双赢"的科学理论。也就是说，绿色发展理念要求我们将生态环境效益转化为经济效益，在保护生态环境与自然资源中谋求社会经济的健康发展，逐渐提升人民关于"绿色即发展"的认识，实现经济发展与生态环境保护的良性循环。

3）共生性

"共生"一词最早出现在生物界，是指两种或两种以上不同生物所形成的相互影响、互促共生的关系。如犀牛与犀牛鸟之间就是共生关系，犀牛为犀牛鸟提供有利于生存的帮助，同时也获得犀牛鸟的帮助。中华文明历来强调天人合

一、尊重自然。人与自然的理想关系就是从依附自然到利用自然，再到人与自然的和谐共生。人与自然的共生性，使得人类对自然造成的伤害必然会伤及人类自身。因此，人类必须学会与自然和谐相处、保护自然。

在建筑业高速发展的同时，自然生态系统也逐渐失衡，各种生态与环境污染问题日益显现，如森林退化、土地沙化、水源污染、大气污染等，这对自然环境造成了巨大的伤害。为实现人与自然的和谐相处、互促共生，我们党提出绿色发展理念，旨在打破人与自然的"对立"局面，绝不以牺牲生态环境作为经济发展的代价，实现绿色与发展的有机统一以及社会、经济与自然的和谐共生。

4）协调性

"协调"从词面上看就是协商、调和之意。其含义是指领导者运用各种方法和手段来解决对整体利益有不利影响的各方面的矛盾，正确处理系统之间、人与人之间、系统外部的各种关系，为实现系统目标而共同奋斗的一种管理职能。所谓协调性，也就是指实现经济发展与社会、环境、生态等各方面的协调统一，以便实现经济健康的可持续发展。

"发展"作为绿色发展的"半壁江山"，强调的是建筑行业的经济增长与社会、自然的协调发展。在大力推动建筑业经济发展的同时，也要注重资源的合理配置利用与环境的有效改善保护，使经济建设、社会发展与资源、环境相协调，实现发展的良性循环，解决我国建筑业在发展进程中产生的各种矛盾，推动建筑行业的绿色发展。

5）长远性

长远性指的是时间上的长远，不是只有眼前的战略，还要考虑未来的长远发展。绿色发展必须是一个长远的、可持续的发展过程，不能为了追求建筑行业的一时发展而肆意破坏生态环境的平衡。面对未来更长远的数百年甚至数千年的发展，绿色发展要从中华民族的长远利益出发，坚持具有前瞻性、预见性、方向性的长远谋划，守住绿色与发展这两条底线，促进建筑行业与绿色发展的有机融合，为子孙后代谋福祉。

建筑业绿色发展的基础是推广以绿色发展理念为核心的新型发展模式，实现人与自然的和谐相处，为人民提供能够满足日益增长的美好生活需求的绿色生活。

（1）建筑业的绿色发展秉持以人为本，围绕人民的根本利益，将绿色发展理念贯穿于建筑的整个寿命周期，生产出高质量、安全舒适的绿色建筑产品，满足人民日益增长的美好环境需求，实现人与自然的和谐共生。

（2）建筑业的绿色发展要求企业加大绿色转型的力度，转变传统的经济增长模式，优化原有的产业结构，加强研发绿色技术的投资力度，尽早实现向高效绿色经济发展模式的转型，为建筑业的绿色发展注入强劲生命力。

（3）建筑业的绿色发展应基于环境承载力以及资源蕴藏量，坚持从高耗能、高污染、高排放的粗放式发展模型向低能耗、低污染、高效率的新型发展模型的转变，尽量减少建筑的全寿命周期活动对自然环境的破坏，真正将绿色发展理念落实到建筑行业的发展中，实现建筑行业发展与环境、资源的协调发展。

2.2.3 相关概念辨析

1）绿色发展

绿色发展重点解决环境问题。它强调以人为本，以促进环境改善和生态修复为前提，做生态保护的"加法"与环境污染的"减法"，确保经济和生态的协调发展。此外，绿色发展更加强调经济活动的整个过程，通过科技进步和创新，实现流入、分配、产出的绿色发展，达到转变经济发展方式和改善生态环境质量的目的。比如使用废气净化器（柴油）来减少雾霾，改善空气质量，就是绿色发展。

2）低碳发展

低碳发展旨在解决能源和全球变暖问题。它具有低能耗、低污染、低排放的绿色特征，主要通过建立低碳经济结构来减少碳基能源损耗、提高能源利用率，并采用低排放、低污染的清洁能源，降低对自然环境的恶劣影响，使地球大气层中的温室气体浓度控制在正常水平，从而保持较高的社会经济发展水平。比如新能源汽车的广泛使用就是一种促进低碳发展的方式。

3）循环发展

循环发展的重点是解决资源问题。它以物质循环为核心，以资源减量化、再利用、再循环为基本功能，将建筑行业中的有用物质转化为可循环再利用的资源，使自然资源得到充分利用，缓解了资源环境压力。循环发展这种模式提高了资源效率和生态效益。

绿色发展、低碳发展、循环发展作为建设生态文明的基本路径，既相互联系又相互区别。虽然三者在核心内容上略有不同，研究视角也不尽相同，但其理论基础和追求的目标是一致的。它们都是以追求经济、社会、生态三大系统的有机统一、协调和平衡为基础，兼顾资源和环境的可持续发展，以包括人类在内的生态系统为研究对象，探索人类经济活动与自然生态的关系，建设资源节约型、环境友好型、可持续型社会。

2.2.4 绿色发展理念的实践应用

绿色发展理念在建筑领域的应用大多是在某单一领域进行推广和普及，根据目前现有研究发现，我国学者对建筑业绿色发展的研究探索主要集中在绿色建筑、生态环境、绿色技术、政策管理等单一领域。

1）绿色建筑

绿色建筑不是指一个具体的建筑物，而是指不破坏生态环境基本平衡的一种建筑概念。绿色建筑是指在建筑的整个寿命周期活动中对环境没有造成污染和破坏，且能实现节能减排的一种建筑。绿色建筑始终遵循的是绿色、以人为本、人与自然和谐共生的绿色发展理念，其内涵的主要特点为：

（1）减轻建筑对自然环境的影响，即在不破坏自然生态平衡的前提下，实现资源与能源的合理配置，减少不必要的浪费；

（2）可以满足人们日益增长的美好生活需要，为人们提供一个舒适、安全、健康的绿色生活空间；

（3）实现人、建筑与自然的和谐共生。

2）生态环境

生态与环境的最早组合出现，可以追溯到1982年第五届全国人大第五次会议，会议讨论指出，以保护生态环境代替保护生态平衡。

生态环境是由各种生态系统构成的一个整体，其内部的各种生态系统是由生物因素与非生物因素共同组成的，仅有非生物因素构成的环境不是生态环境。生态环境与人类的生存和发展活动密切相关，是一个可以对人类社会以及经济的健康发展造成影响的复合生态系统。由于人与自然存在一定的共生关系，生态环境受到的污染与破坏，最终也会映射到人类的生活环境中。因此，要想改善人类日益恶化的生活环境，就必须减少人类生存活动对生态环境的恶劣影响。

保护生态环境的措施有：

（1）减少碳排放。减少二氧化碳等温室气体的排放，为"双碳"目标的实现提供强劲推动力。

（2）节约资源，减少能耗。减少传统能源的使用，用太阳能、风能等可再生资源代替石油、天然气、原煤等不可再生资源，减少对环境的污染。

（3）减少建筑废弃物的排放，包括废水、废气等。

（4）实现建筑垃圾减量化、资源化，改善对土地和水源的污染。

（5）加大对新技术、新设备、新工艺的研究力度，为建筑业与生态环境的和谐共生、协调发展提供技术支持。

（6）实现资源的回收再利用。如设置雨水回收处理装置以及市政水利用系统等，实现对非常规水资源的合理利用。

3）绿色技术

绿色技术是指可以改善建筑全寿命周期活动对生态环境影响的技术，是指可以节约资源、降低能耗的新技术。绿色技术并不是单指一个技术，而是一个可以实现建筑行业与自然、社会和谐发展的技术体系，包括节能减排、建筑材料、资源利用等多方面的新型技术。其主要特征表现为两方面：一是节约并合理利用自然资源；二是使用过程中对环境没有造成伤害。

4）政策管理

在实现碳达峰碳中和的背景下，建筑业向绿色发展的转型已成大势所趋。因此，为更好地推进建筑业的绿色发展，国家和地方政府发布了一系列的政策和地方标准，为实现"双碳"目标提供了有力的政策支持，为实现人们健康、舒适、安全的绿色生活提供了保障。

2.3 "碳达峰·碳中和"理论

碳达峰是指我国承诺2030年前，二氧化碳的排放不再增长，达到峰值之后逐步降低；碳中和是指企业、团体或个人测算在一定时间内直接或间接产生的温室气体排放总量，通过植物造树造林、节能减排等形式，抵消自身产生的二氧化碳排放量，实现二氧化碳"零排放"。作为世界最大的碳排放国，我国积极推动碳达峰、碳中和的原因主要有以下方面的考虑：一是我国油气资源人均拥有量偏少，能源依存度高。目前我国光伏产业全球优势领先，发展新能源的基础好，推动光伏风电等非石化能源的发展，可降低对海外能源的依赖性，确保能源安全；二是发展绿色低碳经济，不仅能加强国内环境保护，还能促进经济转型升级，实现可持续的高质量发展。在能源资源领域、网络信息领域、先进材料与制造领域、人口健康领域等出现科技革命的趋势明显，碳减排作为重要的抓手，可以推动我国产业结构性改革；三是全球主要经济体均参与到低碳发展的进程中，推动碳中和是加强国际合作、推动新一轮全球化的突破口。

中国建筑业规模位居世界第一，现有城镇总建筑存量约650亿平方米，这些建筑在使用过程中排放了约21亿吨二氧化碳，约占中国碳排放总量的20%，也占全球建筑总排放量的20%。中国每年新增建筑面积约20亿平方米，相当于全球新增建筑总量的近三分之一，建设活动每年产生的碳排放约占全球总排放量的11%，主要来源于钢铁、水泥、玻璃等建筑材料的生产运输以及现场施工。"双碳"目标对建筑业产生的影响之一是建筑业的市场将有增有减，增量市场首先是新能源工程建设迎来投资快速增长的机遇。据有关金融机构预测，到2060年实现碳中和，我国光伏、风电装机建设投资规模约60万亿元。增量市场还包括其他可再生能源投资、新能源充电桩等领域。此外，对现有建筑的节能改造也是一个巨大的增量领域。减量市场则是钢铁、水泥等能耗大户行业，需要继续去产能、优结构。碳中和目标对建筑业的影响之二是建筑业的建造方式需要彻底改革。住房和城乡建设部明确要求实行工程建设项目全寿命周期内的绿色建造，推动建立建筑业绿色供应链，提高建筑垃圾的综合利用水平，促进建筑绿色改造升级。实现碳中和，建筑业至关重要。建筑企业需要理解这一趋势，抓住机遇快速推进业务创新和技术创新，在我国迈向碳中和的过程中实现自身的高质量发展。

2.3.1 "双碳"目标相关术语

1）碳达峰

碳达峰是指二氧化碳排放总量在某一个时期达到历史最大值，这个时期不是一个确定的时间点，而是一段平台期，在这期间二氧化碳排放总量仍然会有一定波动，但是总体趋势趋于平缓，在这之后二氧化碳排放总量会渐渐稳步降低。碳达峰是二氧化碳排放总量由增加转向降低的历史拐点，标志着碳排放与经济发展相脱钩，达峰的目标包括达峰时间和峰值。

2）碳中和

碳中和也称净零二氧化碳排放，根据联合国政府间气候变化专门委员会（IPCC）定义，"碳中和"是指在特定时期内全球人为产生的二氧化碳排放量与全球人为产生的二氧化碳消除量达到平衡（如自然碳汇、碳捕捉与封存、地球工程等）。换言之，企业、团体或个体在一定时期内直接或间接产生的二氧化碳排放量，需通过二氧化碳消除方法，如植树造林、节能减排、绿色低碳、产业调整等，平衡掉这一部分产生的碳排放，实现"净零排放"的目标。"碳中和"有狭义和广义两种含义，狭义上是指二氧化碳的排放量与吸收量平衡，广义上是指全部温室气体的排放量和吸收量平衡。

净零碳排放：一定时间内通过全球人为使二氧化碳去除量与全球人为二氧化碳排放量达到平衡，即二氧化碳排放量和去除量基本保持统一。

净零排放：人类活动产生的温室气体排放量与人类活动产生的温室气体吸收量在一定时间内达到平衡。在碳中和的目标上扩充了检验对象，将二氧化碳转变为温室气体。

3）碳源

碳源是指向大气中排放二氧化碳，增加大气中温室气体浓度的过程。在自然环境里，碳源主要包括海洋、土壤、岩石和生物等；在人类活动里，碳源主要包括工业生产活动、能源消耗活动、农业活动、城市废弃物和土地利用变化等。

4）碳汇

碳汇是指吸收大气中的二氧化碳，减少大气中温室气体浓度的过程。依据吸收活动的不同，碳汇大体可以分为森林碳汇、草地碳汇、耕地碳汇、土壤碳汇、海洋碳汇。

5）碳交易

碳交易是为了促进减少全球温室气体的排放，减少全球二氧化碳排放所采取的市场活动。依据《京都议定书》，其把市场机制当作解决以二氧化碳为典型的减少温室气体排放问题的新方法，即把二氧化碳排放权作为一种商品，从而形成了二氧化碳排放权的交易，简称碳交易。

2.3.2 "双碳"目标内涵

1)"双碳"目标的本质

过去两百多年以来，西方国家或者发达国家的工业化发展模式是一种资源推动型的发展模式。资源推动型发展模式是一种以消耗石油、煤炭、钢铁、铁矿石等不可再生能源为前提的发展模式。这种模式存在一定的弊端，因为资源会越用越少，资源具有不可再生的特点，因此资源推动型发展模式是一种不可持续发展的模式。1972年，罗马俱乐部提出："人类可以从资源依赖向技术依赖转变，通过不断发展的技术依赖促进人类的绿色可持续发展，不再受限于资源。"技术不同于资源，资源具有不可再生性，但是技术具有持续进步的特性，这种进步可以不断累积叠加，技术一旦发展便永久存在。因此，技术推动型发展模式是一种可持续、可复制的发展模式。综上所述，碳达峰、碳中和的本质就是由资源推动型发展模式向技术推动型发展模式转变的过程。

"双碳"目标是指将碳达峰和碳中和作为全社会的长期战略目标，并制定相应的行动计划和政策措施，以实现经济社会的可持续发展和低碳转型。具体来说，碳达峰是指经济发展中二氧化碳排放量达到峰值后开始逐步下降，而碳中和则是指通过减排和吸收等手段，使二氧化碳排放量与吸收量达到平衡状态。"双碳"目标的提出，旨在应对全球气候变化和能源安全等挑战，促进经济结构调整和转型升级，推动绿色低碳发展。

"双碳"目标的实现需要全社会共同参与，各行各业都需要作出努力。其中，建筑业是一个重要的领域。建筑业在国民经济中的地位非常重要，同时也是一个高能耗、高排放、高污染的行业。根据统计数据显示，建筑业的碳排放量在全球总碳排放中占据了相当大的比例。因此，在实现"双碳"目标的过程中，建筑业的低碳转型和高质量发展尤为重要。

2)实现"双碳"目标意义

"双碳"目标的制定和实施，旨在推动全球碳减排，应对气候变化，实现可持续发展。从国际层面来看，实现"双碳"目标是全球应对气候变化的重要举措，也是达成《巴黎协定》目标的重要手段之一。在国内，实现"双碳"目标，既是推动经济高质量发展的需要，也是应对环境污染和保障人民健康的需要。

具体来说，"双碳"目标的实现对经济和社会发展有着深远的意义。首先，碳减排与能源革命密切相关，能够推动我国向绿色低碳的能源体系转型，促进能源消费结构的优化，提高能源利用效率。其次，实现"双碳"目标有利于加快工业结构升级和转型升级，推动高端制造业发展，增强中国在全球价值链中的地位。此外，"双碳"目标的实现还能够促进科技创新，推动新能源、新材料、智能制造等领域的发展，培育新的经济增长点。最重要的是，实现"双碳"目标对于改善环境质量、促进生态文明建设、提高民生福祉都有着重要的意义，有利于实现可持续发展的目标。

实现碳中和，是要改变我们生活的方方面面。实现碳中和，人类要大力控制温室气体的排放，尤其是二氧化碳的排放，减排一般就是指减少碳排放，因为二氧化碳在温室气体中含量最大，导致全球变暖的影响最突出。因此首先应当做出改变的是化石能源向非化石能源的转变，这给我们建筑行业的减碳启示是建筑系统中可以用电的地方尽量都用电能替代，无法用电的地方，应当创造条件改用电。由此可以看出，实现碳中和，最终呈现出的用能方式大范围内是电能。实现"双碳"目标与我们每一个人息息相关，我们每一个人都应当做出努力，改变我们的生活方式、经济增长方式、能源系统包括工业系统、交通系统、建筑系统。

与"双碳"目标密切相关的建筑业，也有着深远的意义。首先，建筑业是国民经济的重要组成部分，与人们的生活、工作、学习密切相关，建筑业对能源消耗和碳排放的贡献较大。其次，建筑业是我国经济发展的重要引擎之一，对于建筑业的节能减排，不仅有利于推动建筑业的可持续发展，也是实现"双碳"目标的重要途径之一。此外，建筑节能减排还能够带动相关产业的发展，促进就业增长，助力实现经济高质量发展。最后，建筑节能减排与人民群众生活密切相关，能够改善室内环境质量，提高居民的生活质量和健康水平。

3）减碳误区

要统筹有序地做好"双碳"工作，坚持全国一盘棋，纠正运动式"减碳"，先立后破，坚决遏制"两高"项目盲目发展。

（1）纠正"运动式减碳"

某些地方的减碳做法有悖正确减碳理论，关路灯、停电梯、过度限制空调的使用，"碳达峰·碳中和"引领我们追求更高质量的生活和更高水平的发展，这种做法违背减碳初衷，影响人们生活品质，因此要纠正"运动式减碳"方式。

(2) 严控"两高"企业

喊口号式的减碳行为也应当予以纠正,因为光喊口号只是空话,无法实际落实减碳行动。某些地方乱冲高现象严重,加大重化工项目的发展,将二氧化碳排放峰值过度弄高,然后逐步减少前面大力发展的重化工项目,达到降碳的目标。这些地方通过这种虚假行为减碳,中央对此提出了严厉批评,要求严格控制"两高"企业发展。

(3) 全国一盘棋

不同地区的发展应齐心协力,团结协作,不应互相推脱,各自发展,应在中央的统一管理下,和谐发展,合力减碳。

(4) 先立后破

减碳工作是一个长远的目标,稳步前进的过程,不应该一刀切,一股脑地全部撤掉传统的能源系统,而应该一步一个脚印,随着新能源体系的不断发展,其规模发展到可以替代传统的能源系统时,再一步步撤出先前的能源体系。

2.3.3 建筑业碳排放

所谓"碳排放"是所有温室气体(Greenhouse Gas,GHG)排放的统称,而非仅指二氧化碳的排放。根据《蒙特利尔议定书》,温室气体主要分为以下六类:二氧化碳(CO_2);甲烷(CH_4);氧化亚氮(N_2O);氢氟烃(HFCs),如CHF_3;全氟化碳(PFCs),如CF_4;六氟化硫(SF_6)、氮氟化物(NF_3)、卤化醚等。由于各类温室气体造成温室效应的能力存在显著差异,故在量化分析总体效应时,一般采用等效折算的方式按当量计算值进行评估。由于二氧化碳是排放量最高、最为常见的温室气体,因此通常以当量二氧化碳排放量作为温室气体排放量的衡量标准,简称"碳排放",并表示为"CO_2e"。温室气体排放量可根据全球变暖潜势值(GWP)和全球温变潜势值(GTP)进行折算,其中 GWP 与累计辐射强度相关,而 GTP 与特定时间点的温度相关。

在建筑全寿命周期碳排放的研究中,CO_2、CH_4 和 N_2O 通常作为研究重点,相应的折算系数可根据 IPCC AR5 报告确定。在一般的碳排放研究中,通常设定研究基准期为 100 年,从而相应的折算系数为 $CO_2 : CH_4 : N_2O = 1 : 28 : 265$(GWP)或 $1 : 4 : 234$(GTP);而从排放来源的特殊性、数据统计的可行性与有效性、累计作用效果等多方面考虑，其他温室气体在一般性研究中通常被忽略。需要指出的，除以上六大类外，实际上水蒸气（H_2O）和臭氧（O_3）亦可产生温室效应，但由于二者的时空分布变化快、难于定量描述，故一般不作为控制项。

2.3.4 建筑业碳排放强度

碳排放强度是指单位国内生产总值（GDP）的增长所产生的二氧化碳排放量。该指标主要用来衡量一国经济同碳排放量之间的关系，如果一国在经济增长的同时，每单位国内生产总值所带来的二氧化碳排放量在下降，那么说明该国就实现了一个低碳的发展模式。

建筑产业碳排放强度是指每单位建筑产业国内生产总值的增长所带来的二氧化碳排放量，该指标主要是用来衡量建筑产业经济增长同碳排放量之间的关系，如果建筑产业在保持自身经济增长（总产值增加）的同时，每单位生产总值所带来的二氧化碳排放量在下降，那么说明建筑产业实现了一个低碳的发展模式。

2.4 建筑行业发展以及碳排放基本情况

2.4.1 我国"双碳"目标时间规划

我国"双碳"目标明确，目标时间规划可以分成三个阶段：

第一阶段：2020—2030年；二氧化碳排放量达到峰值。关键目标是减少能耗抗压强度，减少碳排放抗压强度，控制煤炭耗费，规模性发展绿色能源，继续营销推广电动式汽车取代传统式汽柴油汽车，提倡环保节能，正确引导消费者行为。

第二阶段：2030—2045年；迅速降低二氧化碳排放量。减排的具体渠道是以可再生资源为主导，大规模用电动式汽车取代传统式汽柴油汽车，佐以CCUS等技术。

第三阶段：2045—2060年；深层脱碳，参加碳汇，完成"碳中和"总体目标。工业生产、发电量、交通出行、住房等行业高效率清理利用，以碳捕获、利用和保存CCUS、质能碳捕获和封存BECCS等兼具社会经济发展和环境污染问题的负排出技术为主导。

2.4.2 建筑行业发展基本情况

（1）近 5 年建筑行业在国内生产总值中的占比变化如图 2-1、图 2-2 所示。

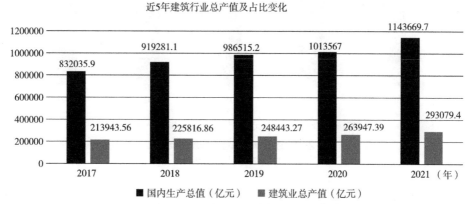

图 2-1 近 5 年建筑业总产值与国内生产总值情况比较

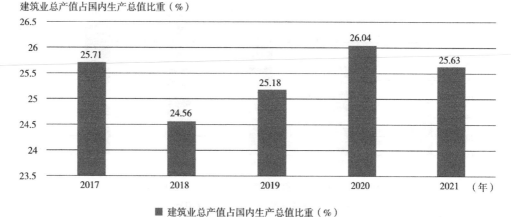

图 2-2 建筑业总产值占国内生产总值比重
（数据来源：国家统计局）

（2）近 5 年建筑行业增加值及增速如图 2-3 所示。

（3）近 5 年建筑行业房屋建筑施工面积及增长如图 2-4 所示。

可以看出，近年来，中国建筑行业在国民经济和社会发展中的作用日益增强，建筑行业发展速度一直在不断加快，建筑行业的总产值每年都在增加，且增加的速度不断加快。占国内生产总值的比重也逐年增加，在 25% 上下浮动。由图 2-1 可以看出，从 2017 年到 2021 年，建筑行业总产值在这 5 年内持续增长，由 2017 年的 213943.56 亿元到 2021 年的 293079.4 亿元，仅仅 5 年时间，建筑

图 2-3 近 5 年建筑行业增加值及增速
（数据来源：国家统计局）

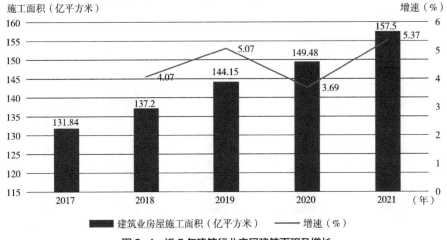

图 2-4 近 5 年建筑行业房屋建筑面积及增长
（数据来源：国家统计局）

行业总产值增加了将近 8 万亿元。发展速度极快，可以看出建筑行业对于国民经济发展作用重大。2017 年以来，中国建筑业增加值连续 8 年保持增长，2021年中国建筑业增加值达到 80138.5 亿元，比 2020 年增长 2.1%，建筑业增加值增势依然喜人。近年来，中国建筑业房屋建筑施工面积呈稳定增长趋势，国家统计局发布最新数据，初步核算，2021 年中国建筑业房屋建筑施工面积 157.5亿平方米，较 2020 年增长 8 亿平方米，同比增长 5.37%。由此可见，建筑行业在我国国民经济发展中发挥着重要作用，与国民经济的发展和人民生活质量的提高息息相关。建筑业总产值占 GDP 的比重很大，建筑业是国民经济的支柱产业。控制建筑行业的二氧化碳排放，建筑行业绿色低碳发展关系着国民经济的可持续发展，探索建筑行业发展路径对于实现"双碳"目标具有积极作用，建筑行业能否实现绿色低碳，直接关系到国家"双碳"目标能否顺利实现。因此，应当切实探索在"双碳"国家战略目标下，建筑行业的发展路径，尽快实现建筑行业绿色低碳转型，打造绿色低碳的建筑行业。

2.4.3 建筑碳排放核算范围

建筑碳排放的核算范围如图2-5所示。

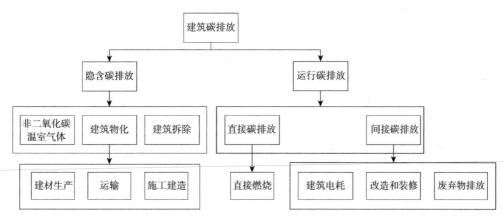

图2-5 建筑碳排放核算范围

2.4.4 全国建筑碳排放情况

根据中国建筑节能协会建筑能耗与碳排放数据专委会统计的全国建筑碳排放强度见表2-1，全国建筑全寿命周期碳排放总量见表2-2，全国建筑全寿命周期碳排放所占比例见表2-3。

全国建筑碳排放强度（$kgCO_2/m^2$） 表2-1

年份	总强度	公共建筑强度	城镇建筑强度	城镇居住建筑强度	电力能耗强度
2010	31.23	70.67	45.96	35.54	13.14
2011	32.08	75.75	46.35	33.92	14.82
2012	33.00	76.49	46.45	33.65	14.90
2013	33.55	74.22	45.79	33.5	14.71
2014	30.98	67.66	42.58	31.56	13.61
2015	29.24	63.56	38.05	27.55	12.67

续表

年份	总强度	公共建筑强度	城镇建筑强度	城镇居住建筑强度	电力能耗强度
2016	30.81	65.65	39.07	28.13	13.59
2017	30.13	63.48	37.92	27.44	13.89
2018	29.89	63.34	37.18	26.61	15.14
2019	29.32	62.16	36.32	25.88	15.48

全国建筑全寿命周期碳排放总量（万tCO_2） 表2-2

年份	全国全寿命周期碳排放总量	建材生产阶段	建筑施工阶段	总量	公共建筑	城镇居住建筑	农村居住建筑
2010	325043.31	164890.26	7293.16	152859.89	55292.41	65947.70	31619.79
2011	400316.41	226729.61	7869.27	165717.53	63344.70	67106.62	35266.20
2012	486445.64	300888.22	8412.92	177144.50	68705.50	70929.59	37509.41
2013	491357.14	296356.90	8904.18	186096.06	71537.43	74635.48	39923.15
2014	481723.22	289568.82	9440.64	182713.76	69987.61	74264.35	38461.80
2015	452446.12	255248.42	9140.89	188056.81	72472.10	76243.14	39341.57
2016	469439.23	2635559.52	9366.53	196513.18	75943.57	79005.64	41563.97
2017	482778.31	268778.77	9482.57	204516.97	78625.82	82919.17	42971.98
2018	492633.28	272398.45	9543.60	210691.23	82565.72	85877.89	42247.62
2019	499749.00	276737.28	10039.65	212972.08	84549.88	87216.75	41205.45

全国建筑全寿命周期碳排放所占比例（%） 表2-3

年份	全国全寿命周期碳排放总量	建材生产阶段	建筑施工阶段	建筑运行阶段	公共建筑	城镇居住建筑	农村居住建筑
2010	0.40	0.51	0.02	0.47	0.36	0.43	0.21
2011	0.45	0.57	0.02	0.41	0.38	0.40	0.21
2012	0.53	0.62	0.02	0.36	0.39	0.40	0.21
2013	0.52	0.60	0.02	0.38	0.38	0.40	0.21
2014	0.51	0.60	0.02	0.38	0.38	0.41	0.21
2015	0.48	0.56	0.02	0.42	0.39	0.41	0.21
2016	0.50	0.56	0.02	0.42	0.39	0.40	0.21
2017	0.50	0.56	0.02	0.42	0.38	0.41	0.21
2018	0.50	0.55	0.02	0.43	0.39	0.41	0.20
2019	0.50	0.55	0.02	0.43	0.40	0.41	0.19

（数据来源：中国建筑节能协会建筑能耗与碳排放数据专委会）

可以看出，全国建筑碳排放总强度2013年最高，但是随着人们环保意识的不断增强，减碳成为各个领域必须遵循的理念，建筑行业也不例外，所以从2013年至今，建筑行业的碳排放总强度整体呈下降趋势，具体的公建强度、城镇建筑强度、城镇居住建筑强度、电力能耗强度等都呈下降趋势。然而全国建筑全寿命周期碳排放总体呈增长趋势，但是速度减缓，建筑行业每年的二氧化碳排放量巨大，贯穿建筑行业的整个寿命周期，建材阶段碳排放占大部分，是建筑行业减碳的重点环节，综上所述，建筑行业尽管碳排放总强度呈下降趋势，但是建筑行业碳减排依然形势严峻，充满挑战，建筑行业应加大减碳力度，不断努力，采取更加行之有效的手段，探索低碳环保的发展路径，高效地碳减排，做到绿色环保低碳，加速实现绿色转型，推动碳达峰、碳中和目标尽快实现。

CHAPTER 3
第 3 章

建筑业的建筑碳排放分析

建筑碳排放计算概述
建筑全过程碳排放分析
以南方某办公大楼为例进行碳排放预测分析
建筑绿色低碳发展存在的问题总结

3.1 建筑碳排放计算概述

3.1.1 计算标准理论基础

建筑碳排放计算是建筑业低碳发展研究的基础，由于建筑全寿命周期具有技术复杂、周期长等特点，所以根据建设项目各过程的性质，将建筑全过程碳排放划分为建材生产阶段、建筑施工阶段和建筑运行阶段三个阶段。

建筑领域有关绿色建筑低碳化标准体系的建设步伐仍在继续前进，现阶段我国关于建筑碳排放计算的参考标准主要有《建筑节能与可再生能源利用通用规范》GB 55015—2021、《建筑碳排放计算标准》CB/T 51366—2019、《绿色建筑评价标准》GB/T 50378—2019、《民用建筑绿色性能计算标准》JGJ/T 449—2018、《建筑和土木工程的可持续性：现有建筑在使用阶段的碳计量》ISO 16745—2017和《建筑碳排放计量标准》CECS 374：2014。上述标准阐述了有关建筑业碳排放的计算方法。各标准在不同阶段碳排放的计算要求见表3-1。

各标准不同阶段的碳排放计算要求　　　　　表3-1

	标准名称	建材生产与运输阶段	建筑施工阶段	建筑运行阶段
1	《建筑节能与可再生能源利用通用规范》GB 55015—2021	√	√	√
2	《建筑碳排放计算标准》CB/T 51366—2019	√	√	√
3	《绿色建筑评价标准》GB/T 50378—2019	√	√	√
4	《民用建筑绿色性能计算标准》JGJ/T 449—2018	√	—	√
5	《建筑和土木工程的可持续性：现有建筑在使用阶段的碳计量》ISO 16745—2017	—	—	√
6	《建筑碳排放计量标准》CECS 374：2014	√	√	√

3.1.2 计算方法

根据 2022 年发布的《建筑碳排放分析报告质量要求》以及其他碳排放计算标准,建筑碳排放计算的方法一般有清单法、经验系数法以及比例法。三种计算方法的优先级和精细度依次下降,计算方法详情见表 3-2。

碳排放的三种计算方法　　　　　　　　　　　　表3-2

	方法	计算公式	一般适用阶段
1	清单法	借助统计数据,分别计算各个阶段的碳排放量,即活动数据 × 单位活动量的碳排放(碳排放因子、碳排放系数)	建筑设计时期或建筑物建造后
2	经验系数法	借鉴理论研究的经验公式,经验公式将碳排放拟合成线性函数	建筑规划设计早期或清单数据复杂且获取困难时
3	比例法	根据学者的研究,寻找对于计算困难的过程适用的比例(精细度最低)	推荐在拆除阶段使用

3.1.3 数据来源

建筑全寿命周期碳排放清单法计算数据来源于数据库、技术资料、实际调研以及软件模拟等。数据库的来源有中国建筑节能协会建筑能耗与碳排放数据专委会、建材 EPD 或 CFP、中国碳核算数据库 CEADs、中国多尺度排放清单模型 MEIC、绿化碳汇库等。技术资料有设计图纸、建筑模型、计算书、国家及行业现行标准等。实际调研是施工现场记录、能耗监测等实地采集到的数据。软件模拟是指借助"PKPM-CES 建筑碳排放计算分析软件""T20 天正建筑碳排放分析软件 T20—CE V5.0"等软件以及东禾建筑碳排放计算分析专用软件等小众软件工具,依据建筑模型各阶段进行碳排放模拟分析。

3.2 建筑全过程碳排放分析

3.2.1 建筑能耗和碳排放现状

中国作为最大的发展中国家,近些年来经济高速发展,能源需求日益增加,成为世界能源消耗大国。据中国建筑节能协会建筑能耗与碳排放数据专委会统计的建筑碳排放情况,全国建筑碳排放强度见表 3-3,全国建筑全寿命周期碳排放总量见表 3-4,全国建筑全寿命周期碳排放所占比例见表 3-5。

全国建筑碳排放强度（kgCO$_2$/m^2） 表3-3

年份	总强度	公共建筑强度	城镇建筑强度	城镇居住建筑强度	电力能耗强度
2010	31.23	70.67	45.96	35.54	13.14
2011	32.08	75.75	46.35	33.92	14.82
2012	33.00	76.49	46.45	33.65	14.90
2013	33.55	74.22	45.79	33.50	14.71
2014	30.98	67.66	42.58	31.56	13.61
2015	29.24	63.56	38.05	27.55	12.67
2016	30.81	65.65	39.07	28.13	13.59
2017	30.13	63.48	37.92	27.44	13.89
2018	29.89	63.34	37.18	26.61	15.14
2019	29.32	62.16	36.32	25.88	15.48
2020	31.03	58.52	35.46	28.08	16.52

全国建筑全寿命周期碳排放总量（万tCO$_2$） 表3-4

年份	全国全寿命周期碳排放总量	建材生产阶段	建筑施工阶段	总量	公共建筑	城镇居住建筑	农村居住建筑
2010	325043.31	164890.26	7293.16	152859.89	55292.41	65947.70	31619.79
2011	400316.41	226729.61	7869.27	165717.53	63344.70	67106.62	35266.20
2012	486445.64	300888.22	8412.92	177144.5	68705.50	70929.59	37509.41
2013	491357.14	296356.90	8904.18	186096.06	71537.43	74635.48	39923.15
2014	481723.22	289568.82	9440.64	182713.76	69987.61	74264.35	38461.80
2015	452446.12	255248.42	9140.89	188056.81	72472.10	76243.14	39341.57
2016	469439.23	2635559.52	9366.53	196513.18	75943.57	79005.64	41563.97
2017	482778.31	268778.77	9482.57	204516.97	78625.82	82919.17	42971.98
2018	492633.28	272398.45	9543.60	210691.23	82565.72	85877.89	42247.62
2019	499749.00	276737.28	10039.65	212972.08	84549.88	87216.75	41205.45
2020	507676.60	281266.80	99740.00	216435.80	83221.06	89907.63	42608.93

全国建筑全寿命周期碳排放所占比例（%） 表3-5

年份	全国全寿命周期碳排放总量	建材生产阶段	建筑施工阶段	建筑运行阶段	公共建筑	城镇居住建筑	农村居住建筑
2010	0.40	0.51	0.02	0.47	0.36	0.43	0.21
2011	0.45	0.57	0.02	0.41	0.38	0.40	0.21

续表

年份	全国全寿命周期碳排放总量	建材生产阶段	建筑施工阶段	建筑运行阶段	公共建筑	城镇居住建筑	农村居住建筑
2012	0.53	0.62	0.02	0.36	0.39	0.40	0.21
2013	0.52	0.6	0.02	0.38	0.38	0.40	0.21
2014	0.51	0.60	0.02	0.38	0.38	0.41	0.21
2015	0.48	0.56	0.02	0.42	0.39	0.41	0.21
2016	0.50	0.56	0.02	0.42	0.39	0.40	0.21
2017	0.50	0.56	0.02	0.42	0.38	0.41	0.21
2018	0.50	0.55	0.02	0.43	0.39	0.41	0.20
2019	0.50	0.55	0.02	0.43	0.40	0.41	0.19
2020	0.51	0.28	0.01	0.22	0.38	0.42	0.20

根据最新发布的《中国建筑能耗与碳排放研究报告（2022）》显示，2020年我国能源消耗量约为50亿万吨标准煤，建筑全过程能耗总量为22.7亿吨标准煤，占全国能源消费总量比重为45.5%。其中建材生产阶段能耗11.1亿吨标准煤，占全国能源消费总量的比重为22.3%；建筑施工阶段能耗0.9亿吨标准煤，占全国能源消费总量的比重为1.9%；建筑运行阶段能耗10.7亿吨标准煤，占全国能源消费总量的比重为21.3%（图3-1）。

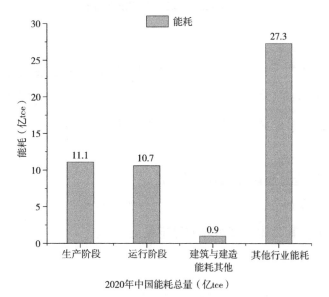

图3-1 2020年建筑全过程能源消耗占比情况

城市化进程加速导致我国建筑面积激增，建筑全过程碳排放持续增长，建筑行业节能减碳的任务任重而道远。2020年全国建筑全过程碳排放总量为50.8亿吨二氧化碳，占全国碳排放的比重为50.9%。其中建材生产阶段碳排放28.2亿吨二氧化碳，占全国碳排放总量的比重为28.2%；建筑施工阶段碳排放1.0亿吨二氧化碳，占全国碳排放总量的比重为1.0%；建筑运行阶段碳排放21.6亿吨二氧化碳，占全国碳排放总量的比重为21.7%（图3-2）。

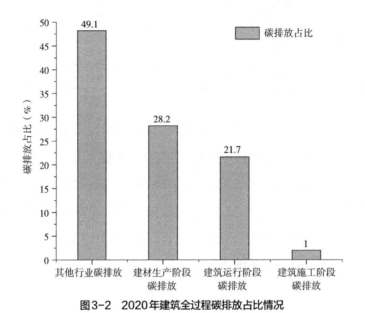

图3-2　2020年建筑全过程碳排放占比情况

由此可见，建筑业产生的碳排放是全国碳排放的主要来源之一，建筑行业低碳发展已成为我国实现双碳目标的重要途径，实现"双碳"目标离不开绿色建筑，推进建筑业节能减排、低碳发展刻不容缓。

3.2.2　建筑全过程碳排放阶段划分

根据国际标准划分，建筑碳排放可划分为直接碳排放、间接碳排放、隐含碳排放三大范围。其具体核算边界的界定见表3-6。

建筑碳排放核算边界 表3-6

范围	排放来源	阶段
直接碳排放	建筑运行阶段直接消费的化石能源带来的碳排放，主要用于建筑炊事、热水和分散取暖等活动	建筑运行
间接碳排放	建筑运行阶段消费的电力和热力两大二次能源带来的碳排放	建筑运行
隐含碳排放	建材生产和建筑施工带来的二氧化碳排放	建筑施工 建材生产

建筑直接碳排放和间接碳排放构成了建筑运行阶段碳排放，隐含碳排放即为建筑材料和建筑施工带来的碳排放，三者恰好构成建筑全过程碳排放。

将建筑全过程碳排放拆成建筑材料碳排放（包括建材生产和运输）、建筑运行碳排放、建筑施工碳排放（建筑建材和拆除阶段）三个阶段进行分析，其碳排放构成示意图如图3-3所示。

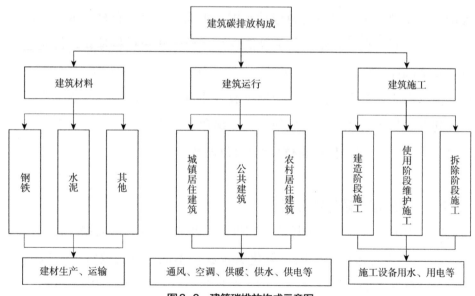

图3-3 建筑碳排放构成示意图

3.2.3 建筑材料碳排放分析

从建材生产碳排放变化趋势折线图（图3-4）来看，建筑生产碳排放总体处于上升的趋势，2005年至2020年碳排放年平均增幅为6.5%，"十二五"期间波动较大，"十三五"期间建材生产碳排放增速明显减缓，逐渐进入平台期。

图3-4 建材生产碳排放变化趋势

建材生产及运输阶段的碳排放主要包括建筑材料生产以及从产地运输到施工现场的碳排放之和,此阶段在建筑全过程碳排放总量所在比例超过一半,是节能减排的重要环节,建筑材料包括水泥、钢筋、玻璃、石材、木材、装饰材料以及其他材料,钢筋和水泥作为高能耗高排放的建筑材料是建筑行业进行建设的重要基础性材料,二者的生产在建材生产中占据的能源和碳排放比重较大,所以,由此看来钢筋和水泥的生产碳排放是建筑材料生产碳排放的主要影响因素。在建筑领域中可以通过发展使用新型绿色建材带动产业链的改变,带动绿色建材的研究开发,促进建筑材料行业绿色发展。

3.2.4 建筑运行碳排放分析

根据《中国建筑能耗与碳排放研究报告(2022)》发布的数据统计可知,不同建筑类型的建筑运行产生的二氧化碳排放量不同,可大致将分为城镇居住建筑、公共建筑和农村居住建筑三类。根据建筑运行的能耗和碳排放趋势可见"十一五"至"十三五"期间,建筑运行产生的能源消耗和碳排放呈增长状态,但碳排放增速逐渐减缓(图3-5),但其能源消耗量的年增长率大于碳排放量年增长率,表明建筑运行阶段的由能源消耗所释放的碳排放因子减少,全国能源结构正在逐渐优化。

到2020年为止,我国现存建筑中80%为居住建筑(包括城镇居住建筑和农村居住建筑),20%为公共建筑。城镇居住建筑和公共建筑的碳排放量和碳

图3-5 建筑运行碳排放变化趋势

排放增速均高于农村居住建筑，且城镇居住建筑和公共建筑是建筑运行阶段碳排放的主要来源。2010—2020年随着城镇化进程的推进，城镇居住面积和公共建筑面积急剧增长。2020年由于疫情的影响，人们的出行受到限制，公共建筑场所因疫情原因受到封闭，人流量显著减少，能源消耗也随之降低，居住建筑则与之相反，因疫情选择居家使得能源消耗上升趋势明显，产生的二氧化碳排放量增加，同时居住建筑的碳排放量还与地区人口密度、供暖需求等有关。

建筑运行阶段主要由于通风、空调、供暖、水电、照明、电梯等都需要消耗大量的能源，同时产生二氧化碳。而人们的消费水平、居住密度、建筑面积以及能源消费结构恰恰决定了通风、空调、供暖等设备的使用程度。可将运行阶段的碳排放大致分为电力、热力和直接碳排放三类（图3-6），"十三五"期间直接碳排放呈现出连年下降趋势，这是得益于能源结构优化的结果，电力排放持续增加，热力则呈现排放相对平稳的趋势。建筑运行阶段的碳排放主要来源于电力消耗和供热系统中的热力消耗，建筑运行阶段碳排放量占建筑全寿命周期碳排放将近一半，是建筑节能的重要环节之一。

3.2.5 建筑施工碳排放分析

建筑建造、使用阶段的维护维修、建筑落成之后的改造以及建筑寿命期结

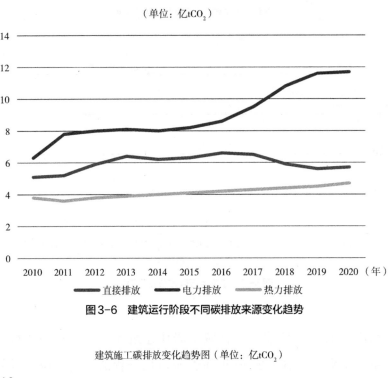

图3-6 建筑运行阶段不同碳排放来源变化趋势

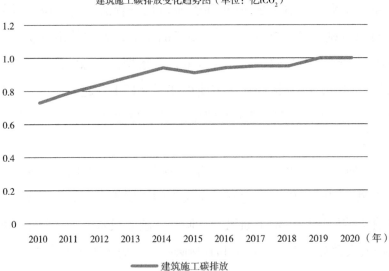

图3-7 建筑施工碳排放变化趋势

束后的拆除等都属于建筑施工的范畴。由于近年来人民生活水平提高，消费水平也随之提升，对居住环境、工作环境和消费场所的要求逐渐提高，使得居住建筑和公共建筑的需求量增加，建筑业建筑施工面积也大幅增长，施工面积的大幅增长是建筑业施工碳排放增长的主要驱动因素。根据《中国建筑能耗与碳排放研究报告（2020）》，2020年建筑施工碳排放增速持续放缓，其碳排放量已接近峰值，预计今后建筑施工产生的二氧化碳排放量趋于平稳（图3-7）。

建筑建造二氧化碳排放主要由于建筑材料和设备等的运输、施工过程中相关设备作业、施工用水用电以及现场办公人员办公生活产生的。建筑物的拆除二氧化碳排放主要是由于机器拆除、人工作业拆除、建筑废弃物运输和建筑垃圾处理产生的。由于建筑用材回收利用率低，建筑垃圾也是建筑施工碳排放的一大来源之一。

从建筑施工面积及碳排放强度变化趋势来看（图3-8），随着最近几年绿色环保的意识要求逐渐加强，绿色建造技术不断推广实施，施工过程中开始采用清洁能源提高能效，建筑施工碳排放总量虽然增加，但其单位施工面积的建筑碳排放显著下降。

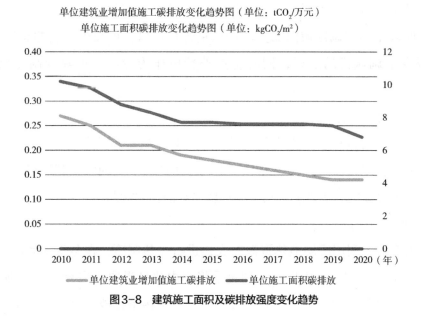

图3-8 建筑施工面积及碳排放强度变化趋势

3.3 以南方某办公大楼为例进行碳排放预测分析

3.3.1 项目工程概况

以南方某办公大楼项目为例，项目建筑总面积约26万平方米，地下4层，地上42层，建筑总高度212米。地下层为地下室和地下车库以及设备用房，地上4层及以下是大堂、商业和餐饮等，地上4层以上是办公区域，建筑使用年限50年。

3.3.2 绿色低碳技术的应用

办公大楼以"绿色、节能、低碳"为设计理念,结合当地气候环境和建筑本身的结构特点,将低碳技术和智慧建造有效结合,加强技术创新和科学管理,尽量本着建筑节能设计最优化和本土建材使用最大化的思路,绿色施工。

1) 分布式能源利用技术

以天然气为一次能源产生电、热、冷的联产联供能源系统,将天然气燃烧后获得的高温用于发电,剩余热量用于冬季供暖;在夏季使用驱动吸收式制冷机供冷;同时利用排气热量为大楼提供生活热水。将能源利用率从40%提升至80%左右,节省了一次能源。

2) 变风量空气调节技术

变风量空气调节系统通过改变进入空调区域的送风量达到节能的效果,根据各时段不同空调区域内需要的送风量进行送风,可减少大楼的总送风量,从而减少空调风机的运行,同时将室外新风作为冷源,可降低制冷机运行能耗。

3) 热回收利用技术

大楼运行的过程会产生大量的热空气,热空气的聚集使得空气温度变高,通过热回收技术将大楼运行中办公、生活产生的热空气回收,利用热泵热水加热器,为大厦提供生活热水,从而节省烧热水消耗的能源。

4) 地热利用技术

使用新技术利用浅层地热资源对大楼进行供热制冷,在冬季将底层土壤中的热量提取出来用于室内取暖,到夏季将室内热量提取出来释放到土地中去,与传统空调系统对比,不仅提升了效率还减少了污染排放,是一种环保型的空调系统。

5) 风力发电技术

项目采用我国研发的新技术——电涡流阻尼器,主要是为了对风力的作用进行缓冲,将大风在大楼间产生的机械能转化为热能消散,降低过高风速给楼内用户带来的不适感,同时采用涡轮式发电技术,为大楼提供部分电能。

6) 雨废水回收利用技术

通过雨水收集系统回收雨水,将回收的雨水用于绿化花木的灌溉、大楼的清洁、设备的冷却以及厕所冲水等,大大节约自来水资源。

7)双层幕墙技术

大楼具有双层玻璃幕墙的独特设计,包裹大楼的玻璃幕墙充分利用自然光进行采光,减少了照明用电;同时透明的外墙为建筑减低热传导,减少空调供暖耗电。双层幕墙就像保暖衣,将大楼包裹起来,实现冬暖夏凉,既节省电费还能提高楼内的舒适度。

8)绿色施工技术

在工程建设的过程中,在保证质量和安全的前提下,提高土地资源利用率,优化建筑节能设计,大力使用绿色建材和本土材料以减少建材运输消耗的能源,加强施工过程的科学管理和技术创新,最大限度减少资源浪费和环境污染。

3.3.3 建筑碳排放强度分析

建筑碳排放指的是建筑物在其建材生产阶段、建材运输阶段、建筑施工阶段和建筑运行阶段产生的二氧化碳排放的总和。计算公式如下:

$$C=C_{sc}+C_{ys}+C_{sg}+C_{yx}+C_{cc} \qquad (3-1)$$

式中 C——建筑全过程碳排放总量,$kgCO_2$;

C_{sc}——建材生产阶段碳排放量,$kgCO_2$;

C_{ys}——建材运输阶段碳排放量,$kgCO_2$;

C_{sg}——建筑建造阶段碳排放量,$kgCO_2$;

C_{yx}——建筑运行阶段碳排放量,$kgCO_2$;

C_{cc}——建筑拆除阶段碳排放量,$kgCO_2$。

由于不同建筑物之间设计方案、建筑面积、建造方式、施工难度等存在差异,建筑物的碳排放总量不具有可比性,不能通过其碳排放总量来比较不同建筑碳排放强度的差异,因此采用单位面积建筑碳排放量可使建筑碳排放更具有可比性和一致性,其计算公式如下:

$$P=C/(S \cdot Y) \qquad (3-2)$$

式中 P——碳排放强度,$kgCO_2/(m^2 \cdot a)$;

S——总建筑面积,m^2;

Y——建筑使用年限,a。

1）建材生产阶段碳排放

建材生产阶段的碳排放指的是建材在其生产全过程产生的二氧化碳量。其计算公式如下：

$$C_{sc}= \sum_{j=1}^{n}F_j \cdot M_j \tag{3-3}$$

式中　F_j——第 j 种建材的碳排放因子，$kgCO_2$/单位建材数量；

　　　M_j——第 j 种建材的使用量。

本工程的计算范围为建筑的主要建材，主要建材的总重量不低于建筑中所耗建材总量的95%，其数据从项目工程量清单与计价表中获取。经计算，本工程建材生产阶段碳排放量约为58450.2t。

2）建材运输阶段碳排放

建材运输阶段的碳排放指的是施工阶段所用的建筑材料从生产地运输到施工现场所直接消耗的能源或通过电力等间接消耗的能源而产生的二氧化碳排放量。其计算公式如下：

$$C_{ys}= \sum_{j=1}^{n}D_j \cdot M_j \cdot T_j \tag{3-4}$$

式中　D_j——第 j 种建材平均运输距离，km；

　　　T_j——第 j 种建材运输方式下，单位重量运输距离碳排放因子，$kgCO_2$/（t·km）

　　　M_j——第 j 种建材的使用量，t。

本工程主要建材使用本土材料，大大减少了建材在运输时产生的碳排放。经计算，本工程建材运输阶段产生的碳排放量为2142.6t。

3）建筑建造阶段碳排放

建筑建造阶段的碳排放指的是建筑物施工生产活动时产生的二氧化碳量，包括建筑分部分项工程以及措施项目实施过程产生的碳排放。其计算公式如下：

$$C_{sg}= (X+1.99) \cdot S \tag{3-5}$$

式中　X——建筑物地上建筑层数；

　　　S——总建筑面积，m^2。

本工程建造阶段碳排放量约为3178.8t。

4）建筑运行阶段碳排放

建筑运行阶段的碳排放指的是建筑运行过程中用户通风空调、供暖、供冷、照明、炊事、家用电器等维持运行通过消耗能源、电力等所产生的二氧化碳量排放量。其计算公式如下：

$$C_{yx}=\left(\sum_{j=1}^{n}Q_j\cdot E_j\right)\cdot Y \tag{3-6}$$

式中　Q_j——建筑在运行期间第 j 种能源的年消耗量；

　　　E_j——第 j 种能源的碳排放因子；

　　　Y——建筑使用年限。

本工程通过采用物联网传感器检测能耗和模拟计算法预测建筑运行阶段能耗数据，其碳排放量约 392232t。

5）建筑运行阶段减碳量计算

暖通空调和照明系统减碳量。建筑运行阶段暖通空调和照明系统的减碳量预测，参照建筑执行公共建筑节能设计标准设置。

生活热水系统减碳量。本工程的生活热水主要由太阳能光热系统、供暖供热设备的排气热量和热回收空气提供，减少了电力及其他能源的使用，降低了碳排放量。

根据上述几种减碳量的计算，汇总暖通空调和照明系统的减碳量以及生活热水系统的减碳量可得本工程运行阶段的总减碳量，即碳排放强度降低 $46.3\mathrm{kgCO_2/(m^2\cdot a)}$。

6）建筑拆除阶段碳排放

建筑拆除阶段的碳排放指的是建筑物拆除过程中由于人工或机械拆除、焚烧、清理等活动产生的二氧化碳排放量。由于我国目前关于此阶段的数据相当匮乏，此阶段的计算参考其他学者的计算方法取建筑施工阶段碳排放量的 8.95%。经计算可得，本工程建筑拆除阶段的碳排放量为 284.5t。

7）建筑全过程碳排放总量

经过上述过程的测算，案例办公大楼在建筑全过程中产生的碳排放总量为 456288.1t。对上述测算结果统计见表 3-7。

建筑各阶段碳排放量　　表3-7

	碳排放量（t）
建材生产阶段	58450.2
建材运输阶段	2142.6
建筑建造阶段	3178.8

续表

	碳排放量（t）
建筑运行阶段	392232
建筑拆除阶段	284.5
总计	456288.1

3.3.4 总结

综上所述，在建筑全过程的各阶段产生的碳排放中，建筑运行阶段所占比重较大，应在建筑设计阶段做好节能设计工作，选取合适的节能低碳技术，降低后期运行产生的碳排放。建筑生产阶段产生的碳排放量也占比较大的比重，今后应着眼于发展和应用绿色建材、可循环材料等，有利于建筑物的节能环保。此外本项目通过大量节能技术，使大楼的综合节能率在60%以上，大幅降低了项目的各项能耗，预计每年将减少数万吨的碳足迹。

3.4 建筑绿色低碳发展存在的问题总结

建筑业大力发展绿色建筑是我国建设节约环保型社会的必然要求，绿色建筑从设计到建造的全过程都践行着节约资源、节约能源、减少污染的理念，并尽可能地采用有利于绿色发展的新技术、新材料。

尽管近些年来我国绿色建筑的发展速度很快，但总体来看我国绿色建筑的发展正处于转型提升阶段，仍存在不少问题。

（1）绿色建筑发展重设计、轻运行的问题较重。根据相关统计报告，我国绿色建筑运行标识项目仅占标识项目总量的6%，90%以上的绿色建筑标识项目集中在建筑的设计阶段。部分绿色建筑在设计时就存在问题导致绿色建筑未能达到绿色建筑效果；部分绿色建筑的相关技术、设备在施工阶段未能达到预期效果，难以真正施工实施；同时物业缺乏绿色运营意识和相关技能措施，导致绿色物业脱节。绿色建筑作为建筑行业正在开发建设的新领域，专业技术人才缺口也是现阶段建筑绿色发展的问题之一，诸多问题导致绿色理念、绿色技术难以落地。

（2）绿色建筑地域发展不均衡。绿色建筑的发展需要因地制宜，讲究利用自然条件采取适宜的技术达到节能环保的效果，因此耗费高额的成本，导致绿色建筑在经济发达的地区开展了较多的绿色评价标识项目，而经济欠发达地区有关标识项目较少。

（3）支持绿色建筑发展的法律法规缺失。国家层面缺乏绿色建筑领域专门的法律，《中华人民共和国建筑法》《中华人民共和国城乡规划法》等均未对绿色建筑做出明确规定；地方性法规不完善，各地政府出台的多是《绿色建筑行动方案》等政策文件；绿色建筑的监管机制不够完善，建筑建设过程缺乏监管，导致绿色建筑的质量难以保证。绿色建筑适用法律缺少时，绿色建筑的发展就会受到限制。

（4）建造成本高，缺乏市场化金融支持。我国现阶段绿色建筑的发展主要由政府推动，很难调动市场配置资源的决定性作用。在前期建造阶段绿色建筑采用的新工艺、新材料等增大了建筑的建设成本，开发商往往不愿增加成本投入，因此无法调动企业参加绿色建筑发展的积极性。

CHAPTER 4

第4章

建筑业全寿命周期碳排放计算

建筑全寿命周期评价
建筑全寿命周期碳排放量估算模型
建筑全寿命周期碳排放量估算
建筑业碳排放强度测算

4.1 建筑全寿命周期评价

建筑全寿命周期碳排放这一概念是指建筑物在与其相关的建材生产和运输、建筑施工、建筑运行、建筑拆除、废料回收和处理五个阶段产生的温室气体排放的总和。具体来看,建筑全寿命周期碳排放包括以下阶段:建材生产和运输阶段的碳排放,包括钢筋、水泥、混凝土、玻璃等主要建材生产过程中的碳排放及从生产地到施工现场的运输过程中产生的碳排放,也就是隐含碳排放;建筑施工建造阶段的碳排放,包括完成各分部分项工程施工产生的碳排放和各项措施实施过程中产生的碳排放;建筑运行阶段碳排放,包括暖通空调、生活热水、照明及电梯、燃气等能源消耗产生的碳排放;建造及拆除阶段的碳排放,包括人工拆除和使用小型机具机械拆除使用的机械设备消耗的各种能源动力产生的碳排放;建筑拆除后的废料回收处理阶段的碳排放,包括废料回收运输产生的碳排放和废料填埋、焚烧产生的碳排放。需要强调的是,该寿命周期模型中建筑物使用阶段的碳排放不包括由于使用各种家用电器设备而导致的能源消耗与碳排放,它只包含了仅由照明、供暖、通风、空调等建筑设备对能源的消耗。

4.1.1 建筑全寿命周期评价的必要性

在一般建筑材料的生产过程中,碳的排放量在9%~22%的范围内;被动房屋的比例为21%~47%;建筑节能率为47%~77%。可见,随着社会的发展与进步,建筑物的能效水平也在不断提升,而目前国内外相关研究仅针对其寿命周期中的某个阶段进行评估,已显得不够充分、片面,很难从整体上认识建筑物的能源消耗与碳排放所造成的巨大环境效应。所以,要从建筑物的整个寿命周期出发,对其进行深入的研究。

(1)基于建筑全寿命周期视角的碳排放研究,将单个和独立的阶段进行有机的整合,构建各个阶段的碳排放模型,确定各个阶段的碳排放边界和碳排放来源。使得建筑师在各个环节都能有效地提高建筑的二氧化碳排放量,并在此基础上,提出节约能源和减少二氧化碳排放的措施。

(2)基于全寿命周期视角的建筑碳排放研究,可以明确和详尽地认识每一个阶段的碳排放源,并对活动层面的数据进行识别,进而进行碳排放的计算。进而对其全寿命周期内的碳排放进行明确分析,并提出高效的节能减排措施。

因此,有必要对建筑寿命周期内的各阶段进行能源消耗与碳排放的核算。

4.1.2 建筑全寿命周期评价的意义和局限性

1)建筑全寿命周期评价的意义

全寿命周期评价在社会的可持续发展中有着不可替代的作用,尽管它给企业、环境等都提出了新的和更高的要求,但是它对社会的贡献却是非常显著的。同样,对建筑物进行寿命周期评估的重要性也不容忽视。建筑LCA的重要意义在于:它可以帮助建设单位在建设阶段、运营阶段等不同阶段,选择出对环境影响最小的建筑材料和施工技术。运用工程全寿命周期评估方法,可使工程建设企业有步骤、有计划、有针对性地开展工程建设的生产经营活动。通过对不同区域、不同气候条件下同一座建筑物的环境效应进行对比,提出相应的对策。本书认为,建筑全寿命周期的概念,可以用来指导施工实践,从而推动低碳施工的发展。

2)建筑全寿命周期评价的局限性

我国LCA的发展还处于不太成熟阶段,所以在LCA方面还有许多不足之处。例如,在对建筑物进行全寿命周期评估时,往往只考虑建筑物所造成的环境效应,而未将其所造成的经济效益、社会效益等因素考虑在内。对建筑物寿命周期的研究没有考虑到地点的特定性,也没有考虑到地理位置上的不同,在研究中经常忽略了诸如人口密度和环境生态特征之类的因素。

4.1.3 建筑全寿命周期评价框架

不同机构对寿命周期评价的定义不同但都离不开其本质,都是围绕目标和范围定义、清单分析、影响评价和结果解释这四个步骤进行的,它们是寿命周期评价的四个主要阶段。四个步骤相辅相成,密不可分,第一阶段目标和范围定义目的、目标、功能和系统边界；第二阶段清单分析包括收集与整个寿命周期的输入、过程、排放等相关的所有数据；在第三阶段影响评估，根据清单分析对环境影响和投入资源进行量化；最后一个阶段结果解释影响评估阶段，并提出建议和改进措施。

通过以上分析，不管是环境毒理学与化学学会（SETAC），还是ISO国际标准中，从理论框架的描述出发，将建筑物的全寿命周期评价分为以下四个步骤。

1）目标与范围定义

这一阶段是全寿命价值评估的初始阶段，也是全寿命价值评估的核心阶段。目标定义的重点是对进行LCA的理由和应用意图进行解释，范围界定的重点是对所研究产品系统的功能单元、系统边界、数据分配程序、数据要求及原始数据质量要求等内容进行描述。寿命周期评估的对象和范围的确定，直接影响到寿命周期评估研究的深度与广度。由于寿命周期分析法具有可重复使用的特点，其研究内容还需不断地进行调整与改进。

2）清单分析

清单分析有表征分析和列表分析两种形式。表征分析就是在一个被考察的系统中，创建一个表，并对其进行表征的方法。列表分析是指对生产过程中有关投入与产出进行定量的数据采集与计算。首先，在研究对象和范围界定阶段，对研究对象进行了全寿命周期建模，并进行相关资料的采集。在此基础上，对各单元流程进行数据采集，并对采集到的数据进行处理和汇总，得出整个流程的分析结果。

3）影响评价

影响评估的目标是在评估过程中，基于评估过程中的评估结果，评估产品全寿命周期内对环境的影响。该方法将列表数据转换成特定的影响类型及指数参数，有助于对产品全寿命周期内的环境影响的理解。另外，这一步骤也为寿命周期的成果解读步骤提供了必需的资讯。

4）结果解释

结果解释是在项目执行过程中，通过确定项目执行中出现的关键问题，并对研究成果进行完整性、敏感性、一致性等方面的测试，给出结论、局限性和建议。

首先，对其全寿命周期内的能源、材料消耗和环境排放量进行辨识和定量，然后，对其进行环境影响评价，并提出相应的减排措施。生态周期管理是从生态、人类健康和资源消耗三个角度，综合评价生态系统对生态环境的影响。

随着工业化进程的推进，大量的废弃物和污染物被排放到自然环境中，这些废弃物和污染物已经超过了自然界本身所能承受的极限，严重危害着人类的健康。同时，工业化也会造成对资源的过度消耗，超过了对资源的可再生性，从而对全球生态环境造成了严重的破坏。因而，人们日益渴望能够全面地了解他们所从事的各种活动对环境的影响，从而寻找出相应措施来减少人类活动对环境的冲击的机会。

4.2 建筑全寿命周期碳排放量估算模型

本书中将建材生产阶段、建材运输阶段、建筑施工建造及拆除阶段、建筑运行阶段、新建筑施工和旧建筑拆所产生的废料处理除阶段这5个阶段的碳排放总量相加得到总碳排放量，如式（4-1）所示：

$$C=C_1+C_2+C_3+C_4+C_5 \tag{4-1}$$

式中　C——总碳排放量；

C_1——建材生产阶段所产生的碳排放量；

C_2——建材运输阶段所产生的碳排放量；

C_3——建筑施工建造及拆除阶段所产生的碳排放量；

C_4——建筑运行阶段所产生的碳排放量；

C_5——新建筑施工和旧建筑拆除所产生的废料处理阶段所产生的碳排放量。

各个阶段的二氧化碳排放量根据IPCC清单法进行计算，如式（4-2）所示：

$$\text{Emissions}=AD \cdot EF \tag{4-2}$$

式中　AD——能源消耗量；

EF——碳排放因子。

4.2.1 建材生产阶段所产生的碳排放量计算模型

建材生产阶段碳排放量等于建材生产量与建材碳排放因子的乘积，其具体计算如式（4-3）所示：

$$C_1=C_{sc}=\sum_i (M_i \cdot F_i) \tag{4-3}$$

式中　i——第i种建材；

C_{sc}——建材生产阶段的碳排放量（$kgCO_2eq$）；

M_i——第 i 种主要建材的消耗量；

F_i——第 i 种建材的碳排放因子（$kgCO_2eq$/单位建材数量）。

主要建材的碳排放因子数据见表4-1。

主要建材碳排放因子　　　　　　　　　　表4-1

建筑材料类别	建筑材料碳排放因子	
	F_i	单位
普通硅酸盐水泥	740.6	$kgCO_2eq/t$
玻璃	1071	$kgCO_2eq/t$
铝材	22670	$kgCO_2eq/t$
钢材	2593	$kgCO_2eq/t$
木材		$kgCO_2eq/t$

4.2.2　建材运输阶段排放量计算模型

建材运输阶段碳排放量主要来源于运输工具在运输建筑材料时产生的碳排放量，常用的建材运输方式有公路、铁路和水路。建材运输阶段碳排放量等于运输量、运输距离和运输方式的碳排放因子三者的乘积具体计算如式（4-4）所示：

$$C_2 = C_{ys} = \sum_i (M_i \cdot D_i \cdot T_r) \quad (4-4)$$

式中　C_{ys}——建材运输过程碳排放（$kgCO_2eq$）；

M_i——第 i 种主要建材的消耗量（t）；

D_i——第 i 种建材平均运输距离（km）；

T_r——第 r 种建材的运输方式下，单位重量运输距离的碳排放因子 [$kgCO_2eq$/（t·km）]。

建材运输方式的碳排放因子数据见表4-2。

建材运输方式碳排放因子　　　　　　　　　　表4-2

运输方式类别		运输方式碳排放因子	
		T_r	单位
陆运	汽油货车运输	0.104	$kgCO_2eq$/（t·km）
	柴油货车运输	0.162	$kgCO_2eq$/（t·km）
	电力机车运输	0.010	$kgCO_2eq$/（t·km）

续表

运输方式类别		运输方式碳排放因子	
		T_r	单位
铁路	铁路运输	0.010	kgCO$_2$eq/(t·km)
水运	集装箱船运输	0.012	kgCO$_2$eq/(t·km)
	干散货船运输	0.015	kgCO$_2$eq/(t·km)
	液货船运输	0.019	kgCO$_2$eq/(t·km)

主要建材运输距离宜优先采用实际的建材运输距离。当建材实际运输距离未知时，可根据《建筑碳排放计算标准》GB/T 51366—2019 取值，混凝土默认平均运输距离取值为 40km，其他建材默认平均运输距离取值为 500km。本书为方便研究主要建材运输距离均取默认值。

4.2.3 建筑施工建造和拆除阶段碳排放量计算模型

建造阶段的碳排放量主要来源于建造阶段使用机械设备、照明和工人生活、办公产生的碳排放量，其计算时间边界应从项目开工至项目竣工验收止。建筑拆除阶段的碳排放应包括人工拆除和使用机具机械拆除使用的机械设备消耗的各种能源动力产生的碳排放。建筑施工建造和拆除阶段碳排放量可直接按式（4-2）计算。施工建造阶段和拆除阶段的能源总用量宜采用施工工序能耗估算法计算。

（1）建造阶段的能源用量应按式（4-5）计算。

$$E_{iz}=E_{fx}+E_{cs} \tag{4-5}$$

式中　E_{iz}——建筑施工建造阶段总能源用量（kWh 或 kg）；

E_{fx}——分部分项工程总能源用量（kWh 或 kg）；

E_{cs}——措施项目总能源用量（kWh 或 kg）。

①分部分项工程能源用量应按式（4-6）计算。

$$E_{fx}= \sum_i Q_{fx,\,i} \cdot (\sum T_{i,\,j} \cdot R_j) \tag{4-6}$$

式中　i——分部分项工程中项目序号；

j——施工机械序号；

$Q_{fx,\,i}$——分部分项工程中第 i 个项目的工程量；

$T_{i,\,j}$——第 i 个项目单位工程量第 j 种施工机械台班消耗量（台班）；

R_j——第 i 个项目第 j 种施工机械单位台班的能源用量（kWh/台班）。

②脚手架、模板及支架、垂直运输、超高施工等可计算工程量的措施项目,其能源用量应按式(4-7)计算。

$$E_{cs}=\sum_i Q_{cs,i} \cdot \left(\sum_j T_{A-i,j} \cdot R_j\right) \qquad (4-7)$$

式中　i——措施项目序号;

　　　j——施工机械序号;

$Q_{cs,i}$——措施项目中第i个项目的工程量;

$T_{A-i,j}$——第i个措施项目单位工程量第j种施工机械台班消耗量(台班);

R_j——第i个项目第j种施工机械单位台班的能源用量(kWh/台班)。

(2)建筑拆除阶段包括人工拆除和机械拆除,其能源用量应按式(4-8)计算。

$$E_{cc}=\sum_i Q_{cc,i} \cdot \left(\sum_j T_{B-i,j} \cdot R_j\right) \qquad (4-8)$$

式中　i——拆除工程中项目序号;

　　　j——施工机械序号;

$Q_{cc,i}$——第i个拆除项目的工程量;

$T_{B-i,j}$——第i个拆除项目单位工程量第j种施工机械台班消耗量(台班);

R_j——第i个项目第j种施工机械单位台班的能源用量(kWh/台班)。

建筑施工建造和拆除使用的机械设备各种能源动力对应的碳排放因子数据见表4-3。

主要能源碳排放因子　　　　表4-3

主要能源类别	种类	能源碳排放因子	单位
固体燃料	煤炭	26.1	tCO_2eq/TJ
	焦炭	29.5	tCO_2eq/TJ
液体燃料	原油	20.1	tCO_2eq/TJ
	燃油	21.1	tCO_2eq/TJ
	汽油	18.9	tCO_2eq/TJ
	柴油	20.2	tCO_2eq/TJ
	煤油	19.5	tCO_2eq/TJ
气体燃料	天然气	55.54	tCO_2eq/TJ
电力	南方区域电网	0.714	$kgCO_2eq/(kW \cdot h)$
	北方区域电网	1.246	$kgCO_2eq/(kW \cdot h)$

4.2.4 建筑运行阶段碳排放量计算模型

建筑运行阶段的碳排放来源于生活和生产消耗能源产生的碳排放，本书将建筑运行阶段的能耗分成暖通空调能耗、照明和电梯能耗、生活热水能耗、给水排水能耗四类，总结每一类消耗的能源，具体见表4.4。建筑运行阶段碳排放量应根据各系统不同类型能源消耗量和不同类型能源的碳排放因子确定，建筑运行阶段碳排放量可按式（4-2）计算。

不同建筑系统能源消耗种类　　　　　　　　　　　　　　表4-4

建筑系统分类	能源消耗种类
暖通空调系统	综合能源、原煤、焦炭、电力、天然气
照明和供配电系统	综合能源、电力
生活热水系统	综合能源、原煤、焦炭、电力、天然气
给水排水系统	综合能源、电力

4.2.5 新建筑施工和旧建筑拆除所产生的废料处理阶段所产生的碳排放量计算模型

建筑垃圾的来源主要有三个方面：旧建筑拆除产生、新建筑施工产生以及建筑装修产生。从"2020年我国建筑垃圾的构成分布"来看（图4-1），旧建筑拆除所产生的建筑垃圾占建筑垃圾的58%，新建筑施工产生的建筑垃圾占36%。由此可见，建筑物的拆除阶段和新建筑的施工阶段是建筑垃圾的控制关键点。通过查阅资料可知，每建造一平方米的建筑会产生0.055吨建筑垃圾，每拆除一平方米建筑会产生1.3吨的建筑垃圾。根据已有文献研究，建筑垃圾的平均运输距离可达20千米。建筑垃圾的运输是从施工场地到建筑垃圾处理场多为短距离运输，选用的运输方式通常为柴油货车运输。垃圾处理阶段的碳排放量等于建筑垃圾量、平均运输距离和柴油货车碳排放因子三者的乘积，2010—2019年建筑垃圾总量如图4-2所示，具体计算如式（4-9）所示：

$$C_5 = C_{lj} + C_{lj'} = (C \cdot G_{lj} + D \cdot G_{lj'}) \cdot d_r \cdot h_r \tag{4-9}$$

式中　C——建筑竣工面积；

　　　D——建筑拆除面积；

　　　C_{lj}——施工阶段产生的建筑垃圾量；

　　　$G_{lj'}$——拆除阶段产生的建筑垃圾量；

d_r——建筑垃圾的柴油货车的平均运输距离；

h_r——柴油货车的碳排放因子。

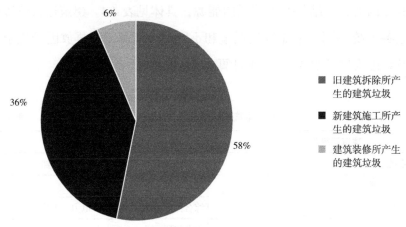

图4-1 2020年我国建筑垃圾的构成分布

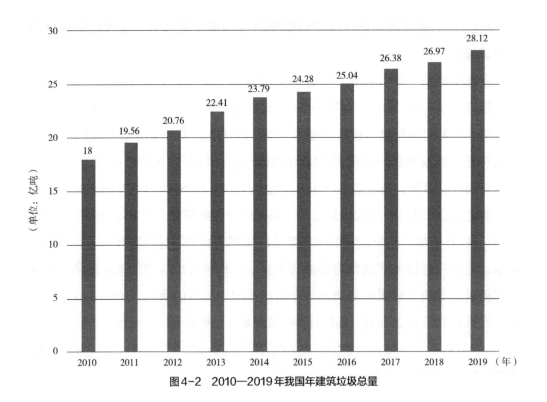

图4-2 2010—2019年我国年建筑垃圾总量

4.3 建筑全寿命周期碳排放量估算

通过公式（4-1）~公式（4-9），计算得到 2010—2019 年我国建筑业全寿命周期碳排放量，为方便汇总，将第一阶段及建材生产阶段碳排放量和第二阶段建材运输阶段碳排放量合并为建材准备阶段碳排放量，结果见表 4-5。

2010—2019年我国建筑业全寿命周期碳排放量　　　表4-5

年份	全寿命周期碳排放（万t）	建材准备阶段（万t）	建造及拆除阶段（万t）	运行阶段（万t）	废料处理阶段（万t）
2010	325043.31	156549.27	14173.30	152859.89	1460.85
2011	400316.41	218213.97	14843.54	165717.53	1541.37
2012	486445.64	292621.77	15103.45	177144.50	1575.92
2013	491357.14	288056.91	15565.07	186096.06	1639.10
2014	481723.22	281423.64	15907.43	182713.76	1678.39
2015	452446.12	245853.25	16781.58	188056.81	1754.48
2016	469439.23	254132.70	17015.34	196513.18	1778.01
2017	482778.31	258294.27	18142.89	204516.97	1824.18
2018	492633.28	261124.21	18918.44	210691.23	1899.40
2019	499749.00	265187.19	19654.89	212972.08	1934.84
均值	458193.17	252145.73	16610.59	187728.20	1708.65

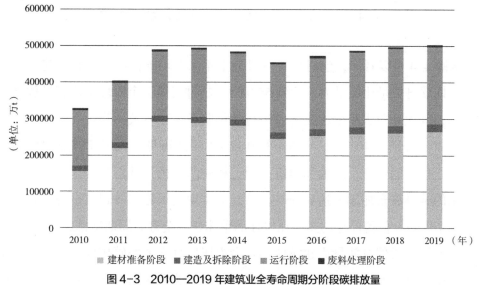

图 4-3　2010—2019 年建筑业全寿命周期分阶段碳排放量

从表 4-5 和图 4-3 可以看出，在建筑业全寿命周期各阶段中，建材准备阶段和建筑运行使用阶段产生的碳排放所占比重较大，建筑施工建造和拆除及废料处理阶段碳排放所占比重较小。从时间上来看，在 2010—2019 年最近的十年内，我国建筑业全寿命周期碳排放量呈现先稳定上升后波动下降的态势，2011 年之后，建筑业全寿命周期碳排放量波动下降，但均高于近 10 年的平均水平，可见我国建筑业全寿命周期碳排放量在 2011 年后仍处于较高的水平，2019 年的 499749 万吨碳排放量相较 2010 年的 325043.31 万吨碳排放量，涨幅达到 153.75%。从全寿命周期各阶段具体来看，建材准备阶段碳排放量变化与建筑业全寿命周期碳排放量变化态势保持一致，而建筑施工运行使用和拆除阶段及废料处理阶段碳排放量则呈现稳定上升的趋势，建筑业运行阶段碳排放量尚未达峰。由此可见，我国建筑业全寿命周期碳排放在较大程度上受到建材生产碳排放的影响。

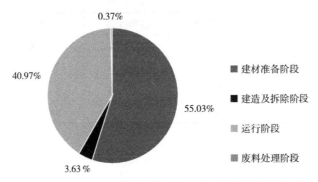

图 4-4　2010—2019 年建筑业全寿命周期分阶段碳排放量比重

从图 4-4 可以看出，建材准备阶段近十年来平均碳排放量占我国建筑业全寿命周期碳排放量比重最大，达到 55.03%，超过其他三个阶段平均碳排放量比重之和；其次比重大小依次是建筑运行使用阶段、建造及拆除阶段、废料处理阶段，占比分别为 40.97%、3.63% 和 0.37%。由此可见，我国建筑业碳排放主要来源于建材的生产、运输和建筑使用过程中的居民日常消费，这两项碳排放源产生的碳排放量加起来达到 96%，因此，实现我国建筑业碳减排的重心应放在这两个阶段。值得注意的是，在以往的单体建筑全寿命周期碳排放量测算中，其运行使用阶段碳排放量为建筑使用寿命内居民日常消费碳排放量总和，比重达到 80% 以上。而本书的运行使用阶段碳排放量为我国所有建筑一年内的居民日常消费碳排放量，因此其碳排放量比重低于建材准备阶段的比重。

4.4 建筑业碳排放强度测算

建筑业碳排放可分为建筑直接碳排放和建筑间接碳排放，即"建筑直接碳排放+建筑间接碳排放=建筑产业碳排放"。其中，直接碳排放为建筑产业设计、施工以及拆除等阶段直接消耗煤炭、焦炭、石油、天然气以及电力等能源所产生的碳排放。本书将建筑产业间接碳排放定义为与建筑产业息息相关的五大建筑材料包括钢材、木材、水泥、玻璃、铝材在生产以及运输过程中产生的碳排放。

2010—2019年建筑产业能源消费量　　　　表4-6

年份	能源消费量								
	能源消费总量	煤炭	焦炭	汽油	煤油	柴油	燃油	天然气	电力
2010	6226.30	718.91	5.81	274.70	8.77	490.20	30.76	1.16	483.24
2011	5872.16	781.81	4.81	282.77	10.79	518.63	30.60	1.28	571.82
2012	6167.37	753.41	6.31	286.87	7.89	518.01	27.05	1.26	608.40
2013	7016.97	811.39	7.69	326.46	11.42	556.97	59.46	1.98	675.07
2014	7519.58	913.60	9.69	331.03	10.42	551.95	44.59	1.88	721.67
2015	7696.41	878.07	6.68	408.58	12.50	555.71	53.51	2.16	698.67
2016	7990.93	805.29	7.05	437.26	10.00	561.26	51.91	1.95	725.62
2017	8554.51	732.82	12.57	472.32	9.75	596.06	43.24	1.80	789.22
2018	8685.00	650.00	11.00	505.00	17.00	543.00	32.00	2.00	888.00
2019	9142.00	640.00	10.00	500.00	16.00	530.00	32.00	3.00	991.00

依据表4-6中数据，建筑直接碳排放可由式（4-2）求得。而建筑间接碳排放可由建筑产业总碳排放量减去建筑直接碳排放得到。

碳排放强度表示为每完成一单位的建筑产业产值产生出的碳排放量，2010—2019年建筑产业产值如图4-5所示，具体公式如下：

$$CI = C/GDP \tag{4-10}$$

式中　CI——碳排放强度；

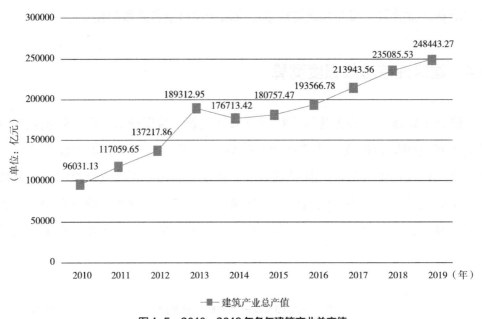

图4-5 2010—2019年各年建筑产业总产值

C——建筑产业总碳排放量；

GDP——建筑产业产值。

将得到的基础数据代入碳排放测算公式可得出建筑产业直接碳排放、间接碳排放以及建筑产业总的碳排放量以及碳排放强度值（表4-7），在建筑产业碳排放的构成中，由生产水泥、玻璃、钢材、木材、铝材等建筑材料产生的建筑产业间接碳排放量的比例均保持在90%左右，为建筑产业碳排放的主要来源。自2010年到2019年近十年间，我国建筑产业碳排放量从325043.31万吨增长到499749.00万吨，年平均增长率达到了10.16%，建筑产业生产总值从96031.13亿元增长到了248443.27亿元，年平均增长率达16.32%，碳排放强度值经历两次波动从2010年的3.38下降到2019年的2.01，整体呈较好态势（图4-6）。

2010—2019年我国建筑产业各年碳排放指标　　　　表4-7

年份	碳排放总量	直接碳排放	间接碳排放	间接碳排放百分比	碳排放强度
2010	325043.31	35258.33	289784.98	89.15	3.38
2011	400316.41	37703.25	362613.16	90.58	3.42
2012	486445.64	36964.78	449480.86	92.40	3.55
2013	491357.14	40894.29	450462.85	91.68	2.60
2014	481723.22	43300.40	438422.82	91.01	2.73

续表

年份	碳排放总量	直接碳排放	间接碳排放	间接碳排放百分比	碳排放强度
2015	452446.12	44053.82	408392.30	90.26	2.50
2016	469439.23	42744.41	426694.82	90.89	2.43
2017	482778.31	42230.64	440547.67	91.25	2.26
2018	492633.28	39554.41	453078.87	91.97	2.10
2019	499749.00	39016.39	460732.61	92.19	2.01

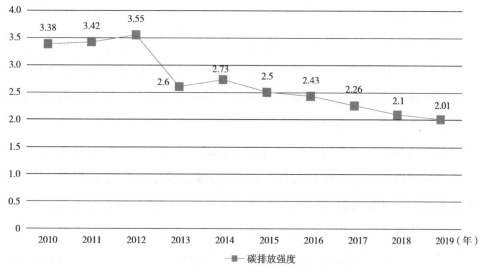

图4-6 2010—2019年碳排放强度变化折线图

4.4.1 建筑行业碳排放强度影响因素分类

从建筑行业本身层面出发，建筑行业是国家支柱型产业，城镇化率的提高和社会生活进步会刺激建筑行业的产业规模增长，进而导致建筑行业碳排放量的持续增加；此外，建筑行业能源消耗结构也是制约降低碳排放强度的重要因素，能源使用效率低下或者能源消耗结构不合理，比如柴油、汽油等传统高排放化石能源占比过高都会使得建筑行业发展过程中产生过量的碳排放；建筑行业绿色建材的应用，包括加气混凝土、再生混凝土和预拌砂浆、复合保温墙体、高强钢筋、高性能节能门窗、高效供暖制冷设备以及智能控制系统等绿色、低碳建材产品和设备更是降低碳排放强度以及低碳经济的攻坚战。

而考虑到建筑行业利益相关主体层面，从政府部门角度出发，各级政府有关部门制定、修订完善建筑节能政策来推动、督导建筑行业碳排放强度下降，既达到低碳经济发展工作目标,又促进自然环境和经济发展的良性循环,最终还提高政府公信力及影响力;从建筑行业企业本身角度出发,作为建筑行业市场主体单元,建筑企业在发展经济的过程需要制定符合低碳经济、绿色可持续发展理念的绿色低碳企业发展战略,响应政府低碳发展号召,完成企业低碳经济责任任务,并形成低碳发展的企业内部文化来保持企业低碳经济竞争优势,并降低碳排放强度;从社会公众角度出发,社会公民可以使用社会舆论对建筑行业低碳经济发展进行有效监督,在促进降低碳排放强度的同时还保证社会的绿色健康生活环境。

根据上述关于建筑行业碳排放强度的行业本身层面与行业利益相关主体层面双重分析,降低建筑行业碳排放强度的本质就是建筑行业各相关企业依据政府节能减排政策与低碳经济发展形势要求,在社会公民生活需求和舆论监督下制定企业发展战略,在保持经济良性增长的同时努力克服低碳经济发展的制约因素以提高低碳技术创新水平,进而提高能源使用效率、优化能源结构、加快绿色建材发展以减少行业碳排放量,进而达到降低碳排放强度的目标。因此本书在研究建筑行业碳排放强度影响因素的过程中,按照建筑行业本身以及行业利益相关主体两个层面进行分类,分别选取研究比率较高的影响因素。建筑行业本身层面影响因素选取能源碳排放强度、能源强度、能源使用结构、间接碳排放强度四个指标;而对于相关利益主体层面影响因素,本书从政府驱动、社会舆论、市场需求、科技进步、技术创新等方面来分析其如何影响建筑行业碳排放强度。

4.4.2 建筑行业碳排放强度直接影响因素

1)直接影响因素理论分析

根据前述分析,对建筑行业碳排放强度的建筑行业本身层面影响因素即直接影响因素进行作用机理分析。

(1)能源碳排放强度效应

能源碳排放强度代表某个行业各类能源单位量消耗所排放 CO_2 总量,也可称为碳排放系数,由于官方统计部门仍没有对能源碳排放强度进行统一标准划分,也没有给出碳排放系数具体测度过程,本书只好选用《中国能源统计年鉴》的统计单位分则和 IPCC 评估报告给出的具体数值进行综合分析。能源碳排放强度需要根据能源低热值、碳氧化率以及 CO_2 排放因子来进行计算设定，各类能源的能源碳排放强度数值不同，不同年份数值也会出现差异，因此能源碳排放强度会在建筑行业经济产值不变情况下影响建筑行业碳排放量，进而对碳排放强度有所影响。

（2）能源结构效应

对于建筑行业能源消耗结构来说，根据《中国建筑业统计年鉴》中的能源平衡表统计情况可以看出，建筑行业主要消耗以煤炭、柴油、石油、天然气为主的九种一次能源和电力、热力两种二次能源。能源结构即各类能源消耗量对建筑行业能源消耗总量的占比比重，由于不同类型能源单位热量的碳排放量不同，电力产生的碳排放较天然气、石油、煤炭分别低24%、52%、71%，因此调整建筑行业能源消耗结构必然会使得建筑行业碳排放量产生变化，进而直接影响碳排放强度。

（3）能源强度效应

作为从能源经济学领域考核技术水平的指标，能源强度衍生到建筑行业层面中，表示一个地区建筑行业能源消耗量和地区建筑行业生产总值的比值，能源强度反映建筑行业能源使用效率，如果能源强度越高说明在同一水平行业产出下能源消耗总量越大，即能源使用效率越低，也侧面反映了建筑行业低碳技术水平仍有待创新提升。在建筑产业生产总值一定的情况下，标准煤使用量越大，表明能源强度越高，则能源利用效率越低。

（4）间接碳排放强度效应

间接碳排放强度是依据建筑行业间接碳排放定义拓展出的影响因素，由于建筑行业需要消耗钢材、木材、水泥、铝材、玻璃五大建筑材料，因此定义建筑行业间接碳排放量为建筑材料生产运输过程产生的碳排放，间接碳排放强度代表间接碳排放量与建筑行业生产总值的比重，各类建筑材料的间接碳排放强度表示各类建筑材料使用产生碳排放量与行业经济产出比值，以反映建筑材料对建筑行业碳排放强度的影响状况。

2）碳排放强度影响因素模型构建

本书运用分析路径独立、应用范围更广泛的 LMDI 方法对我国建筑业碳排放强度进行因素分解。在 Kaya 恒等式理论基础上做出改进，将我国建筑产业碳排放强度分解为能源排放强度效应、能源结构效应、能源强度效应、间接碳排放强度效应等因素，构建碳排放强度因素分解模型如式（4-11）：

$$EI = \sum_i EC_i \cdot ES_i \cdot EI + CI_{ice}$$

$$EC_i = C_i/E_i$$

$$ES_i = E_i/E$$

$$EI_i = E/GDP$$

$$CI_{ice} = C_{ice}/GDP \tag{4-11}$$

式中 EI——建筑产业碳排放强度；

C_{ice}——建筑产业间接碳排放；

C_i——建筑产业第 i 类能源的碳排放量；

E_i——建筑产业第 i 类能源的消耗量；

E——建筑产业能源消耗总量；

GDP——建筑产业产值；

EI_i——能源碳排放强度因素；

ES_i——能源结构因素；

EC_i——能源强度因素；

CI_{ice}——间接碳排放强度因素。

根据 LMDI 加和分解方法对模型做进一步分解，则我国建筑产业碳排放强度从时期 0 到 t 的总变化量可表示为：

$$\Delta CI = CI_t - CI_0 = \Delta CI_{EC} + \Delta CI_{ES} + \Delta CI_{EI} + \Delta CI_{ICE} \tag{4-12}$$

式中 ΔCI_{EC}、ΔCI_{ES}、ΔCI_{EI}、ΔCI_{ICE} 分别表示我国建筑产业能源碳排放强度效应、能源结构效应、能源强度效应、间接碳排放效应引起的碳排放强度的变化，其中间接碳排放效应由建筑产业五大建筑材料即水泥、钢材、木材、铝材、玻璃产生的效应组成。

根据 LMDI 法，公式（4-11）右边各项可以分别表示为：

$$\Delta CI_{EC} = \sum_i \frac{C_i^t/GDP^t - C_i^0/GDP^0}{\ln(C_i^t/GDP^t) - \ln(C_i^0/GDP^0)} \cdot \ln \frac{EC_i^t}{EC_i^0}$$

$$\Delta CI_{ES} = \sum_i \frac{C_i^t/GDP^t - C_i^0/GDP^0}{\ln(C_i^t/GDP^t) - \ln(C_i^0/GDP^0)} \cdot \ln \frac{ES_i^t}{ES_i^0}$$

$$\Delta CI_{EI} = \sum_i \frac{C_i^t/GDP^t - C_i^0/GDP^0}{\ln(C_i^t/GDP^t) - \ln(C_i^0/GDP^0)} \cdot \ln \frac{EI_i^t}{EI_i^0}$$

$$\Delta CI_{ICE} = \sum_i \frac{C_i^t/GDP^t - C_i^0/GDP^0}{\ln(C_i^t/GDP^t) - \ln(C_i^0/GDP^0)} \cdot \ln\frac{ICE_i^t}{ICE_i^0} \quad (4\text{-}13)$$

根据上述公式代入数据可以得到各因素对我国建筑产业各阶段碳排放强度变化的贡献率。由于各年的能源碳排放强度（碳排放系数）基本保持不变，故能源碳排放强度效应因素 $\Delta CI_{EC}=0$，则我国建筑产业碳排放主要受能源结构效应、能源强度效应和间接碳排放强度效应三方面的影响，各影响因素对我国建筑产业碳排放强度贡献率如表4-8所示。

各影响因素对我国建筑产业碳排放强度贡献率　　　表4-8

年份	ΔES	ΔEI	ΔICE
2010—2011	−0.04	−1.53	102.39%
2011—2012	−0.41	−0.49	101.72%
2012—2013	1.05	3.54	96.25%
2013—2014	−0.27	−0.88	100.44%
2014—2015	0.54	0.21	99.08%
2015—2016	0.09	0.14	99.98%
2016—2017	0.48	4.26	95.24%
2017—2018	0.11	0.18	99.51%
2018—2019	0.07	1.13	97.99%

由表4-8可知，能源结构效应对我国建筑业碳排放强度变化的贡献较小，其在碳排放强度上升阶段起抑制作用，在其下降阶段起促进作用；能源强度效应对我国建筑业碳排放强度变化的贡献相对能源结构效应较大，但其影响方向同能源结构效应一致，即在强度增长时起抑制作用，在下降时起促进作用；而由建筑业使用的建筑材料产生的效应所引起的间接碳排放效应是对我国建筑业碳排放强度变化贡献最大的影响因素，始终促进碳排放强度的变化。

4.4.3　建筑行业碳排放强度间接影响因素

根据建筑行业碳排放强度行业利益相关主体影响因素选取分析，可以进一步归纳出间接影响因素，从建筑行业社会单位角度出发，根据建筑企业来划分为建筑企业外部驱动和建筑企业内部驱动两方面。外部驱动包括行业市场驱动、社会舆论驱动、科技发展驱动以及政府驱动；建筑企业内部驱动包括企业管理制度以及企业文化。

1）政府驱动分析

我国低碳经济发展历程刚历经十余年，相较于西方发达国家来说，各地政府激励性政策和约束性监督制度并不完善，因此目前建筑行业低碳经济发展仍存在较大障碍，降低碳排放强度难度较高。政府部门出台有关建筑行业低碳技术研究的激励性政策较少，建筑企业缺乏创新动力，政府宣传工作并不到位，没有鼓励社会民众从理念和生活方式上加强对绿色建筑产品的追求。虽然国家在近年的全球性气候大会均承诺完成自己应承担的节能减排责任，但并没有整合完善节能减排领域的法律法规来应对气候变化趋势。建筑行业目前过于强调绿色建筑的低碳节能量化评估约束，而忽略各地区对于绿色建筑评估标准的适用性，也没有针对区域自然资源特征来优化低碳建筑标准规定的因地适宜性。建筑企业会因建筑行业碳排放监督性法律体系混乱而出现违法施工现象。政府部门也缺少对高校有关低碳技术创新成果的积极引导，企业缺少和高校研究成果的合作实践机会，政府部门缺少激励机制使建筑行业低碳技术创新产学研脱节现象严重，因此建筑行业低碳发展的间接因素之一便是政府驱动。政府通过政策体系、组织行为、法律法规对建筑行业的低碳经济发展进行宏观把控，保障建筑企业顺利发展并积极进行低碳技术创新研发应用。

2）社会舆论驱动分析

全面推行低碳经济转型，必须加强各利益相关主体从观念认知上提高对低碳经济理念和绿色生活方式的认可度。首先政府部门对低碳经济和绿色建筑的宣传工作不到位，仍存在片面追求建筑行业GDP稳定增长，而忽略行业碳排放对自然环境和社会生活的负面影响，以资源大量消耗和牺牲生活环境来换取经济增长的发展模式使得政府对建筑节能减排工作的实施力度较低；而对于建筑企业开发商来说，选择开发传统建筑产品的建筑成本低于低碳绿色建筑产品，而且新型低碳建筑产品的低碳建筑技术仍没有得到行业成熟推广，开发实施存在一定难度，未知不确定性和安全风险也让开发商选择更保守的传统建筑产品；对于建筑设计方来说，目前低碳经济和绿色生活的发展理念推广不到位，设计方必然缺少低碳设计理念和设计技术的研究学习，因此建筑产品设计成型后也无法达到建筑行业低碳经济的减排要求；而对于社会公民来说，由于自身并没有体系化的低碳环保生活理念,也没有正确了解低碳经济生活方式,因此并没有对建筑行业的低碳发展进行有效监督。上述各利益相关主体对低碳经济理念认知不足,使得社会舆论对建筑行业低碳发展无法形成良好的监督氛围,从思维模式上延伸到发展方式上阻碍建筑行业低碳经济绿色转型。建筑行业低碳环保消极舆论会加强政府监管部门重视程度,进而增加保持高碳排粗放型发展的建筑企业生存压力并迫使其进行技术创新产业转型;积极舆论也会反馈到政府宣传部门以提高低碳建筑产品及绿色生活环境的激励政策补贴推广程度。另一方面对于建筑企业来说,社会消极舆论会损害企业本身的社会形象,增加建筑企业环保监管受处罚额外成本,不利于建筑企业发展,因此会加快建筑企业产业升级,重视对低碳创新技术的研发应用,进而降低碳排放强度,达到低碳经济发展要求并形成行业绿色低碳良性循环发展趋势。由此可看出,社会舆论驱动监督是推动建筑行业低碳技术创新的驱动因素之一,也是降低建筑行业碳排放强度的间接影响因素。

3)行业市场驱动分析

在当前建筑行业整体低碳经济进程中,建筑企业需要寻找投资低碳技术创新完成低碳发展任务、提高低碳竞争力的长期效益回收和短期盈利的企业经济发展平衡点。但目前由于建筑行业发展追求经济增速稳定,市场制度体系仍存在明显不足,一方面虽然相比于传统建筑产品,低碳建筑产品绿色环保,但目前低碳建筑成本更高导致售出价位更高,又因为政府并没有对低碳建筑产品给予相应政策经济补贴,群众购买力必然下降使得低碳建筑产品需求并不高,同时也提高建筑企业转型低碳建筑期望难度,更愿意选择传统建筑产品来完成短期收益的企业发展目标;另一方面市场竞争环境使得建筑行业追求"高速度、高运转、高收益",由于对建筑行业高碳生产模式没有明确法律法规约束,也没有吸引力较高的企业技术创新激励政策补贴,建筑行业的企业内部缺乏低碳技术创新研究学习动力,市场环境导致低碳竞争氛围并不强,部分中小型建筑企业由于低碳技术创新体系应用经验不足,存在不确定性风险,因此在面临技术应用决策时宁可选择保守方式以资源代替技术进步,放弃低碳技术创新发展的大好机遇。经济发达地区的建筑行业也较为发达,其建筑业总产值、建筑施工面积等参数值越大,因此建筑材料尤其是水泥、钢材的消耗量也就越大,建筑材料和施工设备运输能耗、建筑建造过程中能耗也越高,从而会增加行业碳排放。而建筑行业经济产出增多随之带来的碳排放量增多，必然也带动建筑行业相关利益主体对低碳经济工作推进的重视程度，政府必然加快激励性政策以及约束性规范进一步出台来拉动建筑行业向集约精细化产业模式发展，建筑企业也必然通过低碳技术创新以满足社会公民绿色生活理念追求来保持在良性增长发展行业内的竞争优势。

4）科技发展驱动

科技是国家经济发展第一生产力，科技发展也是决定经济发展的核心因素，建筑行业低碳技术创新水平同样取决于地区科技发展水平，当建筑行业生产运营能完美契合科技发展，行业内部低碳技术就会得到质的飞跃并不断创新升级，在给企业带来巨大长期性利益的同时还会逐渐降低碳排放量。科技发展带来的低碳技术创新外部性效应，必然使得地区建筑行业竞争企业相继效仿，整个行业优先提升低碳技术水平，最终降低碳排放强度。不过科技发展所驱动的建筑行业低碳技术创新过程充满不确定性，投入成本及意外风险较高，需要建筑行业额外承担技术创新所带来的综合风险。

5）低碳技术创新

根据直接影响因素作用机理发现加大各类直接影响因素的正向效应（或降低负向效应）的关键在于低碳技术创新，建筑行业低碳技术创新可以直接降低能源强度，提高能源使用效率，推动清洁能源开发使用及新能源开采技术创新可以优化能源结构，建筑材料生产技术进步以及低碳建筑技术推广应用可以降低建筑行业间接碳排放，因此降低建筑行业碳排放强度，推进建筑行业绿色低碳发展的支撑核心驱动力就是低碳技术创新。但截至2017年年底，《国家重点节能低碳技术推广目录》介绍目前大范围推广的300余项低碳创新技术中，应用于建筑行业的占比仍较低，而且也没有针对建筑行业投入研发计划经费，来加大对行业低碳技术创新的支持程度，如此建筑行业低碳技术创新较为消极局面直接大幅降低研究单位对低碳技术创新研究积极性、削弱建筑企业和研究机关的创新合作需求，严重限制建筑行业低碳技术创新的未来可能性和发展趋势。

6）企业文化

建筑产业低碳技术创新必须依托于建筑企业内部的文化的氛围，如果企业没有低碳的理念和文化氛围来带动，企业是很难投入人力物力去进行低碳技术创新的。有效的低碳创新企业文化可以通过感召员工，使每个员工内心深处形成从事低碳活动、开展技术创新的意识，进而使整个企业形成低碳技术创新的氛围，共同促进企业的低碳技术创新，创造出顺应市场发展的低碳产品。

7）管理制度

企业内部管理制度对低碳技术创新的驱动主要表现在企业通过制定符合企业员工发展需求、人生价值观的，能促使企业成员行为与企业目标相一致的一套行为规范或奖惩制度来鼓励内部进行低碳技术创新，并将企业内部优质的资源向低碳技术创新靠拢。低碳技术创新是一项较为复杂的系统工程，其核心在于能否通过有效的管理激励机制来充分调动企业科研人员的创新积极性。建筑企业低碳技术创新活动往往以研发项目的形式展开，对参与研发活动的员工应从权利、责任、精神等多方面进行激励决策，关注员工利益、社交、情感以及自我价值等方面的需求，建筑企业内部合理高效的低碳技术创新管理激励制度，能够最大程度地调动低碳技术创新科研人员的主观能动性和创造性，促使其以最佳的状态开展企业低碳技术创新活动的研发，从而最有效地增强企业的低碳技术创新活力。

CHAPTER 5
第 5 章

绿色建筑减碳路径分析

绿色建筑与"双碳"目标的内在逻辑
绿色建筑与传统建筑碳排放对比分析
基于梯形模糊顺序优先级方法的绿色建筑设计方案优选
装配式建筑——绿色建筑的典型代表
绿色建筑发展建议

5.1 绿色建筑与"双碳"目标的内在逻辑

5.1.1 碳中和背景下绿色建筑的新定义

不同的国家对绿色建筑有不同的定义。由于地区不同，每个国家对绿色建筑有不同的绿色评估标准。然而，公认的绿色建筑定义已经从"节地、节能、节水、节材和环保"逐步发展到"安全耐久、健康舒适、生活便利、资源节约和环境宜居"，由此可见，绿色建筑不仅仅是为了节约能源消耗，更是要给使用者提供一个舒适宜居的环境。绿色建筑就是指节约能源、保护环境，减少建筑运行产生的有害物质对环境造成的污染，给人们创造舒适、健康的居住空间，最大限度地实现人与自然和谐相处的高品质建筑。建造的绿色建筑应当考虑建造地区的地区特色和环境状况，全面考察建造的绿色建筑项目在整个寿命周期内的特征，如安全耐久、健康舒适、生活便利、资源节约、环境宜居等。绿色建筑体现节能的特点之一是室内的空间布局非常合理，建造时最大限度地减少使用复合材料，尽可能使用自然资源，充分节约资源，营造一种绿色自然的居住氛围，带给人们绝佳的绿色居住体验。绿色建筑专注于人、建筑和环境三者的和谐统一发展，通过利用自然环境条件和人工创新技术建造相结合的方式，建造令人舒服宜居的居住环境，最大限度地降低因为建筑运行产生的有害物对环境造成的破坏。

5.1.2 发展绿色建筑的背景和意义

近年来，中国大力倡导绿色建筑发展，以达到节能目的。2020年7月，住房和城乡建设部等七部门公布的《绿色建筑创建行动方案》，明确提出到2022年，城镇新建建筑中绿色建筑占比达到70%，评星绿色建筑总数不断提升。广大群众积极参与绿色建筑建立活动，形成尊崇绿色环保生活的时代气氛。其中关键任务包含促进新建工程建筑全面推行绿色环保设计，健全评星绿色建筑标志管理体系，大力发展装配式建筑，创建绿色住宅客户管控机制。通过加速绿色节能建筑基本建设，推动工程建筑运营管理高效低碳环保，实现工程建筑项目整个寿命周期的绿色低碳环保发展。截止到2020年底，全国各地方城镇新建成的绿色建筑占比是77%，总共建设成的绿色建筑面积超过了66亿平方米，总共建成的绿色环保节能的建筑面积超过了238亿平方米。节能住宅占城市民用型建筑面积的63%以上。我国新开工建设装配式住宅占城市新建总面积的20.5%。

建筑行业在实现碳减排的进程中发挥着重要作用，处于高排放产业链中的建筑行业更是肩负着解决气候变化问题的重要责任，肩负着节能减排、实现经济绿色可持续发展的使命。为了达到建筑行业预期的碳减排目标，必须积极发展节能型建筑，实施减碳战略，因此，加大对绿色建筑的研究对于实现"双碳"目标意义重大。大力促进绿色建筑的发展，最大限度地做到在绿色建筑的整个寿命周期中减少资源的浪费和对环境的污染。

随着我国绿色建筑的迅速发展，积极推动碳达峰、碳中和目标的实现，同时也积极地改善人们的居住环境。建筑行业促进绿色建筑和碳节能减排的发展具备的重大意义：①绿色建筑具备很高的环保节能水平。根据提升围护结构的热工特性、通风空调、照明灯具和配电设备的能耗等级水平，灵活运用太阳能发电、地热能源等可再生资源，可以有效地降低化石燃料的消耗，减少建筑的碳排放。②绿色建筑资源消耗少。根据选用高韧性、高耐用性原材料，推动绿色节能材料的应用，推广精装修、装配式建筑等绿色建筑方法，可以合理减少建材资源消耗水平，降低原材料生产制造和运送耗能。③绿色建筑生态环境保护好。根据高效率聚合运用土壤资源，维护场所绿色生态，提升园林绿化总面积，构建绿色宜居的环境。

随着经济发展水平的提高，大家对居住环境的品质要求不断提高。绿色建筑以更小的耗能为大家提供更加优秀的公共服务、更加美丽的工作生活空间和更加完善的建筑物使用功能，不仅可以降低碳排放，还可以不断强化大家的幸福感、满足感和归属感。建筑行业作为我国消耗能源的主力军之一，具有不容忽视的碳减排潜能，为了加速"双碳"目标的实现，建筑行业应当加大节能降耗的力度，加快绿色发展的速度。其中建筑行业实现碳达峰、碳中和一项重要的策略与途径就是大力发展绿色建筑。传统的建筑业是环境污染高、消耗能源高的行业，这对"双碳"目标的实现无疑是一个巨大的挑战，所以积极促进绿色建筑发展对于节约资源、降低耗能和减少环境污染具有重要作用。

5.1.3 绿色建筑的内涵

绿色建筑的基本内涵包含以下几点：①旨在提供安全可靠、健康宜居的居住环境；②注重人与自然的和谐统一，社会的可持续发展；③最大限度节约资源，减少对环境的危害。

绿色建筑的内涵不再单单是传统上的"四节一环保"。应遵循"以人为本"的根本，反映"安全耐久、健康舒适、生活便利、资源节约、环境宜居"五大基本标准的建筑，应用新的发展技术、新的发展理念。"超低能耗建筑""健康建筑""智能化建筑""低碳环保建筑"等定义都源于"绿色建筑"。"健康建筑"更重视大家对身心健康性能的要求；超低能耗建筑"和"低碳环保建筑"注重建筑环保节能低碳；"智能化建筑"注重人性化、健康、环保。

一般来说，低碳环保建筑、健康建筑、超低能耗建筑、智能化建筑都是绿色建筑的范围，是绿色建筑在每个支系的深入和拓宽。但无论哪种建筑，都应当以"以人为本"为根本，让使用人真切感受到建筑的健康、舒服、高质量的优点，大众幸福感和体验感是当代绿色建筑必须着重强调的。

5.2 绿色建筑与传统建筑碳排放对比分析

发展绿色建筑，要把握建筑物全寿命周期的每个环节，这里结合具体的项目案例，分析采用绿色节能技术的绿色节能建筑物全寿命周期的碳排放量，并与传统建筑全寿命周期各环节产生的碳排放量进行对比，总结提出绿色建筑节能发展建议。

5.2.1 项目案例

该项目位于我国北方某城市经济开发区内，总建筑面积186236.52m^2，该建筑的用地性质是集团办公大楼，该建筑的结构形式是框架——剪力墙结构，该项目将当地区域环境和地域文化相结合，以满足合理的、高效的、充满活力的新型办公需求，致力于建设绿色、低碳、环保的建筑，该建筑评级为二星级绿色建筑，该工程采用了较多的节能环保技术，具体如下。

1）场地规划

该项目合理地规划了建筑的朝向，控制迎风面积比，促进夏季自然通风，冬季防风；增加屋顶绿化，改善建筑场地微气候；场地周围交通便利，出入口采用地面步行、地下车行立体交通方式，出行更加安全便捷；开发并合理利用空间，提高场地利用率，向公众开放公共室外绿地和活动场地。

2）节能和能源利用

建筑围护结构采用经济、安全、可靠、高效的保温隔热措施，能有效改善热工性能，降低建筑供暖空调负荷；采用VRF空调系统、分体式空调系统等高效节能设施；供水和能源供应自给自足，所有供暖和制冷需求都来自可再生能源。

3）节水和水资源利用

根据气候、项目性质和附近地表水条件可以知道，项目所在位置雨水充足，因此优先选择雨水作为非传统水源；利用雨水收集回收系统收集屋面雨水，将雨水经玻璃纤维过滤器过滤消毒后，主要用于绿化灌溉和浇洒道路；绿化灌溉采用喷灌系统结合气象传感器运行工作，绿化屋顶可以过滤雨水，完全遵循绿色和高能效的理念。

4）材料节约和材料资源利用。

该项目设计简洁，多使用可以回收利用的材料，对环境的影响小，消耗的资源少。

5）室内环境

充分利用建筑窗户、采光通风竖井等设施提高自然采光和通风性能，充分利用白天自然光；该项目还采用了智能照明技术，光伏太阳能电池利用太阳能产生照明，合理利用白天自然光；增设悬挑外廊，达到夏季自遮阳的目的，减少夏季太阳辐射；外窗设有可移动的内部遮阳，控制房间的眩光；会议室和多功能厅设有室内空气质量监测系统，地下车库设有CO监测系统，实现全天候监测。

6）智能系统

该项目利用BIM技术对建筑外围护的热工性能、厚度和组合形式进行比较和模拟优化，保证建筑节省能源、增效；利用BIM模型技术创建的可视化三维模型模拟管线、进行设备和管线的综合布置、净空分析、结构碰撞，优化施工方案、提高施工效率、降低工程成本，充分利用和发挥BIM技术的共享、协作和集成优势。

5.2.2 建材阶段碳排放

本工程建材阶段碳排放按照《建筑碳排放计算标准》GB/T 51366—2019中的碳排放计算系数，计算汇总建材阶段的碳排放量，公式如下：

$$R_1 = \sum_{i=1}^{n} r_i s_i \tag{5-1}$$

其中　R_1——建材生产阶段所产生的碳排放量；

　　　r_i——第i种建筑材料的用量（t）；

　　　S_i——第i种建筑材料生产CO_2强度值（t/t）；

　　　n——所用的建筑材料的总数。

通过对该绿色建筑建材阶段的碳排放量测算得到碳排放量的值为15146.715tce，传统建筑的碳排放量也是15146.715tce，建材阶段采用绿色节能技术的绿色建筑与未采用节能技术的传统建筑碳排放量总量相当。

5.2.3 建造阶段碳排放

按照《建筑碳排放计算标准》GB/T 51366—2019，将建造阶段的碳排放量进行汇总计算汇总建材阶段的碳排放量，计算公式如下：

$$D_{JZ} = \frac{\sum_{i=1}^{n} G_{jz,i} \times GH_i}{A} \tag{5-2}$$

其中　D_{JZ}——建筑的建造阶段单位建筑面积的碳排放量（$kgCO_2/m^2$）；

　　　$G_{jz,i}$——建筑的建造阶段第种能源的总用量（kWh/kg）；

　　　GH_i——第i种能源的碳排放因子（$kgCO_2/kWh$或$kgCO_2/kg$），按照《建筑碳排放计算标准》GB/T 51366—2019的附录A来确定；

　　　A——建筑的建筑面积（m^2）。

建筑建造阶段的碳排放量结果见表5-1。

该项目建造阶段各部分碳排放情况　　　　　表5-1

类型	碳排放量（kgCO$_2$）	单位碳排放量（kgCO$_2$/m^2）
岩土工程	69849	2.23
结构工程	62150	2.09
装修工程	43348	1.33
安装工程	86836	2.76
场内运输	128226	4.21
施工临设	72884	2.39
合计	463293	15.01

由表 5-1 可以看出，建造阶段应用了绿色建筑技术的该项目碳排放总值是 463293，平均碳排放量为 15.01。根据上述结果可知，建造阶段碳排放量最多的环节是场内运输，其次为安装工程。因此，减少材料浪费、缩短运输距离、升级运输工具等是实现建筑建造阶段减碳的重要方法。此外传统建筑建造阶段的碳排放总量为 463293，绿色建筑和传统建筑在建造阶段的碳排放量总值相当。

5.2.4 运行阶段碳排放

该建造工程，碳排放主要由生活热水、冬季供的热、照明和夏季的空调用能产生，依据《中国建筑物碳排放通用计算方法研究》，计算汇总运行阶段的碳排放量，公式如下：

$$D_M = \frac{\left[\sum_{i=1}^{n}(G_i \times GH_i) - D_p \times y\right]}{A} \quad (5-3)$$

$$G_i = \sum_{j=1}^{n} G_{i,j} - GR_{i,j} \quad (5-4)$$

其中　D_M——建筑运行阶段单位建筑面积碳排放量（kgCO$_2$/m^2）；

　　　G_i——建筑第 i 类能源年消耗量（单位 /a）；

　GH_i——第 i 类能源的碳排放因子；

　$G_{i,j}$——j 类系统的第 i 类能源消耗量（单位 /a）；

$GR_{i,j}$——j 类系统消耗由可再生能源系统提供的第 i 类能源量（单位 /a）；

　　　i——建筑消耗末端的能源类型；

　　　j——建筑用能系统类型，包括生活热水、照明、空调供暖系统等；

　　　D_p——建筑绿色碳汇系统年减碳量（kgCO$_2$/a）；

y——建筑设计寿命（a）；

A——建筑面积（m^2）。

绿色建筑和传统建筑年不同类型能源消耗量计算结果　　　　表5-2

能源类型	单位	绿色建筑	传统建筑
煤炭	kg	—	241623
电能	kWh	1711832	1827882

不同能源类型的碳排放系数　　　　表5-3

能源类型	碳排放系数（kg/kWh）
煤炭	2.60
电网	0.69

绿色建筑和传统建筑年运行阶段碳排放计算结果　　　　表5-4

类型	单位	绿色建筑	传统建筑
典型气象年排放量	$kgCO_2/m^2$	64.92	105.3
50年使用寿命排放量	$kgCO_2/m^2$	3246.00	5265

由计算得出的结果分析来看，该项目采取了一系列节能环保的绿色技术后，减碳效果显著，与未采用绿色节能技术的传统建筑相比，应用了绿色节能技术的该项目的碳减排率是38.3%。

综上所述，由计算结果可以看出应用了绿色节能技术的该项目年能耗是1711832kWh，未应用绿色节能技术的建筑一年使用煤炭241.623吨以及消耗了1827882kWh电能，见表5-2。《建筑物碳排放计算标准》GB/T 51366—2019中规定煤炭与电网的碳排放系数分别为2.60kg/kWh与0.69kg/kWh，见表5-3。该项目典型年单位排放量64.92$kgCO_2/m^2$，50年总计排放量为3246.00$kgCO_2/m^2$，见表5-4。

分析计算结果，可以看出本项目在采取了一系列低碳绿色环保技术和可再生能源系统后，减碳效果明显。在绿色建筑和传统建筑各阶段碳排放量对比可以看出，运行阶段的碳排放量是建筑全寿命周期的重中之重。

5.3 基于梯形模糊顺序优先级方法的绿色建筑设计方案优选

随着我国经济的迅猛发展，人们越来越注重生活质量，新建建筑的种类不断涌现，数量也不断增多，对人们生活环境的影响也越来越大。在"双碳"目标的背景下，绿色建筑的发展备受关注。绿色建筑能够节约资源，保护生态环境。因此，建筑设计人员在设计时越来越重视绿色、低碳和环保，绿色建筑设计方案评价是否科学合理直接关系到建造的绿色建筑是否符合节能低碳理念和达到预期效果，因此碳达峰、碳中和背景下，绿色建筑设计方案评价成为人们关注的重点问题。绿色建筑设计方案受较多因素的影响，因此其评价过程具有极大的复杂性。绿色建筑设计方案大多是在多属性决策下完成的，意味着决策者在投资决策时除了纵向分析单个方案的影响因素外，还要横向对比各个设计方案的优劣，以确定设计方案的优劣顺序，进而确定投资计划。这便要求决策者在面对多个设计方案时能够科学合理地作出评价，由于缺乏科学可靠的评价指标以及现有评价机制的局限性，使得决策者在多个设计方案评价中存在较大的随意性和盲目性，导致绿色建筑在建设过程中面临诸多风险或者建成后不能达到预期效益。本部分主要研究决策者在资源受限、影响因素较多等条件下，权衡各方利弊，选择出最佳的绿色建筑设计方案，以保证资源的合理配置，最终实现绿色建筑使用效果最大化。

5.3.1 研究现状

封文娜等（2021）基于改进神经网络的方法，构建的绿色建筑设计方案评价模型，得到更加完善的评价指标体系，得到更加准确的方案评价。张津等（2021）建立了一套易于量化的评价体系，结合构建的软件，评价绿色建筑设计方案。杨一杰等（2020）利用DEA理论，同时结合模糊理论，评价绿色建筑设计方案。蔡怀剑（2019）通过层次分析法对绿色建筑设计方案评价进行了研究，为如何制定合理有效的评价方案提供了一定依据。

上述评价方法均在一定程度上改善了绿色建筑设计方案评价的评价水平，使评价结果趋于科学合理化，然而，现有的一些评价方法：①属性和备选方案是分层确定的。设计了包括所有指标、子指标和备选方案的成对比较矩阵，在成对比较矩阵中，所有的指标和备选方案都被考虑在内，这需要时间进行比较，成对比较可能会导致不一致率，如果不一致比率超过特定值，则成对比较矩阵将变得不可接受。②采用归一化方法。归一化使不同的测量指标具有可比性，这将使对指标的元素执行所需的计算成为可能。然而选用归一化方法也是一个挑战，如果没有选择正确的归一化方法，很可能会出现计算错误。③采用平均技术用于汇总专家的意见。例如几何平均，通过这种技术，专家意见只是算术同化，用于继续该过程的表格是基于算术逻辑而不是专家的意见。如果其中一位专家没有对指标发表评论或表达等于"零"的意见，其他专家的意见也变得无效并且结果变得明显错误，因为由于乘法与其他专家意见有关的数字为零。以上提出的问题都可能导致评价过程中的错误，并最终导致评价结果的不准确、不科学。本研究基于序数优先方法，也叫"OPA法"，首先在对专家进行优先级排序后，每个专家对属性进行优先级排序，同时，每个专家根据每个属性对备选方案进行排名，如果有的话，还包括子属性。最终，通过求解该方法提出的线性规划模型，可以同时获得属性、备选方案、专家和子属性的权重。该方法主要优点如下：①需要属性和备选方案的顺序，而不是成对比较或决策矩阵。②可以使用数学模型解决多属性决策问题。该方法最终得出的是专家、属性和备选方案同时输出的权重。③不需要归一化，因为它只使用顺序作为输入数据。④利用数学模型来汇总专家的意见，不需要任何平均方法。⑤专家有可能不对特定属性的某些替代方案发表意见。换言之，允许决策者不对一些他们缺乏足够知识的属性发表意见，最终提高决策的准确性。该方法的最显著优点是它不使用成对比较矩阵、决策矩阵、归一化方法、聚合专家意见的平均方法和语言变量。通过该方法将减少常见的评价错误，使评价结果更加科学、客观、准确，为决策者对绿色建筑的投资决策提供科学的依据。

5.3.2 建立绿色建筑设计方案评价指标体系

1）评价体系的构建原则

绿色建筑设计方案评价指标体系在构建时应当遵循的原则如下：

（1）客观性原则

应当合理客观地选择绿色建筑设计方案评价指标，综合反映绿色建筑设计方案的优劣。

（2）简洁性原则

在构建绿色建筑设计方案评价体系中，应做到简洁明了，准确直观，应以最少的指标反映最重要、最全面的信息。

（3）科学性原则

绿色建筑设计方案评价指标的选取应做到科学合理，符合"双碳"目标发展理念，选取指标时秉承科学的态度，遵循客观规律，使所选择的指标能够科学地反映所要评价的绿色建筑设计方案的优劣，进而作出科学正确的评价。

（4）可操作性原则

通过构建绿色建筑设计方案评价体系评价方案，以获得最优方案，因此为了使评价绿色建筑设计方案的过程计算和分析更加便利，应当选择具有可操作性的指标。

（5）一致性原则

不同专家对于同一绿色建筑设计方案理念不同，应当使用一样的评价目标确保绿色建筑设计方案评价结果的公平性，以获得更加准确的评价结果。

2）构建绿色建筑设计方案评价体系

本书在参考相关文献，进行文献资料研究，咨询专家意见以及结合上述评价指标体系构建原则，建立了绿色建筑设计方案评价指标体系，见表5-5。

绿色建筑设计方案评价体系及总分　　　　　　　　　　表5-5

属性	子属性	子属性总分（分）
安全耐久	安全性	53
	耐久性	47
健康舒适	室内空气品质	20
	水质	25
	声环境与光环境	30
	室内潮湿环境	25
生活便利	出行无障碍	16
	服务设施	25
	智慧运行	29
	物业管理	30

续表

属性	子属性	子属性总分（分）
资源节约	节地与土地利用	40
	节能与能源利用	60
	节水与水资源利用	50
	节材与绿色建材	50
环境宜居	场地生态与景观	60
	室外物理环境	40
提高与创新	提高与创新	100

绿色建筑设计方案评价体系的评分要求如下：当设计的方案满足所有绿色建筑控制项要求时得400分，绿色建筑必须满足所有的控制项要求，所以控制项在评价时只有达标和不达标两种结果。安全耐久、健康舒适、生活便利、资源节约、环境宜居等指标评分项总分分别为100、100、100、200、100，安全耐久的评分项分为安全性和耐久性两大类，对应满分分值分别为53、47；健康舒适的评分项分为室内空气品质、水质、声环境与光环境、室内潮湿环境四大类，对应满分分值分别为20、25、30、25；生活便利的评分项分为出行无障碍、服务设施、智慧运行、物业管理四大类，对应满分分值分别为16、25、29、30；资源节约的评分项分为节地与土地利用、节能与能源利用、节水与水资源利用、节材与绿色建材四大类，对应满分分值分别为40、60、50、50；环境宜居的评分项分为场地生态与景观、室外物理环境两大类，对应满分分值分别为60、40。提高与创新这一指标只有加分项，满分为100分。

5.3.3 基于梯形模糊顺序优先级方法的绿色建筑设计方案评价模型

OPA法用于确定专家基于一组属性的决策选择的数值权重。可以同时考虑备选方案、属性和专家三者，确定其重要程度。该方法在用于决策问题时，同时考虑了备选方案、属性和专家三者的特征。基于OPA法建立的绿色建筑设计方案评价综合模型，可以考虑决策问题的各个方面，包括专家、标准和替代方案。

模型中用到的符号意义见表5-6。

模型中符号的意义　　　　　　　　　　　　　　表5-6

符号分类	符号	意义
集合	I	专家集合 $\forall i \in I$
	J	属性集合 $\forall j \in J$
	K	备选方案集合 $\forall k \in K$
索引	i	专家索引（1，…，p）
	j	属性的偏好指数（1，…，n）
	k	备选方案的索引（1，…，m）
变量	Z	目标函数
	C_{ijk}^r	排名第 r 位的第 i 位专家基于第 j 个属性的第 k 个备选方案的权重
	B_{ijk}^r	等级 r 的专家 i 基于属性 j 的第 k 个备选方案

1）初步确定备选方案排名和权重

专家们根据绿色建筑设计方案中的属性和替代方案的优先级发表独立的意见，对 k 个可用的备选方案进行 $i \times j$ 排名。公式如下：

$$B_{ijk}^1 \geqslant B_{ijk}^2 \geqslant \cdots \geqslant B_{ijk}^r \geqslant B_{ijk}^{r+1} \geqslant \cdots \geqslant B_{ijk}^m \forall i, j, k \quad (5-5)$$

$B_{ijk}^r \geqslant B_{ijk}^{r+1}$ 的不等式的唯一合适的推论是 $C_{ijk}^r \geqslant C_{ijk}^{r+1}$。因此，公式（5-6）成立。

$$C_{ijk}^1 \geqslant C_{ijk}^2 \geqslant \cdots \geqslant C_{ijk}^r \geqslant C_{ijk}^{r+1} \geqslant \cdots \geqslant C_{ijk}^m \forall i, j, k \quad (5-6)$$

式（5-6）中连续等级的权重差异可以分离为公式（5-7）。

$$\begin{aligned} C_{ijk}^1 - C_{ijk}^2 &\geqslant 0, \\ C_{ijk}^2 - C_{ijk}^3 &\geqslant 0, \\ &\cdots \\ C_{ijk}^r - C_{ijk}^{r+1} &\geqslant 0 \\ &\cdots \\ C_{ijk}^{m-1} - C_{ijk}^m &\geqslant 0 \end{aligned} \quad (5-7)$$

根据专家的意见，得出的结论是，在公式（5-6）中第 r 个备选方案优于等式中的第（r+1）。为了观察等级的偏好程度，考虑了专家、属性和替代方案，得出公式（5-8），公式（5-8）可以帮助我们在公式（5-9）中引入目标函数，并且在核心模型中也起着至关重要的作用。

$$i\{j[r(C_{ijk}^{r}-C_{ijk}^{r+1})]\} \geq 0 \quad \forall i, j, k \text{ and } r \quad (5-8)$$

2）求解数学模型获得更合适权重

公式（5-5）~公式（5-8）已被用于排名和确定备选方案的权重，属性和专家可以完成相同的过程，因此，为了获得合适的权重，需求解数学模型公式（5-9）。

我们的目标是最大化每个属性和专家的备选方案的偏好。公式（5-9）以最大化第 k 个替代方案相对于第（$k+1$）的优势，因为它与第（$r+1$）相比位于第 r 级，并且考虑到两个等级的偏好程度。

$$Max\{i[j(r\langle C_{ijk}^{r}-C_{ijk}^{r+1}\rangle)], ijmC_{ijk}^{m}\} \forall i, j, k \text{ 和 } r \quad (5-9)$$

其中，需满足：

$$\sum_{i=1}^{p}\sum_{j=1}^{n}\sum_{k=1}^{m}C_{ijk}=1 \quad (5-10)$$

$$C_{ijk} \geq 0 \quad \forall i, j \text{ 和 } k \quad (5-11)$$

3）非线性数学模型

根据备选方案的数量和决策等级，我们提出了一个多目标非线性数学模型。为了解决模型公式（5-9），最小化目标将被最大化，如公式（5-12）所示：

$$Max\, Min\{i[j(r\langle C_{ijk}^{r}-C_{ijk}^{r+1}\rangle)], ijmC_{ijk}^{m}\} \forall i, j, k \text{ and } r \quad (5-12)$$

其中，需满足：

$$\sum_{i=1}^{p}\sum_{j=1}^{n}\sum_{k=1}^{m}C_{ijk}=1 \quad (5-13)$$

$$C_{ijk} \geq 0 \quad \forall i, j \text{ 和 } k \quad (5-14)$$

4）非线性模型转化为线性模型

因为模型公式（5-12）是非线性规划模型，不易求解，因此将其转化为线性规划模型，以方便求解并获得全局解。利用变量的变化，非线性数学模型公式（5-12）可以转换为线性数学模型，如公式（5-15）：

$$Z=Min\{i[j(r\langle C_{ijk}^{r}-C_{ijk}^{r+1}\rangle)], ijmC_{ijk}^{m}\} \forall i, j, k \text{ 和 } r \quad (5-15)$$

将公式（5-15）引入模型公式（5-12），得到线性数学模型公式（5-16）。通过求解该模型，可以获得基于属性和专家等级的每个备选方案的适当权重和等级。

Max Z 限制条件:

$$Z \leqslant i\{j[r(C_{ijk}^{r} - C_{ijk}^{r+1})]\}, ijmC_{ijk}^{m} \forall i, j, k \text{ 和 } r \quad (5-16)$$

$$Z \leqslant ijmC_{ijk}^{m} \quad \forall i, j \text{ 和 } k$$

$$\sum_{i=1}^{p}\sum_{j=1}^{n}\sum_{k=1}^{m}C_{ijk} = 1$$

$$C_{ijk} \geqslant 0 \quad \forall i, j \text{ 和 } k$$

其中 Z: 符号无限制, Z 是一个符号不受限制的变量, 不需要为获得的结果解释其值。线性数学模型公式 (5-16) 的决策变量是 C_{ijk}^{r+1}, 它表示第 r 位的第 i 个专家基于第 j 个属性的第 k 个备选方案的基数权重。属性和专家的权重和等级也可以使用模型公式 (5-16) 来确定。模型公式 (5-16) 的变量数为 $i \times j \times k$ 且其约束数为 $i \times j \times k+1$。求解专家 i 和属性 j 的线性数学模型公式 (5-16) 会为每个备选方案生成多个值, 这仅仅是因为单个备选方案可能会根据专家的意见和不同的属性进行不同的排名。

备选方案的权重定义如公式 (5-17) 所示:

$$C_k = \sum_{i=1}^{p}\sum_{j=1}^{n} C_{ijk} \ \forall k \quad (5-17)$$

属性的权重定义如公式 (5-18) 所示:

$$C_j = \sum_{i=1}^{p}\sum_{j=1}^{n} C_{ijk} \ \forall j \quad (5-18)$$

专家的权重定义如公式 (5-19) 所示:

$$C_i = \sum_{i=1}^{p}\sum_{j=1}^{n} C_{ijk} \ \forall i \quad (5-19)$$

5.3.4 OPA 法步骤

1) 确定属性

关键属性是根据专家的意见选择的。此外, 具有某些子属性的属性也包含在决策过程中。最后, 可以基于子属性的权重来确定属性的权重。换句话说, 层次决策图的最后一层, 即属性参与决策。

2）指定专家并对其进行排名

首先，指定因其专业知识而参与决策过程的专家，然后，根据组织结构图、经验和教育水平等因素对专家进行排名，两个或更多专家的相似等级将反映在优先级中。

3）对属性进行排名

在这个阶段，属性被优先考虑。专家根据他们的专业知识对决策属性进行优先级排序。如果对于某些专家来说，特定属性并不重要或他们缺乏足够的知识来评价特定属性，他们可以自由地将这些属性不包括在排名顺序和数学模型中。此外，某些属性可能对专家具有相同的优先级，这些相似的优先级等级反映在优先级划分过程中。

4）对每个属性中的备选方案进行排名

专家通过考虑每个属性对备选方案进行排名。某些替代方案是否可能具有与特定属性相关的相似优先级，在排名过程中都会考虑，如公式（5-20）所示。

$$[B_{ijk}^{(1)}, B_{ijk}^{(2)}, \cdots, B_{ijk}^{(m)}] \qquad (5-20)$$

5）求解模型，找到属性的权重并对备选方案进行排名

求解线性模型公式（5-16）得到第 r 级的第 j 个属性确定第 k 个备选方案的最佳权重，然后根据公式（5-17）~公式（5-19）确定备选方案、属性和专家的最终权重，如公式（5-21）所示，最后根据得到的权重进行优劣排序，得到绿色建筑设计最佳方案。

$$[C_{ijk}^{(1)}, C_{ijk}^{(2)}, \cdots, C_{ijk}^{(m)}] \qquad (5-21)$$

5.3.5 实例应用

1）项目概况

某市现要新建一所幼儿园，采用绿色建筑节能设计，建设成为一幢绿色建筑，项目建设总建筑面积17585.78平方米。该项目遵循儿童行为与建筑空间互动交流的设计构思，融入当代教育改革创新要求，通过应用绿色建筑整体规划、设计管理、工程施工管理、绿色经营等整个项目过程控制方式，将该幼儿园打造成一个健康、低碳环保、高品质的幼儿学校。该工程在对绿色建筑设计方案的选择中，现有3种绿色建筑设计方案可供选择。绿色建筑设计方案

各项指标的得分是由专家根据相关内容得到的，专家涵盖经验丰富的绿色建筑研发、设计、生产、施工、运营及维护相关领域专家学者等全方面的人才，充分保证评价结果的综合性和全面性。绿色建筑设计方案基本指标得分情况如表5-7所示。

各绿色建筑设计方案指标得分情况　　　　　　　　　　　　表5-7

绿色建筑设计方案	安全性	耐久性	室内空气品质	水质	声环境与光环境	室内潮湿环境	出行无障碍	服务设施	智慧运行	物业管理	节地与土地利用	节能与能源利用	节水与水资源利用	节材与绿色建材	场地生态与景观	室外物理环境	提高与创新
A	50	40	16	23	25	18	10	20	25	22	33	54	45	42	52	31	20
B	48	45	17	21	26	20	11	21	21	25	30	55	42	44	50	33	15
C	51	42	15	22	23	22	13	24	23	23	35	50	44	45	51	30	22

2）基于OPA法的绿色建筑评价模型求各指标权重

（1）指定专家并对其进行排名

根据绿色建筑评价的组织结构图和组织等级，对所研究绿色建筑设计方案进行排名的专家及其排名见表5-8。

绿色建筑设计方案评价专家及其排名　　　　　　表5-8

专家	排名
注册城市规划师	1
一级注册建筑师	2
一级注册结构工程师	3
一级注册建造师	4
注册公用设备工程师	5
注册电气工程师	6
注册物业管理师	7

（2）构建线性规划模型并求解

本研究中对绿色建筑设计方案评价的指标包含6个属性，17个子属性（表5-9、表5-10）。

基于每个专家的意见对指标进行排名　　　　　　　　表5-9

子属性	安全性	耐久性	室内空气品质	水质	声环境与光环境	室内潮湿环境	出行无障碍	服务设施	智慧运行	物业管理	节地与土地利用	节能与能源利用	节水与水资源利用	节材与绿色建材	场地生态与景观	室外物理环境	提高与创新
注册城市规划师	4	5	10	9	8	9	14	13	12	11	3	1	2	2	6	7	15
一级注册建筑师	3	6	15	14	10	13	16	12	11	9	7	1	4	5	2	8	17
一级注册结构工程师	2	4	9	8	6	8	10	8	7	6	5	1	3	3	1	5	11
一级注册建造师	1	2	8	7	6	7	14	13	12	11	5	3	4	4	9	10	15
注册公用设备工程师	1	2	14	13	12	13	9	8	7	6	5	3	4	4	10	11	15
注册电气工程师	1	2	14	13	12	13	11	10	9	8	7	5	6	6	3	4	15
注册物业管理师	6	7	10	9	8	9	14	13	12	11	5	3	4	4	1	2	15

每个专家根据属性对备选方案进行排名　　　　　　　　表5-10

子属性	安全性	耐久性	室内空气品质	水质	声环境与光环境	室内潮湿环境	出行无障碍	服务设施	智慧运行	物业管理	节地与土地利用	节能与能源利用	节水与水资源利用	节材与绿色建材	场地生态与景观	室外物理环境	提高与创新
注册城市规划师	C	B	B	A	B	C	C	C	A	B	C	B	A	C	A	B	C
	A	C	A	C	A	B	B	B	C	C	A	A	C	B	C	A	A
	B	A	C	B	C	A	A	A	B	A	B	C	B	A	B	C	B
一级注册建筑师	C	B	B	A	B	C	C	C	A	B	C	B	A	C	A	B	C
	A	C	A	C	A	B	B	B	C	C	A	A	C	B	C	A	A
	B	A	C	B	C	A	A	A	B	A	B	C	B	A	B	C	B
一级注册结构工程师	C	B	B	A	B	C	C	C	A	B	C	B	A	C	A	B	C
	A	C	A	C	A	B	B	B	C	C	A	A	C	B	C	A	A
	B	A	C	B	C	A	A	A	B	A	B	C	B	A	B	C	B
一级注册建造师	C	C	A	C	A	A	A	C	B	C	B	C	B	C	B	A	C
	A	B	B	B	B	B	B	B	A	A	A	B	A	B	A	B	A
	B	A	C	A	C	C	C	A	C	B	C	A	C	A	C	C	B

续表

子属性	安全性	耐久性	室内空气品质	水质	声环境与光环境	室内潮湿环境	出行无障碍	服务设施	智慧运行	物业管理	节地与土地利用	节能与能源利用	节水与水资源利用	节材与绿色建材	场地生态与景观	室外物理环境	提高与创新
注册公用设备工程师	A	C	B	A	B	A	C	B	C	A	C	C	B	C	C	A	C
	B	B	A	C	C	C	A	C	B	B	A	B	A	B	A	C	A
	C	A	C	B	A	B	B	A	C	B	A	C	A	B	B	B	B
注册电气工程师	B	A	C	C	C	B	C	B	C	A	AB	B	A	C	B	C	C
	C	B	A	B	B	A	C	A	A	B	C	C	A	BC	B	C	A
	A	C	B	A	A	B	A	C	A	B		C		A	A		B
注册物业管理师	C	B	A	C	C	C	A	B	A	B	A	A	B	B	B	BC	C
	A	A	C	B	A	B	B	C	A	C	A	B	B	B	A	A	A
	B	C	B	A	B	A	A	B	C	B	C	A	C	A	C		

（3）线性模型求解结果

a. 专家权重见表5-11。

专家权重　　　　　　　　　　　　　表5-11

专家	权重
注册城市规划师	0.40
一级注册建筑师	0.17
一级注册结构工程师	0.16
一级注册建造师	0.09
注册公用设备工程师	0.07
注册电气工程师	0.06
注册物业管理师	0.05

b. 属性和子属性各自权重见表5-12。

属性和子属性权重　　　　　　　　　　表5-12

属性	权重	子属性	权重
安全耐久	0.1903	安全性	0.1214
		耐久性	0.0689

续表

属性	权重	子属性	权重
健康舒适	0.1093	室内空气品质	0.0240
		水质	0.0266
		声环境与光环境	0.0318
		室内潮湿环境	0.0269
生活便利	0.0973	出行无障碍	0.0200
		服务设施	0.0230
		智慧运行	0.0254
		物业管理	0.0289
资源节约	0.4433	节地与土地利用	0.0608
		节能与能源利用	0.2046
		节水与水资源利用	0.0904
		节材与绿色建材	0.0875
环境宜居	0.1423	场地生态与景观	0.0987
		室外物理环境	0.0436
提高与创新	0.0175	提高与创新	0.0175

c. 备选方案权重见表 5-13。

备选方案权重　　　　　　　　　　　　　表5-13

备选方案	权重
A	0.31
B	0.35
C	0.34

见表 5-11，注册城市规划师的权重为 0.40，其显著性最高，而注册物业管理师权重为 0.05，其显著性最低。

从绿色建筑设计方案评价专家的观点和考虑到他们的活动领域，不同的属性被赋予不同的优先级。因此，使用专家意见的标准重要性汇总见表 5-12。根据表 5-12 中属性的权重，对属性进行排序，得到资源节约 > 安全耐久 > 环境宜居 > 健康舒适 > 生活便利 > 提高与创新。对子属性进行排序得到：节能与能源利用 > 安全性 > 场地生态与景观 > 节水与水资源利用 > 节材与绿色建材 > 耐久性＞节地与土地利用＞室外物理环境＞声环境与光环境＞物业管理＞室内潮湿环境＞水质＞智慧运行＞室内空气品质＞服务设施＞出行无障碍＞提高与创新。

基于属性和专家意见的绿色建筑设计方案的权重见表5-13。依据绿色建筑设计方案权重对其进行优劣排序得到B>C>A。基于权重越大绿色建筑设计方案越优的原则，决策者应当选择B方案。

d. 结论。

本研究建立了基于OPA法的绿色建筑设计方案评价模型，通过OPA法确定基于属性和专家意见的备选方案的权重，基于权重最大则最优的原则，进而确定绿色建筑设计方案的优劣排序，最终确定科学合理的评价结果。通过实例应用分析，求得的最终评价结果符合实际，证明该模型具有可靠性。本研究建立的绿色建筑设计方案评价模型能够科学合理地选择最佳绿色建筑设计方案，为建设绿色建筑的投资决策提供有效依据。

5.4 装配式建筑——绿色建筑的典型代表

装配式建筑是绿色建筑的典型代表，具有高效节能的特点，发展装配式建筑是推动绿色建筑发展的主要手段和重要形式，应用装配式建造方式进行绿色施工可以达到绿色建筑的指标要求。推进装配式建筑发展是加快生态文明建设，实现绿色发展的重要载体。

5.4.1 装配式建筑与"双碳"目标的内在逻辑

1）装配式建筑的定义

装配式建筑是指用预制好的构配件现场装配而成的建筑。以设计的标准化、生产的工厂化、施工的装配化、装修的一体化和管理的信息化为特征，实现建筑工程节能、环保、全寿命周期价值最大化的可持续发展的新型绿色建造方式。

2）装配式建筑的特点

（1）解决劳动力短缺问题

现阶段我国建筑业遭遇的最大的问题是劳动力短缺。与传统建筑形式相比，装配式建筑在环境保护、环保节能、高效率层面有着显著优点。最关键的一点是能将建筑工人产业化，大大地拓展了产业链人力资本的来源。

（2）生产制造和管理模式发生转变

生产过程的变化具体反映在从现场手工制作向工厂机械自动化制作变化，从劳动密集向技术密集型变化，从散件订制向供应链一体化变化，从粗放型生产制造向聚合生产制造变化。建筑行业管理模式的根本转型取决于根据产业发展服务平台引进的工业生产管理模式，使管理方法越来越灵活高效。

（3）施工效率提高

因为装配式建筑的预制件构件在工厂进行，因而可以在工程施工现场迅速进行安装，减少了施工工期，节约了现场人力资源。据调查，完全装配式工程项目比传统工程施工方式缩短了3/4的工期，装配式建造施工比传统方式最少可以节约一半左右的人力资源。

（4）建筑质量和性能

预制构件在工厂里生产加工，可控的工厂工作环境可以更好地确保预制构件和零部件的品质符合标准要求，随后根据现场拼装将预制件构件和零部件拼装成工程建筑实体，大大减少了传统施工过程中的现场湿工作，可以有效地降低和防止裂开、漏水、墙面空鼓、预制构件规格误差、管路产品质量问题、安全消防隐患、建筑工程质量等质量通病。与此同时，装配式建筑的发展不但能有效地确保建筑品质，并且有益于充分发挥各种建筑的性能，填补传统建筑的性能缺陷。

（5）绿色环保

在装配式装修全过程中，选用干式工程施工，施工现场无火、没有水、无尘室、无气味，不用电焊焊接、激光切割、混凝土、砂布，可合理降低噪声污染、烟尘环境污染、水源污染，产生的建筑垃圾显著低于传统的现场混凝土浇筑方式。

3）"双碳"目标下发展装配式建筑的背景和意义

运用装配式建筑，在工程建设过程中对环境破坏小、污染轻，有效推动了"双碳"目标的实现。在"双碳"目标的大背景下，装配式建造方式依然成为实现"双碳"目标的关键一环，对建筑行业实现低碳高质量发展、进行转型升级具有重要意义。

4）装配式建筑各阶段的碳减排优势

（1）构件制作阶段碳减排优势

装配式建筑的构配件在预制工厂完成，不会受到外部环境的影响，因此制作进度不会受到天气的影响，大大提高了生产效率。制作构配件的模具可以重复利用，而传统现浇的建造方式制作构件时，需要工人在现场进行绑扎、浇筑，制作的模具在后期不利于回收重复利用。装配式建筑减少了资源的消耗浪费，节约了水资源，在施工技术上具有一定优势。装配式建筑的构配件通过自动化的生产线成批生产出来，经过严格的一系列检测后被运送到施工现场，产品的精度达到毫米级。产品的多样化使装配式建筑发展更加高效。

（2）施工阶段碳减排优势

装配化建造方式在施工阶段的碳减排优势主要表现在能源消耗节约、人工节碳和节约用水。装配式建造方式主要是在现场进行装配施工，相比于传统的现场现浇建造方式可以大大地减少用水量。在建筑项目建造过程中，利用装配式建造方式可实现节水、节能、提高劳动效率，有利于节约能源和保证质量安全水平，采用装配式建造技术，大大缩短了施工时间，降低了施工过程中的资源浪费，进而降低了碳排放。同时，由于装配式建造方式大大减少了现场作业，因此项目建造所产生的噪声、扬尘有显著减少，并且施工产生的建筑垃圾基本为零。装配式建筑和传统建筑相比，不再需要大量的人力，更加注重建筑工人掌握的技术，且和数字化技术进行了融合，符合现在建筑行业的智能化、绿色化的特点。装配式建造方式能够显著减少建筑垃圾，更加绿色节能环保，更契合"双碳"目标理念。

（3）后期维护阶段碳减排优势

装配式建筑作为实现"双碳"目标的主要力量，后期的运营维护也至关重要。如遇紧急状况，可以通过BIM系统快速准确了解原因，及时展开工作。并且在设备维护方面，也可通过BIM系统查询构件详细信息，提高维修效率。最重要的是还可以通过BIM系统对预制构件实行绿色运营管理，控制建筑材料消耗，更好地做到环保节能。

5）装配式建筑结构形式

装配式建筑主要有三种结构形式，如图5-1。

图5-1 装配式建筑三种结构形式

装配式建筑混凝土结构，成本相对于钢结构便宜，目前采用的较多，但是材料环保性较差，构件不可回收，构件重，运输到现场和吊装费用成本高，许多部位需要结合现场湿作业法，现场施工安装较复杂，且后期混凝土容易开裂，维修成本高，且难以补救，相比于钢结构不够环保节能。

装配式钢结构主要钢结构构件有预制楼板、钢框架柱等，材料具有较强的环保性，钢结构的大部分构件可以回收重复利用，材料成本稍高，但是钢结构的结构构件轻便，运输和吊装这些构件的成本低，并且施工过程中现场安装这些钢构件较为容易，大多数的连接点和缝隙连接偏柔性，不容易出现裂缝，如果后期产生裂缝，也容易维修。钢结构相比于其他结构，更加的环保节能，更加符合"双碳"目标理念，应更加完善钢结构技术，多采用钢结构，以做到更加的环保节能低碳，助力实现"双碳"目标。

木结构由于木材生长周期长，木材缺乏，所以应用很少。

从装配式建筑的结构形式可以看出，钢结构相比于其他结构形式更加的环保节能，应当积极推动装配式钢结构的应用。应用较多的装配式混凝土结构尽管材料上成本较低，但是在经济上和安全上相比于传统的现场浇筑混凝土都不占太大的优势，且重量巨大的预制混凝土构件在运输到施工现场，以及吊装过程中也是耗能巨大，实际上的碳排放量也是不少，因此采用装配式混凝土结构在"双碳"目标下似乎也是显得减碳力度不够，装配式混凝土结构和钢结构相比的唯一优势是在稳定感更高，其他所有功能都可以被钢结构所替代。在现代技术的不断创新之下，科技不断发展过程中，不应仅局限于采用装配式混凝土结构，应当积极推动装配化钢结构的发展，积极推动新结构的发展。

5.4.2 装配式建筑国内外发展现状

1）国外发展现状

（1）美国

美国装配式建筑发展的特性是现代化水准极其发达，各领域协调发展，劳动效率高，产业集群，要素市场比较发达。据调查，2015年至今，约有4/5的装配式建筑构件销售给了传统式承建商，很多一般大中型承建商根据选购装配式建筑构件的工厂生产商或创建合作关系来选购装配式建筑构件；实际上，从现代化的另一个视角看来，美国的装配式建筑的发展趋势可能占有很高的占比。据调查，美国建筑零部件的规范化、通用化、系统化、商业化、社会性水平特别高，几乎做到100%。不但表现在关键构造组件的集成化，还表现在各类商品和机器设备的社会性生产制造和商业化供货。除工厂生产制造提供的预制构件木框架剪力墙外，别的混凝土工程及产品、轻质家具板材、室内室外装修、机器设备等商品也比较丰富，种类达数十万种。客户可以根据商品目录从市面上随意选购所需商品。这种预制构件的特性是结构特性好，主要用途多，实用性强，便于专业化生产制造。

（2）德国

作为建筑产业化的领跑国家，德国的建筑产业化发展趋势十分完善。现如今在德国建筑产业化的架构下，基本上没有采用传统建造方式制造的建筑，包含公共建筑及设备或钢架结构，或复合型木结构，或混凝土预制构造的大中型架构柱梁预制构件，及其钢或混凝土预制板墙、排污沟、隔断墙系统、混凝土楼板等，都是产业化生产。住宅、酒店餐厅、写字楼等工程建筑主要选用带保温系统的玻纤板，复合型双层预制构件木结构或钢柱、钢梁，及其各种各样材料的预制楼梯、生活阳台、服务平台。独栋别墅、会馆等工程建筑以轻钢结构、木结构、预制构件透水混凝土为主导，构造安全性，别具一格；道路工程建设是以钢架结构、混凝土预制构造公路护栏、钢架结构和预制构件箱形混凝土为主导的公路桥梁，乃至是木桥。据调查，德国绝大多数建筑物是由工业生产模板系统的预制混凝土与钢、木、混凝土、夹层玻璃等预制件构件构成的搭配构造。在现代化的理念下，占比超过了80%以上。

2）国内发展现状

改革开放以来，劳动力短缺问题日益严重，传统的现浇模式的优点慢慢消退。因而，国家积极推动装配式建筑发展，将其作为将来建筑业的核心方向之一。

2000年以来，以万科地产为代表的房地产商开始试水。直到2016年，国家从制度方面正式开始向全国各地推广装配式建筑，并相继颁布《建筑产业现代化发展纲要》《关于大力发展装配式建筑的指导意见》等一系列重要文件，明确提出争取用10年左右的时间，使装配式建筑占新建工程建筑的30%；接着，2017年公布的《"十三五"装配式建筑行动方案》明确指出，到2020年，全国装配式建筑占新建建筑的比例达到15%以上，其中重点推进地区达到20%以上；2018年至今，住房和城乡建设部相继公布了有关装配式建筑领域的标准规范，标准对装配式建筑领域跟子领域的有关定义和法律规定进行了明确，促进了地区新项目的进一步执行。

现阶段，我国装配式建筑的具体覆盖率仅为10%上下，仍处在十分初级的水准。但总体来说，早已过去了0-1环节，逐渐进到1-N初级发展环节，慢慢建立以长三角为关键向附近地区专业化蔓延发展趋势。将来，装配式建筑将迎来一个加快向上发展的阶段。

首先，全国各地装配式建筑以点带面发展快速。从各地公布的消息来看，全国各地发展的第一梯队归属于上海市、长沙市等地，尤其是上海市，装配式建筑占比现已达到63%；第二梯队包含江西省、山东省、安徽省、北京市等地，装配式建筑运用比例达到10%左右，展现出以上海市、长沙市辐射源发展的显著趋势。其他20个省份尽管发展占比不高，但在2017年完成了0的突破。

其次，配套设施全产业链发展快速，薄弱点迅速补足。依据弗若斯特沙利文的数据分析报告，伴随着装配式混凝土建造方式的迅速发展和装配式建筑预制率的大范围提高，近些年中国PC预制构件的市场销售经营规模大幅度提高，尤其是2016年至2018年，市场容量各自达到21亿元、56亿元和148亿元。进一步统计分析表明，2013—2018年中国PC构件销售市场年复合增长率达到119%，预估2019—2023年该销售市场年复合增长率将维持在65%。

最后，短期内成本问题初步解决，长期性发展优点显著。现阶段，中国装配式建筑仍处在初级发展阶段，成本问题仍是领域发展的关键。但通过几年的培养，成本发展瓶颈问题已有所解决，一部分建筑施工企业的装配式建筑成本已与传统建造方式持平乃至更低。将来伴随着传统建造方式人力成本的迅速提高和装配式建筑领域规模效益的释放，成本优点将进一步突显。

紧紧围绕装配式建筑的配套设施产业链的基本创建、工作经验拷贝产生的高效率、当地政府保护生态环境的决心及其成本解决方法的显现，将极大推动装配式建筑的迅速发展。预估到2035年，我国将全面落实建筑产业化，装配式建筑将来大有作为。

5.4.3 装配式建筑绿色节能实例分析

1）武汉"火神山"医院

2019年，新冠肺炎疫情突然席卷全球，10天时间武汉的"雷神山""火神山"医院拔地而起，"火神山"医院采用的是目前建筑业较先进的装配式建筑——模块化钢结构建筑中的模块打包箱房屋技术。由此可以看出，装配式建造方式的施工速度相比于传统建造方式具有极大优势。火神山医院所有的构配件是在工厂制作并安装，然后运到施工现场拼装而成。具有工期短、构件保温性能好、节能环保、质量好、效率高、成本低等优势，这些都是传统建造方式无法企及的。

2）远大"活楼"

远大"活楼"是全球第一座可规模化生产的不锈钢低碳建筑，结构形式采用的是装配式钢结构，施工现场没有用到一点混凝土，没有产生粉尘。"活楼"采用的是延性材料，遭遇强烈地震只会让"活楼"变形，不会倒塌，建筑有超过几百年寿命，废弃后可以循环利用，产生的建筑垃圾不及1%，秉承节能、低碳、绿色的理念，"活楼"更加的舒适宜居，低能耗，有很好的隔热性能，节能80%~90%，空气品质好，采用远大新风机，空气比室外洁净100倍，彻底隔绝室外噪声。"活楼"100%工厂制造，流水线生产，施工效率与现场施工相比提高了20倍以上，一天交付3层，质量监管体系健全，每个环节严格把关。远大"活楼"具有高质量、高速度、零污染、高节能的特点。"活楼"模块可无障碍、低成本运至世界各地。

结合以上实例可以看出，装配式建造方式不仅效率高，而且将节能低碳环保的理念有效地融入了建筑企业。随着碳达峰、碳中和国家战略的强烈要求，积极发展推广装配式钢结构建筑，既是"双碳"目标下绿色发展的要求，也是建筑发展过程中的必然趋势，更是顺应绿色低碳发展、技术创新进步、建筑行业转型升级的一种必然结果。

5.4.4 装配式建筑推广路径分析

新的建造方式为建筑行业的转型提供了一项重要的策略与途径。装配式建造方式是建筑业发展的大趋势，也是建筑企业高质量发展的必经之路。在传统的建造方式下，消耗资源量大，污染排放高，建造方式粗放、有悖"双碳"目标理念，应用和推广装配式建筑是实现绿色、节能、低碳、循环理念的重要要求，因此推广绿色装配式建造方式，促进建筑行业转型升级迫在眉睫。装配式建筑技术推广路径如下。

1）政策补贴

政策激励有利于提高建筑行业开发利用装配式建造方式的积极性，通过政策激励，使与装配式建造方式相关的企业收益提高，对于建筑审批，建立专门审核通道，结合利用现代互联网技术，加快审核速度，提高效率。对于装配式建筑在财政上给予一定补贴，降低税收等，很大程度上可以激励装配式建造技术的发展。

2）健全装配式建造技术体系

我国装配式建造技术起步较晚，现有的政策标准体系不够完善，因此建立健全装配式建筑体系是发展装配式建筑的有效手段。政府作为主导，建立健全装配式建筑标准体系，可以有效规范装配式建筑质量规格，统一标准利于各企业生产的构件能够相互连接。

3）人才培养

国务院办公厅发布的《关于促进建筑业可持续健康发展的意见》提出，提高从业人员职业素质，加快应用型人才的培养，积极培养一批具有国际视野和民族自信心的建筑师队伍，加快培育一批与国际接轨的建筑人才，加强对管理人员和建筑工人的职业技能培训，大力弘扬工匠精神，培育高素质的建筑工人，加快复合型人才培养。

4）不断实践、加强创新

在装配式建筑的发展建设中，应不断实践，加大科研投入，积极展开对装配式建造技术的研发，并且在不断实践的基础上，不断创新，在装配式建造技术上有所突破，通过不断实践，累积经验，使装配式建筑的发展更上一层楼。

5）提高消费者认知

应当加强装配式建筑的宣传工作，让更多的人对装配式建筑有所认知，让大家了解国家的碳达峰、碳中和的策略，刺激消费者需求，促使建筑行业转型升级。积极宣传，使消费者对装配式建筑有更深的理解，提高装配式建筑的关注度，推动其更加全面的发展。

5.5 绿色建筑发展建议

5.5.1 加强技术创新

对于绿色建筑创新技术，应当加强装配式技术和绿色建筑的深度融合。推进装配式绿色建筑建造技术和 BIM 技术、数字建造的融合，加强建筑信息化，以现代信息化技术助力装配式绿色建筑的发展，更好地做到环保节能，进一步减少碳排放，助力"双碳"目标的实现。大力发展绿色建筑的渗水铺装、屋顶绿化、雨水收集等技术，支撑海绵城市建设。推动大数据、物联网、5G、人工智能等智能信息在绿色建筑中的应用。做好建筑外墙保温能够防止建筑能源的不当浪费，因而能够很好地实现节能减排。例如夹心墙技术，它就类似一块夹心饼干，中间的空腔可填充蜂窝状的纸板，墙体中的材料具有很好的保温效果，内部是再生纸，减少固体垃圾产生。施工简单，节能减碳，是一种环保墙体。做好建筑外墙保温还可以采用增加保温材料，增厚墙体等方法。建筑保温是工程建设中最首要的工作，应当受到重视，优先完成，保证建筑的节能减碳。建筑中的主要用能部分照明、暖通空调、电梯等，通过与数字技术相结合，形成建筑能源管理系统，有效节约资源。

5.5.2 构建绿色建筑激励机制

政府应当积极出台资金扶持政策推动市场各方主体积极开发绿色建筑，并且通过典型的绿色建筑示范项目，向消费者大力宣传和普及绿色建筑的建设理念、建造标准以及能够带来的经济环境效益。结合政府对购买绿色建筑消费者的激励政策，进一步激发消费者的购买需求，以绿色建筑为契机推动"双碳"目标的实现。同时，政府不仅要采取激励政策更要采用限制性措施。要完善绿色建筑监督体系和绿色建筑市场运营管理的有效机制，保证我国绿色建筑市场有条不紊地运行，确保绿色建筑的质量，高标准、高要求地满足绿色建筑健康性能要求。

5.5.3 完善绿色建筑标识制度

更加完善和统一绿色建筑的标识管理制度，由国家、省、市的住房管理部门分别授予三星、二星、一星的评价标识，完善专家相关管理制度，进一步统一绿色建筑标识评估尺度,建立绿色建筑标识撤销有关机制。

5.5.4 加强绿色建筑管控监管

建立健全绿色建筑全阶段监管的制度文件,落实绿色建筑建造过程中各责任主体,编制绿色建筑建造过程中的验收、检测标准。各省根据各自特点制定本省绿色建筑评价标准,强化绿色建筑后期维护保养主体责任,保障绿色建筑在运维阶段符合环保节能等标准指标要求。建立绿色住宅使用者监督、评价和反馈机制,建立绿色建筑动态管理机制,对不符合绿色建筑标准的项目给予限期整改或撤销绿色建筑标识的处罚。

CHAPTER 6

第 6 章

既有建筑绿色化改造减碳路径分析

既有建筑绿色化改造与"双碳"目标的内在逻辑
既有建筑绿色化改造实例分析
既有建筑绿色化改造推广工作建议

6.1 既有建筑绿色化改造与"双碳"目标的内在逻辑

6.1.1 既有建筑现状

既有建筑就是指早已完工并交付使用的建筑。我国既有建筑覆盖面广，总量大。既有建筑二氧化碳排放大，一方面是因为建设这些既有建筑时建设要求低，另一方面也因为建造成的建筑没有得到及时的维修保养。既有建筑具备设备老旧、能耗高、智能化系统水平低的特性，这显然与国家倡导的"双碳"发展战略背道而驰。与此同时，旧城改造规划新项目不可以全拆，要避免大拆大建。与新建建筑相比，既有建筑的节能绿色改造具备较大的碳节能减排发展潜力。既有建筑绿色化改造是建筑行业实现碳达峰、碳中和的重要措施之一，也是落实"双碳"目标的内在要求。

既有建筑绿色化改造主要目标为减少资源的浪费，提升建筑的居住体验以及提供良好的居住环境，既有建筑绿色化改造主要活动包括及时对建筑进行维护保养以及定时对建筑进行升级和加固等；融合现有标准、本地气候条件和环境，对场所开展改造再利用，涉及环保节能、节约用水、节地、室内室外环境、运作管理方法、构造安全性等领域的综合性改造。对既有建筑绿色化改造具体内容见表6-1。

既有建筑绿色化改造具体内容　　　　表6-1

改造部位	具体内容
围护结构改造	更换节能门窗、改善外保温、加装外遮阳
照明系统改造	自然采光、高效照明灯具，智能照明控制系统
运营管理	能耗监管平台、智慧运营
可再生能源利用	太阳能热水、光伏发电、地源热泵
节水系统技术	管网改造、节水器具、非传统水源利用

续表

改造部位	具体内容
其他机电系统节能	能源管理系统、电梯智能控制系统、灶具节能
供暖制冷系统改造	高效空调系统、变频技术、冷热电三联供

6.1.2 既有建筑绿色化改造背景和意义

既有建筑绿色化改造是指对已存在的建筑，采用绿色技术改造使其获得绿色建筑标识的过程。我国既有建筑面积占全国建筑总面积比例很大，在我国"十二五"计划的推动下，使得既有建筑绿色化改造成为建筑行业转型发展的重要趋势之一，对既有建筑进行绿色化改造对国家实现"双碳"目标的具有很大的影响。

现存的一些既有建筑属于高耗能建筑，产生大量的碳排放，对环境影响恶劣。对这些高耗能建筑进行绿色化改造已成为我国发展绿色建筑需要重点解决的问题之一。对既有建筑进行绿色化改造不仅有利于节能、低碳、绿色发展，而且也能够带来巨大的经济和社会效益。

在中国建筑行业耗能和碳排放极大的情况下，对既有建筑进行绿色化改造是推动生态文明建设、落实建筑行业碳达峰、碳中和的重要举措，是实现城乡建设规划绿色发展和建筑业转型发展的必然途径。

6.1.3 "双碳"背景下既有建筑绿色化改造新要求

1）改造方式会发生显著转变

现阶段平均建筑面积可以满足生活要求，建筑面积的净提高几乎终止的条件下，应防止"大拆大建"。工程建筑主体结构在使用年限内的，应采用检修更新的改造方式改造工程建筑，抑制不锈钢、水泥等高碳建筑材料的耗费。

2）选用新的低碳环保结构体系

木料作为固碳材料，可以将空气中的二氧化碳永久性固化，中国古代建筑中多应用木结构建筑。钢结构材料可以回收利用，可以合理减少工程建筑的碳排放。装配式建造方式可以合理减少工程现场施工产生的噪声和粉尘污染，还可以最大限度地减少建筑垃圾和固体废弃物的产生。

3）采用可再生资源供能方式

随着化石燃料供能方式逐渐退出，将来热能将更为宝贵，终端降温设备必须融入超低温供暖特点。

6.2 既有建筑绿色化改造实例分析

6.2.1 具体实例

1）轻工业环境保护研究所

（1）项目概况

该项目建成时间为2010年，建筑结构形式为大空间框架结构。总建筑面积为4808m^2，地下建筑面积为1706m^2，改造面积为3320m^2。因为建筑使用功能发生变化，原建筑为大空间厂房设计，为满足新的功能要求，需要对其进行既有建筑绿色化改造。该建筑的绿色化改造内容主要包括围护结构改造、空调系统改造、给水排水系统改造、增加屋顶绿化、电气系统改造、室内装饰和功能拓展。

（2）围护结构改造

大厅吊顶采用分组控制，注重风口协调，以保证自然通风；将一层空间格局和交通路线重新进行了规划，使空间内部交通更为便利；对该建筑的围护结构进行改造，建筑南面增加外遮阳窗，充分利用自然光照和提高建筑外保温，围护结构具有良好的热工性能。该建筑改造中充分考虑建筑的自然采光，一层内部采用内窗，提高建筑整体自然采光率，改善了室内的光照环境，减少了电能照明能耗；大楼内部的照明都采用节能灯具，如LED吸顶灯、节能格栅灯和感应灯具，以达到节能的目的。

（3）空调系统改造

该建筑与吊顶装修相结合，降低了建筑能耗，合理利用建筑空间。该建筑根据末端风量控制风机风率，以达到减少能耗的目的。

（4）给水排水系统改造

该项目的水龙头和便器采用红外线感应系统，同时，充分利用市政管网，直接供水，极大地避免了水源的浪费。该项目屋顶设置了雨水收集系统，收集的雨水用于绿化灌溉，同时结合节水喷灌技术，减少对市政用水的需要。大大地做到了节约用水。

（5）绿化方面

该项目在建筑场地内合理设置了绿化用地，增加屋顶绿化以及公共部分绿化。

2）岳阳市人民政府办公大楼

岳阳市人民政府办公大楼设备随着时间的增加以不断老化，该建筑的用能效率远远达不到公共建筑节能设计标准，为积极响应国家战略目标，现对此既有建筑进行绿色化改造，改造内容主要包括两大部分，一部分是对整个政府办公大楼进行节能改造，包括外墙保温、屋顶外保温、增加屋顶绿化等技术；另一部分包括对该建筑的空调系统、照明系统进行改造，包含制冷机房、新风系统、节能灯具的使用等。

3）北京西单大悦城

北京西单大悦城项目通过推行中央空调系统全面节能举措，该项目每年可以减排二氧化碳 2985 吨，同时促进了多项关键技术的研究与推广，主要包括夜间通风措施和 BIM 运维、组合式空调机组风机变频控制措施，以及高效制冷机房成套技术。该建筑的空调系统主要为电制冷空调系统，属于典型的空调形式，系统存在的问题属于普遍性问题，具备一定的节能技术推广性，因此该建筑的节能改造具有很好的示范作用。长久以来，北京西单大悦城一直是北京最受欢迎的大型购物广场之一，到现在为止已经变成集酒店、写字楼和购物中心为一体的综合商业形态。

北京西单大悦城作为存在时间久的老牌商业建筑，第一时间积极响应国家节能减排号召，积极开拓进取，大胆创新，采取了大量有效的节能减排措施，积极对该建筑进行绿色化改造。

通过对该建筑实施节能改造，取得了超出预期的节能减排效果，空调系统的耗能有明显大幅度下降。

在 2021 年 1 月至 9 月，西单大悦城空调系统总节能率达到了 37%，二氧化碳减排合计接近 2400 吨，取得的节能减排效果显而易见。对该建筑进行绿色化改造后，预计综合节能量可以达到 400 万 kWh，综合节能率也能够达到 32%，减少氮氧化物排放量为每年 8 吨，减少二氧化硫排放量为每年 28 吨，减少二氧化碳排放量为每年 2985 吨。

6.2.2 实例分析

综合以上三个具体案例分析，通过对既有建筑进行绿色化改造，上述这些改造项目改造后在节能、低碳、节水等方面的性能都得到了显著提高，建筑使用功能得到完善，室内环境质量、建筑的安全性能等都得到提高，同时，使人们生活和工作的环境也得到了改善，更加增加了人们生活的满足感、幸福感、舒适感，做到了人与环境的协调统一。

通过对上述具体案例进行分析，对既有建筑绿色化改造有了更加深入的理解，进一步了解到既有建筑绿色化改造在建筑节能减碳中发挥的重要作用，意识到既有建筑绿色化改造工作是实现国家"双碳"目标一个重要的手段。通过对现存的高能耗的既有建筑进行绿色化改造，可以加速实现建筑行业减碳的目标。为早日实现碳达峰、碳中和目标，既有建筑绿色化改造积极发挥着自己的力量，践行着"双碳"目标下绿色发展的责任。

6.3 既有建筑绿色化改造推广工作建议

6.3.1 加大宣传力度

住建部门要增加宣传引导力度，普及既有建筑低碳节能改造工作，这也是我国"双碳"发展战略的关键组成部分。融合避免旧城改造规划项目大拆大建的现行政策，开展既有建筑绿色化改造分阶段试点工作，率先改造具有改造潜力大的既有建筑，改造能够复制推广，把示范性绿色化改造项目的经济账和环保账分列清楚，让业务部门的有关企业都能看清，看懂。根据融合和运用当前技术如BIM技术、房顶立体绿化、光伏太阳能发电技术、雨水回收技术、智能照明系统与空调机组、新风系统余热回收系统、集成化智能控制系统、被动式建筑节能设计、空气质量指数在线监控等技术对既有建筑进行绿色化低碳节能改造，不但比完全推倒重建更划得来，缩短施工工期，还能从环境保护上节约许多。推动既有建筑绿色低碳节能改造工作的发展，可以采用分阶段达标制。例如，通过调查统计，列举必须绿色化改造的既有建筑的总量和建筑总面积等，将它们进行分区列表，分摊指标。在政策方面激励采用低碳环保节能新技术，到2022年底采用占比将超出50%。到2025年，全部既有建筑绿色化改造工程，低碳环保节能新技术采用率基本上完成全覆盖。在领域内部网上公告达到标准企业的名单和未达到标准企业的信用黑名单，对提前达到标准的企业给予一定奖赏；对未达到标准的企业，批评通报，依法勒令整顿。

6.3.2 创建利益共享机制

在绿色化改造进程中，除政府部门提供一定的经济发展补助和政策优惠外，还可以试着创建利益共享体制来促进。例如，在大中型商业建筑的绿色化改造中，业主可以把工程建筑耗能减少产生的经济收益，如太阳能发电、雨水回收利用等作为费用付给绿色化改造方，进而把业主和绿色化节能改造方的利益联结起来。而且，对有关项目探索出的示范工程的好工作经验、好方法开展报道，大肆宣传，让既有建筑绿色化低碳环保节能改造项目的理念深层次地灌输到各利益相关者的心里。

6.3.3 政府适时引导

研究制定有关法律法规，健全完善标准技术规范，加速推广各种节能新技术在既有建筑绿色化改造中的运用比例。由于零星的既有建筑绿色化改造项目对促进全部建筑业节能减排的发展作用较小。因而，需从政府部门正确引导、现行政策保障、设计规划、基本建设改造、税收特惠等层面创建一个完善的绿色生态全产业链。与此同时，对高耗能的炼铁、炼钢，混凝土和水泥制造业企业征缴"双碳"税，对应用推广低碳环保节能新技术的项目提供政策优惠。完善建材生产制造和既有建筑绿色化改造项目的双向操控制度，逐渐减少建材生产制造阶段和工程建筑运行阶段中的碳排放占比，为国家"双碳"总体目标的早日实现作出应有的贡献。

CHAPTER 7

第7章

建筑垃圾资源化利用减碳路径分析

建筑垃圾资源化利用基本理论
建筑垃圾的减碳策略
建筑垃圾资源化利用实例分析

随着我国新型城镇化战略的推进，中国城镇化水平已经从1953年的13.26%上升到2022年的65.22%，持续稳定的城市化更新促使城市大规模建设的同时，也导致建筑垃圾的产量大幅增长。据统计，建筑垃圾约占中国城市生活垃圾中的35%，年产量超过20亿吨。但是，我国建筑垃圾综合利用率仅有5%，以堆置、填埋为主的传统垃圾的处理方式，造成土地资源浪费和环境污染等问题。建筑业作为中国碳排放量前三的行业之一，建筑材料的生产和建筑垃圾的处理是降低碳排放量的关键环节。因此，减少建筑垃圾对环境的影响是实现节能减排、实现"双碳"目标的重要途径之一。

目前，建筑垃圾资源化利用是实现节能减排的最理想方式，不仅可以有效减少其对土地资源的占用、降低碳排放量，还可以节约大量不可再生资源，为建筑行业新建、改建项目提供再生材料。

7.1 建筑垃圾资源化利用基本理论

7.1.1 建筑垃圾定义和分类

1）建筑垃圾定义

建筑垃圾指人们在从事拆迁、建设、装修、修缮等建筑业的生产活动中产生的渣土、废旧混凝土、废旧砖石及其他废弃物的统称。其特点是量大、占地面积广、污染环境较严重。

据有关行业协会统计，"十三五"末期我国建筑垃圾年产量已超过30亿吨，巨大数量的历史遗留危险老旧住房及简易棚户屋将在"十四五"期间完成拆除，保守预计"十四五"末期建筑垃圾年产量将突破40亿吨。

2）建筑垃圾分类

建筑垃圾详细分类见表7-1。因为建筑垃圾的种类不同，进行资源化利用的方法也不同。剖析不同种类建筑垃圾的处置方式是实现建筑垃圾最优处置的前提条件。

建筑垃圾分类　　　　　　　　　　　表7-1

建筑垃圾分类	详细建筑垃圾
土地资源挖掘垃圾	碎石类土、砂类土、粉土、黏土
路面挖掘垃圾	废砖、废混凝土、沥青块
旧房屋拆除垃圾	旧房屋拆除废混凝土、废水泥砂浆块、废地砖、废瓷砖和废塑料、废木料、废建筑钢筋、废瓦片
建筑施工垃圾	废旧混凝土和建筑钢筋
建材施工垃圾	废旧纸张、废弃物、废料

根据产生的来源主要分为建造过程中和拆除过程中产生的建筑垃圾。在我国建筑垃圾总量中，大部分是建筑拆除过程中所产生的建筑垃圾，可以说只要有建筑物的拆除或施工就会有建筑垃圾的产生。建筑垃圾的减量化、资源化，将有效减少行业能耗及碳排放量。城市建筑垃圾产量和存量大，资源化利用率低。

3）建筑垃圾的全阶段概念

一个地区只要有建筑或构筑物的拆除、施工就会有建筑垃圾的产生，已有的建筑在未来都将因为设计年限或长期城市规划等原因成为建筑垃圾。因此，一定地区的建筑垃圾的产生是必然的、可预知的。将建筑垃圾产生行为发生前视为建筑垃圾产生的前期，从而将建筑垃圾的产生分为前期—中期—后期三个阶段，称为建筑垃圾产生的全阶段（以下简称"全阶段"）。有别于以往集中于建筑垃圾产生过程中期、后期的处理。在全阶段概念中，前期的应对措施也至关重要，可以通过合理的城市规划与工业协同组合，如工业综合体与建筑业相组合，在很大程度上减少建筑垃圾外运量。将建筑垃圾产生前期的应对措施与中期、后期的处理措施相结合，使建筑垃圾在全阶段过程中的处理流程化、体系化，在最大程度上减少建筑垃圾的产生量。在全阶段概念中，越早采取应对措施，所付出的成本越小、获得的利益越大。

7.1.2　建筑垃圾问题现状及应对措施

1）我国建筑垃圾问题现状

我国建筑垃圾资源化处理研究起步较晚，整体上还处于简单化、无序化、边缘化的初级状态。这与日本、德国、新加坡等国家建筑垃圾的回收利用率达

90%及以上相比，差距仍然较大。德国国家统计局数据显示，截至2015年建筑垃圾资源化利用率达90%。日本从20世纪60年代开始注重建筑垃圾的处理，建立了完善的垃圾资源化利用体系后，建筑垃圾资源化利用率达到90%。韩国建筑垃圾回收利用率达到97%。在美国，以"回收银行"为代表的垃圾回收公司已经开始盈利。

近年来，随着全国各地基础设施建设的不断推进，建筑垃圾年产量不断增长。相关数据显示，2010年至2022年建筑垃圾年产量由11.7亿吨增长到35亿吨。虽然2018年以来，住房和城乡建设部在35个城市开展建筑垃圾治理试点工作，建成的资源化利用项目的资源化利用率约为50%。

当前，我国持续推进产业结构和能源结构调整，大力发展可再生能源，努力兼顾经济发展和绿色转型同步进行。建筑垃圾资源化利用兼具环保、循环经济和节能降碳多种属性。在"十四五"碳达峰的关键期、窗口期，各地方急需提升建筑垃圾的综合利用能力。通过政策指引并鼓励建筑垃圾再生产品的绿色技术创新，积极解决资源化产品出路不畅等问题，尽早开拓"双碳"背景下固废处置的"新市场"。

党的二十大报告提出推动绿色发展，政府部门要求总结各地已有实践经验，借鉴发达国家的成功做法，研究并提出有针对性的举措。自2018年起，在北京等35个市（区）开展建筑垃圾治理试点工作。试点城市以治理已存量、控制新增量、加快构建全过程监管体系为目标，取得了积极成效。2020年4月29日，十三届全国人大常委会第十七次会议表决通过《固体废物污染环境防治法》，将于2020年9月1日起施行。2020年9月中国明确提出2030年"碳达峰"与2060年"碳中和"目标。《"十四五"循环经济发展规划》（发改环资〔2021〕969号）提出建设50个建筑垃圾资源化利用示范城市；2022年1月，《"十四五"建筑业发展规划》（建市〔2022〕11号）指出2025年实现建筑垃圾减量化；《"十四五"时期"无废城市"建设工作方案》（环固体〔2021〕114号）指出加强全过程管理，推进建筑垃圾综合利用；2022年6月30日，《城乡建设领域碳达峰实施方案》（建标〔2022〕53号）提出推进建筑垃圾集中处理，分级利用，实现2030年建筑垃圾资源化利用达到55%。

数量巨大的建筑垃圾绝大部分未经任何处理就被简单填埋或露天堆放，各种建筑垃圾都未经合理分类甚至与各种生活垃圾混杂在一起。建筑垃圾年产量不断增多，有效的资源化处理一直处于较低水平，导致建筑垃圾逐年累积，所需要占用的土地面积越来越大。当下处于简单、无序的状态的建筑垃圾处理方式不仅造成土地、建筑材料等资源的浪费，还对地下水源、空气产生污染。大量未经处理的建筑垃圾被运往郊外，必将使"垃圾围城"的现象逐渐变为现实。因此，必须改变我国现有的不经处理就简单填埋和就地堆放的建筑垃圾处理方式，使建筑垃圾的处理方式向减量化、资源化、无害化转变，为建筑业"双碳"目标的实现助力。

2）研究现状

王春燕对固体废弃物处理方式进行了总结分析，提出了一种基于零排放的固体循环处理技术，其中建筑垃圾处理的流程为：建筑垃圾—分选—固废制砖资源化—建筑用砖—建筑市场或园区自用。张静园、张春鹏等从固体废弃物处理技术出发，对经济效益、技术先进性、技术成熟度等指标分析，构建出五级评价等级，助力固体废弃物处理技术的科学评价与成果转化。以上研究从不同方面为解决建筑垃圾的问题提出了很好的方法，有的研究出具体的就地资源化技术，有的为相关技术的落地转化构建出科学的评价体系。然而现有的研究多是建筑垃圾产生后的处理措施，而忽视了建筑垃圾产生前的应对措施。本书把建筑垃圾产生前的阶段视为应对建筑垃圾问题的一个重要时期，综合考虑产生时间、处理成本和经济效益，按照优先程度划分出前期规划阶段、施工阶段、现场处理阶段、集中处理阶段的四级处理顺序，为建筑业"双碳"目标的实现提供帮助。

7.1.3 建筑垃圾资源化利用与"双碳"目标的内在逻辑

1）建筑垃圾资源化利用的定义

建筑垃圾资源化利用就是指以建筑垃圾为原材料，根据各种各样工业生产过程产生再造商品，使其再次使用于建筑工程的行为。根据《建筑垃圾处理技术标准》GJJ/T 134—2019，建筑垃圾资源化利用包括土类建筑垃圾用作制砖和道路工程等原料，废旧混凝土、碎砖瓦等作为再生建材用原料，废沥青作为再生沥青原料，废金属、木材、塑料、纸张、玻璃和橡胶等作为原料直接或再生利用。该标准有利于促进建筑垃圾资源化利用，减少资源、能源和其他建筑材料的开采和生产过程产生的碳排放。

建筑垃圾的资源化处置可以解释为将建筑垃圾转换为可利用资源的过程。这一过程包含对建筑垃圾的归类、挑选、解决和利用，作为待使用资源的过程。

通过以上资源化处理后，95%以上的建筑垃圾可作为建筑工程的原料。建筑垃圾的资源化应用领域主要为道路工程和市政工程，而以建筑垃圾为原料生产的二次建材也正逐步适应建材市场需求，包括再生骨料与再生砂浆与混凝土制品、各类再生砖、墙板、砌块制品以及作为水泥生产原料等。近些年，我国为提高建筑垃圾处置水平和资源化利用率，陆续出台相关政策促进相关行业迅速发展。据新华社报道，北京等35个建筑垃圾治理先行区截至2021年底，建筑垃圾资源化利用率已达50%，较试点前提高15%，超出全国城市平均水平的10%。建筑垃圾组分复杂是影响其资源化利用最主要的因素，而我国目前对建筑垃圾尚未采取强制分类措施，唯有根据建筑垃圾各组分的特性进行分选后，才能使建筑垃圾得到充分高效利用。

2）建筑垃圾资源化利用的类型

（1）物质回收利用是指筛选不同种类的建筑垃圾，筛选出可以直接利用的废弃物。主要是建筑工程施工造成的废弃混凝土块和废弃钢筋。

（2）物质转换利用是指对建筑垃圾进行处置，产生可以在别的地方使用的新型材料。详细来说有土地资源挖掘、路面挖掘造成的废砖、废混凝土块、沥青块；房屋建筑工程施工过程中造成的加气混凝土块和废钢筋；废旧房屋拆除造成的废混凝土、废水泥砂浆块、废地砖、废瓷砖、废瓦片、废钢筋等。

（3）能量转化利用是指通过处置建筑垃圾来采集和利用造成的能量。主要有废旧房屋拆除造成的废旧塑料和建材施工的下脚料或废弃的材料等。

经分选后的建筑垃圾主要分为以下五大类进行处理：

（1）砖渣、混凝土、粉尘等惰性物，运输至建筑垃圾综合利用企业制成再生建材制品。

（2）纸张、金属、塑料、木料、玻璃等可回收物，运输至再生资源利用企业或生物质燃烧发电厂进行综合利用。

（3）对于不可回收利用的可燃物，进行破碎打包后送至垃圾焚烧厂处理。

（4）对于不可回收利用的，送至垃圾焚烧厂或填埋场进行无害化处理。

（5）危险废物：如废油漆桶、废含汞灯管等，需送至拥有相应类别危废经营许可证的危险废物处置企业进行无害化处置。

7.1.4 建筑垃圾资源化利用背景和意义

近年来,随着我国城市化的迅速发展,产生了大量的建筑垃圾。这些建筑垃圾导致的危害日益凸显。从源头上降低建筑垃圾数量,除了提升建筑方案设计外,还应对造成的废弃材料进行资源化处理,完成二次利用。建筑垃圾堆积和垃圾填埋过程中,会产生一些金属化学物质进到地层中,污染土壤和水资源,而且工程施工过程中形成的烟尘也会对大气环境造成较大污染。建筑垃圾资源化回收利用后,可以实现对建筑废弃物的反复利用,侧面实现了对自然生态环境的保护。现阶段,我国建筑垃圾主要采用向外运送、垃圾填埋和室外堆积等方法处置,不但占用大量的土壤资源,还产生了有害成分和气体,导致地下水、土壤层和环境污染,危害生态环境和人民健康。近些年,有关建筑垃圾资源化的国家相应政策不断颁布,为建筑行业的发展引导新的方向。建筑垃圾量大,处置难度大。长期堆积占用土地资源容易对环境产生危害,建筑垃圾的资源化利用不仅能够保护生态环境、节约能源,还能够有效地解决上述问题,实现建筑垃圾的"再运用",变废为宝。推进建筑垃圾减量化,推动完成"双碳"总体目标,打造出绿色示范性标杆,提高建设项目大气污染治理和产品质量水准,建筑垃圾的回收利用价值极大。据推算,每利用1亿吨建筑垃圾可以生产标砖243亿块、混合料3600万吨,减少占地1.5万亩,节煤270万吨,减排二氧化碳130万吨,新增产值84.6亿元。随着建筑垃圾的日益增加和大家节能环保意识的提升,建筑垃圾的资源化利用将成为一种必然趋势,不仅将推动各种建筑垃圾的回收利用、解决和处置,也将促进建筑垃圾资源化利用产业链的迅速发展,进而实现资源利用率最大化的总体目标。

积极推动发展建筑垃圾资源化利用工作,有利于国家促进"无废城市"的建设,更利于"双碳"目标的实现。对建筑垃圾进行资源化利用能够从根本上解决建筑垃圾污染环境的问题,且能够节省资源,减少能源消耗,能够产生巨大的社会、经济和环境效益,符合"双碳"目标发展理念,也是发展绿色环保节能建筑材料的主要路径之一。

7.1.5 建筑垃圾资源化国内外现状

1) 国外现状

随着环境保护意识的日益提高,怎样高效解决建筑垃圾处理问题已成为各个国家关心的聚焦点。早在20世纪90时代，欧美等发达国家就对建筑垃圾的回收利用开展了卓有成效的科学研究，并将建筑垃圾的减量化和资源化回收利用作为发展战略，纳入生态环境保护和可持续发展观规划纲要。在建筑垃圾回收利用层面，欧美国家、日本、韩国等发达国家行动较早，有关现行政策、技术和设施通过飞速发展慢慢完善。德国采用了一系列优惠政策，激励民营企业投资建筑垃圾回收再利用领域。例如，每年向住户征收80欧的垃圾处置费，其中60%用以支持垃圾处置公司。德国垃圾法增补草案中，对未经加工处理的建筑垃圾征缴每吨500欧的处置费。2005年，芬兰对每吨建筑垃圾缴税30欧。在瑞典，随便乱倒建筑垃圾的惩罚性处罚从每吨0.45美金提升到40.9美金。德国建筑垃圾每年产量约2亿吨，西班牙约为4000万吨，日本不超过1亿吨，韩国大概6808万吨。德国和日本的建筑垃圾回收利用率为90%，英国为80%，美国为70%。

2）国内现状

目前我国建筑垃圾存在的主要问题有：①将建筑垃圾进行分类收集的程度不是很高，大部分的建筑垃圾仍然是混合收集，增大了建筑垃圾资源化利用的难度。②建筑垃圾回收利用率极低，到目前为止，全国绝大部分城市依然没有专门回收处理建筑垃圾的机构。③我国对于建筑垃圾资源化利用技术落后，缺乏一定的新技术、新工艺和新设备。④对于建筑垃圾资源化处理的投资少，没有健全的法律法规，项目建设者对于环境保护、绿色发展、经济可持续性发展的意识不强。

7.2 建筑垃圾的减碳策略

7.2.1 从源头减量，设计、施工过程考虑建筑垃圾减量措施

（1）建设单位在招标前依据项目规模预估建筑垃圾的减量与产生量，将其纳入招标文件与合同文件中对施工单位进行约束，并在工程造价预算中增加建筑垃圾减量及处置费用。

（2）推行绿色设计，设计过程考虑建筑空间使用的灵活性、适应性、可变性，给未来建筑改造留有余地。积极推广应用绿色建材，把控绿色建材产品质量，提高耐久年限。提倡优先使用再生混凝土、再生砖等再生建材产品。

（3）项目建设条件中规定新建建筑的装配式比例，政府提高验收标准，施工单位提高施工水平，减少项目建设现场建筑垃圾产生量。鼓励开发商交付精装修房屋，前期依据业主意愿进行室内设计，避免后期装修产生零散建筑垃圾。

7.2.2 政府加快建筑垃圾消纳场地建设，禁止擅自设立消纳场

以烟台市为例，未来数年，烟台市将迎来新城开发、老旧城区更新改造的高峰期，建筑垃圾的产生量也将呈线性增长的态势。各区应考虑未来发展需求，科学规划安排建筑垃圾消纳场的位置及数量，取缔私人消纳场。可参照莱山区建筑垃圾消纳场地的成功案例，提倡邻区之间"共建共享"，提高消纳场地的利用率，秉承环境保护优先的原则，妥善处置建筑垃圾。

7.2.3 制定新的建筑垃圾管理政策，政策实施过程中加强监管

严格执行标准化的建筑垃圾管理政策，引入先进的管理体系，定期对管理人员进行知识培训，提高管理水平。如制定严格的建筑垃圾收集存放管理制度，施工单位应做到在建筑垃圾产生现场及时对其进行分类和存放，减少后续处置工序。按环保有关规定，加强对含有有害物质的建筑垃圾的监管，并进行专门处置和专车运输。

7.2.4 以建筑垃圾产业化推进资源化，实现变"废"为宝

政府给予财政补贴，支持企业及科研单位在借鉴发达国家先进管理体系、法律政策、技术水平的基础上，研究开发适应本土市场需求的先进生产设备、生产技术、再生产品，逐渐构建建筑垃圾资源化的产业链，通过产业化减少资源化成本，不断提高资源化利用率。可率先在部分分区进行试点，建立建筑垃圾资源化示范工程，通过示范工程的带动作用推进产业化发展进程，减少企业投资风险。

1）建筑垃圾资源化利用途径

（1）渣土可用于修路，做桩基础填充料、路基等。

（2）废弃工程建筑的混凝土和填充墙中回收利用的大小骨料可做成混凝土、砌块砖、板墙、地板砖等工程建筑产品。加上干固原材料的再造粗、细骨料也可用以修筑公路路面基层。

（3）针对建筑垃圾中的废木材，有一些未被彻底毁坏的可直接用作建筑新材料，而毁坏比较严重的可用作生产制造新式板材和纸张的原材料。

（4）烧黏土类的建筑垃圾包含废砖瓦窑等。这种建筑垃圾碾成粉后具备火山灰活性，可以取代煤灰和石灰粉参加混凝土生产过程。

（5）建筑垃圾中富含大量的金属材料的边角余料，建筑钢筋等废弃物可直接再运用或回收利用做成新的金属材料。

（6）废玻璃、塑胶、瓷器等，必须按照具体情况分析其是不是适合再次回收利用。

2）建筑垃圾资源化利用的保障措施

（1）增加政策支持，健全相关法律法规，加速建筑垃圾处理最新法律法规的建立。

可以把"谁造成、谁处理"建筑垃圾作为相关法律法规建立的基本准则，明确各有关部门的义务，从根源上降低建筑垃圾的产生，对随意堆放建筑垃圾以及随意掩埋建筑垃圾的行为进行严厉的惩罚，完成建筑垃圾的减量化和资源化利用。对没有合理处理建筑垃圾的行为惩以巨额处罚，对合理资源化回收利用建筑垃圾的公司给予税款补助和减免，以补偿其应用建筑垃圾再生产产品的价格差，提高其竞争能力。

（2）加强教育宣传工作，加强建筑垃圾资源化利用观念。

要使大家对建筑垃圾的伤害有全方位的了解，就需要加大对建筑垃圾危害的宣传力度，更改大家对建筑垃圾的原来观点，将建筑垃圾视作项目建设过程中形成的副产品；使大家改变对建筑垃圾的再制造的产品偏见，了解到建筑资源化利用的必要性；对一定产生的建筑垃圾开展分类处置和利用工作；在建设项目和室内装修中，应积极主动应用再生建材，政府部门应积极主动引导。在政府部门为主导的项目建设中，应首先应用建筑垃圾中回收利用的建材。

（3）推进技术科学研究，创建有关标准。

融合我国建材资源化利用现况和国外经验，引入海外建材资源化技术，科学研究和自主创新建筑垃圾归类、解决和搜集有关技术。与此同时，政府部门可以颁布相应的技术激励政策，推动提高我国建筑垃圾资源化利用的技术实力。健全建筑垃圾资源化利用的质量标准体系，创建完整的再生利用产品品质评估标准，保证其在市场上的认同度，充分体现建筑垃圾再生产品的市场竞争能力。

除此之外，还可以采用装配式建筑，控制制造环节中的质量，从根源上降低工程建筑废弃物的产生。

（4）引进社会资本，推动合理项目投资。

针对重点项目，政府部门可以选用 PPP 工程方式引进社会资本。大中型垃圾处理厂归属于基础设施。若单独建立，社会资本就徒劳无益，在市场经济的直接影响下肯定不可能进入该领域。假如由政府部门独立给予，不但很有可能达不到预期目标，还会增加政府部门的经济压力。利用 PPP 方式吸引社会资本的参加，利用社会资本建设数量巨大的垃圾处理厂，并给予这种参加的社会资本一定的盈利，将一些有价值的建筑垃圾资源化产品奖励给积极主动回收利用建筑垃圾的公司，最终形成利益相关方的利益统一。

7.3 建筑垃圾资源化利用实例分析

7.3.1 具体实例

1）湖南汨罗建筑垃圾资源化利用项目

在湖南汨罗建立的建筑垃圾资源化利用处理项目，对湖南汨罗的建筑垃圾进行"减量化、无害化、资源化"处理，对环境起到清洁美化的作用。该项目规划用地面积 100 亩左右，主要建设日处理建筑及装修垃圾 2000~3000 吨 / 天。该项目利用移动式和固定式建筑垃圾处理设备、全自动化制砖机和板框式压过滤机等设备对建筑垃圾和装修垃圾进行破碎、分筛、再加工方式进行资源化利用。建筑垃圾破碎线、制砖机、装修垃圾分筛线全面投产，实现日破碎建筑垃圾 1000 吨，日产各类铺砖块 10 万 ~13 万，产品现已应用于城市道路、公园、广场等市政基础设施工程。该项目已成为重要的工程建设试点之一，形成的建筑垃圾资源化利用可复制经验可在湖南省全省内进行复制推广。

2）北京朝阳区十八里店乡资源化利用项目

该项目首先解决了建筑物在拆除过程中产生的建筑垃圾和生活垃圾混杂的问题，真正做到在源头上实现建筑垃圾的减量。其次结合地区周围特点，对建筑垃圾资源化处理进行了详细规划，先将建筑垃圾运输到指定位置集中堆放，同时对建筑垃圾进行资源化处理。为了防止扬尘，对建筑垃圾进行资源化处理的设备装置进行的是封闭性作业，达到一定绿色环保要求。

该项目拆除方式采用的是"绿色拆除",尽管前期准备工作耗费的时间比较长,但是建筑垃圾产生的数量与之前相比大幅度减少,并且保证了后期建筑垃圾资源化处理再生产品的质量,经过政府统一规划,政企合作推进的模式,该地区的建筑垃圾处理和资源化利用工作得以顺利进行。该项目经过资源化处理产生的再生产品大多通过场地平整、场面硬化和再销售等方式进行了使用。

该项目采用的是"政企合作推进"的模式,政府切实履行其主体责任,同时依托建筑垃圾资源化处理企业的力量,对本项目拆除、建筑垃圾处置。资源化利用产生的再生产品进行统筹规划,采用拆除清理同步进行模式,采用前期拆除—中期处置—后期再利用的建筑垃圾处理方式,有效解决了拆除过程中产生的建筑垃圾,避免了拆除后产生的大量建筑垃圾运输散乱、对环境造成严重污染问题。

3)陕西建新绿环实业股份有限公司(以下简称"建新绿环")在建筑垃圾再生产品应用方面树立了典范

建新绿环是一家集拆除、清运、处置和应用全产业链为一体的综合性建筑垃圾循环利用企业。企业采用全封闭半地下式破碎生产线,将建筑垃圾经过除土、破碎、分拣、物料整形和筛分等工序,转化为再生砂、再生骨料、再生砖等多种规格的建材原料及再生产品。整个生产过程不产生环境污染,同时分拣回收钢筋、塑料、木屑等残留物,做到"吃干榨净""零排放"。建新绿环所研发生产的建筑垃圾再生建材,可替代原生建材,已被广泛应用于道路工程路床回填、路堤回填,海绵城市建设中透水蓄水层、再生预拌混凝土、再生预拌砂浆和再生免烧砖等方面。据悉,建新绿环所生产的再生产品已应用于沣西新城西部云谷二期、沣西大道、陕西商贸学院海绵城市改造、中心绿廊及新渭沙湿地公园等项目建设。

7.3.2 实例分析

通过对上述具体的建筑垃圾资源化利用案例分析,进一步了解了建筑垃圾资源化利用的实际意义,建筑垃圾资源化利用是实现循环经济的重要一环,推动建筑垃圾资源化利用,是贯彻"双碳"目标理念的实践检验,是建设资源节约型、环境友好型社会的必然要求。

CHAPTER 8
第 8 章

"双碳"目标下建筑业高质量发展路径

建筑业高质量发展概述
基于"双碳"目标的建筑业高质量发展路径
我国建筑行业碳达峰碳中和路径

8.1 建筑业高质量发展概述

建筑业是国民经济中不可或缺的重要组成部分,与人们的生活、工作、学习息息相关。建筑业高质量发展是实现"双碳"目标的关键路径之一,也是促进经济高质量发展、实现城乡一体化、改善人民生活质量的重要途径。那么,建筑业高质量发展应当具备哪些内涵和要求呢?

建筑业高质量发展应当注重科技创新。科技创新是推动建筑业发展的关键,只有不断引进新技术、新材料、新装备,不断提升建筑技术水平和质量,才能保证建筑物的节能减排和环境保护水平。

建筑业高质量发展应当强调绿色建筑和节能减排。在"双碳"目标的背景下,绿色建筑和节能减排已经成为建筑业发展的必然趋势。建筑业应当大力推广使用新型节能建材,引导建筑设计和施工过程中节能减排,同时应加强建筑物的管理和维护,确保建筑物的节能减排效果。

建筑业高质量发展应当注重人才培养。建筑业需要各类高素质人才,特别是创新型人才,以推动建筑技术的创新和发展。此外,建筑业也需要具有国际视野和全球竞争力的人才,以应对国际市场竞争。

建筑业高质量发展应当强调产业升级和转型升级。建筑业应当加大技术改造和装备升级力度,推动生产过程的智能化和自动化,提高建筑生产的效率和质量,以适应市场的需求和节能减排的要求。同时,建筑业也应当积极推动生产方式的转型,打破传统建筑的模式,探索新型的建筑生产方式。

建筑业高质量发展应当注重政策的引导和支持。政策引导和支持是建筑业实现高质量发展的重要保障。政府应当制定和完善相关政策,推动建筑节能减排和绿色建筑的发展,支持新技术、新材料、新装备的研发和应用,鼓励企业加强技术研发和创新,促进产业升级和转型升级,同时加大对人才培养的支持和引导，推动建筑业的可持续发展。

总之，建筑业高质量发展是实现"双碳"目标的重要途径之一，也是推动经济高质量发展和生态文明建设的必然要求。建筑业应当以绿色建筑和节能减排为方向，注重产业升级和转型升级，加大技术研发和创新力度，培养各类高素质人才，同时政府应当出台支持和引导政策，共同推动建筑业的高质量发展。

8.1.1 "双碳"目标与建筑业高质量发展的关系

"双碳"目标和建筑业高质量发展是密不可分的。"双碳"目标的实现需要建筑业的深度参与，建筑业的高质量发展也需要"双碳"目标的引领。具体来说，"双碳"目标和建筑业高质量发展的关系主要有以下几个方面。

建筑节能减排是实现"双碳"目标的重要途径。建筑业是能源消耗和碳排放较大的行业之一，实现建筑节能减排是实现"双碳"目标的重要途径。节能减排可以通过多种方式实现，如优化建筑设计、采用新型节能建材、应用新技术、改善建筑管理和维护等。建筑节能减排不仅能够减少碳排放，还能够带动相关产业的发展，促进就业增长，助力实现经济高质量发展。

"双碳"目标的实现需要建筑业的参与和支持。建筑业是能源消耗和碳排放较大的行业之一，建筑业的参与和支持是实现"双碳"目标的必要条件。建筑业可以通过优化建筑设计、采用新型节能建材、应用新技术、改善建筑管理和维护等方式，为实现"双碳"目标作出贡献。政府也应该加强对建筑业的引导和支持，推动建筑节能减排和绿色建筑的发展，支持新技术、新材料、新装备的研发和应用，鼓励企业加大环保投入和研发投入，推动建筑业转型升级和高质量发展。

建筑业的高质量发展可以促进"双碳"目标的实现。建筑业的高质量发展可以通过推广绿色建筑和节能减排等方式，减少碳排放和能源消耗，为实现"双碳"目标作出贡献。同时，建筑业的高质量发展也能够带动相关产业的发展，推动生产过程的智能化和自动化，提高建筑生产的效率和质量，以适应市场的需求和节能减排的要求。

"双碳"目标和建筑业高质量发展的实现需要政府、企业、社会等多方面的参与和支持。政府应当加强对建筑业的引导和支持，推动建筑节能减排和绿色建筑的发展，制定和完善相关政策和标准，加大环保投入和研发投入，鼓励企业加强技术创新和转型升级。企业也应当加强自身的环保意识和责任感,积极参与绿色建筑和节能减排的实践,推动技术创新和转型升级,实现高质量发展。社会也应当积极参与和支持建筑节能减排和绿色建筑的实践,提高公众对绿色建筑和节能减排的认知和意识,共同推动建筑业的可持续发展和实现"双碳"目标。

总之,"双碳"目标和建筑业高质量发展是相互促进、相互支持的关系。建筑业作为能源消耗和碳排放较大的行业之一,其参与和支持是实现"双碳"目标的必要条件。同时,建筑业的高质量发展也可以促进"双碳"目标的实现,为实现可持续发展作出贡献。政府、企业、社会等多方面的参与和支持是实现"双碳"目标和建筑业高质量发展的关键。

8.1.2 政策支持与"双碳"目标下建筑业高质量发展

在"双碳"目标下,为了推动建筑业实现高质量发展并减少碳排放,各国已经采取了一系列政策措施,以下是一些已经实施的相关政策。

建筑节能标准:各国纷纷制定并不断提高建筑节能标准,要求新建建筑和现有建筑的节能性能达到一定水平。例如,欧盟推行的"Nearly Zero Energy Buildings"标准要求新建筑在2021年后几乎实现零能耗。

能源效率认证:许多国家建立了建筑能源效率认证体系,如美国的LEED(Leadership in Energy and Environmental Design)和英国的BREEAM(Building Research Establishment Environmental Assessment Method)。这些认证体系通过评估建筑的能源使用效率和环境友好性,为建筑提供可靠的能效认证。

财政激励政策:政府通过财政激励政策鼓励建筑业实施节能减排措施。例如,一些国家设立了建筑节能补贴基金,对符合条件的节能项目提供财政支持和奖励。此外,还有税收减免政策和贷款优惠等措施,以降低建筑节能投资的成本。

绿色金融支持:为了推动建筑业向绿色和可持续发展转型,一些国家鼓励银行和金融机构提供绿色贷款和绿色债券,以支持节能减排和绿色建筑项目的融资需求。这些金融支持机制可以降低建筑业转型的资金风险和成本。

技术创新支持:政府加大对建筑节能减排技术研发和示范工程的支持力度。通过设立专项基金、资助科研项目和鼓励企业参与,促进节能技术的创新与推广,推动建筑业实现绿色、智能、高效的发展。

8.1.3 国内外建筑业高质量发展的实践经验

建筑业高质量发展是各国政府和建筑行业的共同目标，也是应对气候变化和资源环境压力的必然要求。建筑业高质量发展的实践经验在国内外已经得到了广泛的应用和推广。

在国外，欧洲是建筑业高质量发展的领先者之一。欧盟推出了"2020年战略"，以推动欧盟的可持续发展。该战略重点关注了能源效率和碳排放减少，旨在通过建筑节能和可再生能源等手段来实现这些目标。同时，欧盟还推出了"BREEAM"和"LEED"等评价体系，用于对建筑物进行绿色认证和评级，以推广绿色建筑的发展。

在国内，我国政府也一直在推动建筑业高质量发展。在2013年，国务院印发了《绿色建筑行动方案》，明确提出了"节能降耗、环保减排、资源节约、健康舒适"等方面的目标和任务。同时，各地也相继推出了建筑能耗指标、绿色建筑评价标准等管理和评价体系，以推广和规范绿色建筑的发展。

另外，一些企业也在积极探索建筑业高质量发展的实践经验。例如，万科集团提出了"健康城市、智慧城市、生态城市、人文城市"的城市发展战略，通过智慧建筑、生态建筑等手段来实现城市可持续发展。同时，万科还在绿色供应链、节能减排等方面积极探索和推广，将绿色建筑理念融入企业的管理和发展中。

综上所述，建筑业高质量发展的实践经验涵盖了政府、企业、社会等多个方面，包括政策支持、评价体系、技术创新和市场推广等方面。这些经验对于推动建筑业的可持续发展、应对气候变化和资源环境压力具有重要的意义。

8.1.4 建筑业高质量发展的成功案例分析

建筑业高质量发展的成功案例可以从不同方面进行分析，例如在建筑节能减排、绿色建筑、数字化建筑等领域的应用和创新。

以建筑节能减排为例，中国南方电网公司广东电力设计院设计的"南方电网广东惠州清能源基地"是一项成功的案例。该项目的设计采用了"三位一体"的设计理念，即"建筑一体化、能源一体化、信息一体化"，通过建筑节能、绿色能源、智能化管理等手段，实现了能源消耗的最小化。

在绿色建筑方面，新加坡的"花城广场"是一个成功的案例。该项目采用了多项绿色建筑技术，如雨水收集利用系统、太阳能光伏发电系统、绿色屋顶、高效节能灯具等，使建筑的能耗大幅降低，达到了可持续发展的目标。

在数字化建筑方面，美国的"温德勒广场"项目也是一个成功的案例。该项目采用了多项数字化建筑技术，如智能化系统、自动化控制系统、物联网技术等，通过对建筑运营的精细管理，提高了能源利用效率和运营效率，实现了可持续发展的目标。

综上所述，建筑业高质量发展的成功案例涉及多个领域，需要从建筑节能减排、绿色建筑、数字化建筑等不同角度进行思考和分析。通过技术创新和管理创新，可以实现建筑业的可持续发展，为社会和环境作出贡献。

8.1.5 建筑业高质量发展的问题和挑战分析

建筑业是国民经济中重要的支柱产业之一，对经济社会发展和人民群众生活水平的提高具有重要意义。在实现经济高质量发展的过程中，建筑业也面临着一系列的问题和挑战。

首先，建筑业存在着能源消耗过大和碳排放量高的问题。建筑业是能源消耗量和二氧化碳排放量较大的行业之一，随着建筑规模的不断扩大和建筑数量的增加，建筑业对能源的需求也不断增加，对环境的影响日益突出。要实现建筑业低碳发展，需要在节能技术研发、能源利用结构调整、建筑设计和施工等多个方面下功夫，同时加强碳排放量监测和评价，制定相应的政策和措施，推进建筑节能减排。

其次，建筑业存在着标准和质量问题。建筑业涉及公共安全和人民群众生命财产安全，建筑质量和标准问题一直备受关注。在建筑业高质量发展过程中，需要加强对建筑质量和标准的监督和管理，落实责任，加强技术创新和工艺创新，提升建筑质量水平，确保建筑安全可靠。

再次，建筑业存在着人才和技术问题。建筑业涉及多个领域，包括建筑设计、施工、管理等多个方面，要实现建筑业高质量发展需要拥有一支高素质、专业化、创新型的人才队伍。此外，要提升建筑行业技术水平，推动行业技术创新和产业升级。

最后，建筑业存在着市场竞争和经济效益问题。随着建筑业市场竞争的加剧和全球经济形势的变化，建筑业的经济效益面临压力。要实现建筑业高质量发展，需要注重提升企业核心竞争力，加强品牌建设和市场营销，提高经济效益。

8.2 基于"双碳"目标的建筑业高质量发展路径

8.2.1 建筑节能减排与建筑业高质量发展的结合点

1）绿色建筑与"双碳"目标的实现

随着全球气候变化的日益加剧和环保意识的提高，绿色建筑已成为建筑业高质量发展的重要方向。绿色建筑的核心理念是在建筑物的整个生命周期内最大限度地减少环境负荷，同时确保建筑物的功能和舒适性。实现绿色建筑与"双碳"目标的有机结合，可以通过以下几个方面来实现。

首先，绿色建筑要以节能减排为核心。建筑物是能源消耗的重要场所，其中能源消耗主要用于供暖、通风、空调、照明等方面。通过采用节能技术和设备，以及优化建筑设计和运营管理等措施，可以实现建筑物的节能减排。例如，采用高效隔热材料、双层或三层玻璃窗、太阳能利用等技术，减少建筑物的能耗。同时，在建筑的运营管理中，可以采用自动化控制系统，实现能源消耗的监控和控制，提高能源的利用效率。

其次，绿色建筑要注重可持续发展。可持续发展是建筑业高质量发展的重要原则，是指在满足当前需求的同时，不影响未来世代满足其需求的能力。绿色建筑要注重从资源利用、环境保护、社会责任等多方面考虑可持续发展，推动建筑业向可持续性转型。例如，在建筑材料的选择中，应优先选择环保、可再生的材料；在建筑的设计中，应注重自然通风、自然采光等措施，降低能源消耗；在建筑的运营管理中，应强化节水、垃圾分类等措施，提高资源利用效率。

最后，绿色建筑要注重生态保护。生态保护是建筑业高质量发展的重要环节，是指在建筑物的生命周期内保护自然环境和生态系统。绿色建筑要从减少建筑对生态环境的破坏、保护野生动植物和生态系统、改善建筑周边的自然环境等方面进行生态保护。例如，在建筑物的设计和建设过程中，应遵循生态系统保护原则，避免破坏原有的生态系统，并在设计中融入生态功能，如设置绿色屋顶、雨水收集系统等，促进城市生态系统的恢复和发展。此外，在建筑周边的环境治理方面，应注重绿化和景观设计，提升生态美感和环境质量。

2）建筑节能减排与建筑业高质量发展的协同促进

建筑节能减排和建筑业高质量发展是相互促进的关系，两者协同发展能够实现节能减排和经济发展的双赢。具体来说，建筑节能减排的措施能够促进建筑业的高质量发展，而建筑业高质量发展则能够提供技术和资源支持，促进建筑节能减排的实现。

首先，建筑节能减排的措施可以促进建筑业的高质量发展。通过减少建筑能源消耗和碳排放，建筑节能减排措施能够提高建筑能源利用效率，降低能源成本，从而促进建筑业的高质量发展。此外，建筑节能减排措施还能够促进技术创新和产业升级，推动建筑业向高端化、智能化和绿色化方向发展，提高行业的核心竞争力和创新能力。

其次，建筑业高质量发展能够提供技术和资源支持，促进建筑节能减排的实现。随着建筑业的高质量发展，建筑材料、技术和设备等方面也得到了不断的提升和创新，这为建筑节能减排提供了良好的技术和资源基础。同时，建筑业高质量发展还能够促进行业的合作和协同，形成产学研用一体化的合作模式，加强行业内部的信息交流和技术共享，为建筑节能减排提供更为广阔的发展空间。

在实际应用中，建筑节能减排和建筑业高质量发展的协同发展需要政府、企业和社会各方面的共同努力。政府应该制定明确的政策和法规，推动建筑节能减排和建筑业高质量发展的实现；企业应该积极参与行业合作和技术创新，促进行业的绿色转型和高质量发展；社会应该加强环保意识和教育，支持建筑节能减排和建筑业高质量发展的实现。

8.2.2 建筑节能减排与建筑业高质量发展的协同机制

1）政策支持与引导机制

政策支持与引导是建筑节能减排与建筑业高质量发展协同的重要机制。政府可以通过制定相关政策、法规和标准来引导和规范建筑节能减排与建筑业高质量发展，同时提供资金和税收等方面的扶持和优惠政策，促进建筑业的转型升级和创新发展。

首先，政府可以通过制定建筑节能减排相关的政策、法规和标准来引导和规范建筑业的发展。例如，可以制定能源消耗强制性标准，要求新建建筑的能耗指标不得超过一定的限制，对不符合标准的建筑进行惩罚或限制其使用；制定环保、绿色建筑等相关标准，提高建筑品质和可持续性。政策的制定需要依据当地的经济、环境和社会发展情况进行科学合理的评估和制定，同时要考虑到建筑业发展的实际情况和技术水平，确保政策的可操作性和有效性。

其次，政府可以通过提供资金和税收等方面的扶持和优惠政策来促进建筑节能减排与建筑业高质量发展。例如，提供建筑节能减排的奖励和补贴，支持绿色建筑、节能建筑等技术的研发和推广应用，促进建筑业技术创新和转型升级；通过税收政策、土地使用政策等方式，引导建筑业向低碳、绿色方向转型，提高建筑能效和资源利用率。同时，政府也可以鼓励金融机构加大对建筑节能减排相关项目的融资支持，降低建筑企业的融资成本，推动建筑业高质量发展。

总之，政策支持与引导机制是建筑节能减排与建筑业高质量发展协同的重要保障，能够有效促进建筑业向低碳、绿色、可持续的方向转型，提高建筑品质和竞争力。政府需要制定科学、合理的政策和标准，并提供有效的扶持和优惠政策，以推动建筑业高质量发展，实现"双碳"目标。

2）建筑节能减排技术与产业协同机制

建筑节能减排技术与产业协同机制是实现建筑节能减排与建筑业高质量发展协同促进的重要方式之一。该机制旨在通过建筑节能减排技术的研发、应用与推广，促进建筑节能减排产业的发展，实现建筑节能减排与建筑业高质量发展的协同发展。

首先，建筑节能减排技术的研发与应用是实现该机制的基础。政府可以通过资金扶持、政策引导等方式，推动建筑节能减排技术的研发与应用。同时，建筑节能减排技术的研发与应用需要与建筑产业密切结合，依托建筑企业和科研机构的技术力量，建立联合研发机制，加快技术创新和成果转化。

其次，建筑节能减排产业的发展是实现该机制的关键。政府可以通过政策扶持、金融支持等方式，促进建筑节能减排产业的发展。同时，建筑企业应该结合市场需求和政策导向，加大对建筑节能减排产业的投入，探索产业链合作，实现资源共享和优势互补，形成协同发展的良好局面。

最后，建立行业标准和认证体系是实现该机制的重要保障。政府可以通过加强行业标准制定和认证体系建设，推动建筑节能减排技术的标准化和规范化，提高建筑节能减排技术的可靠性和通用性。同时，建筑企业也应该依据标准和认证体系的要求，积极推广先进的建筑节能减排技术和装备，提高行业整体水平和竞争力。

总之，建筑节能减排技术与产业协同机制是实现建筑节能减排与建筑业高质量发展协同促进的关键机制。政府、建筑企业和科研机构等各方应加强合作，推动建筑节能减排技术的研发、应用与推广，促进建筑节能减排产业的发展，实现建筑节能减排与建筑业高质量发展的协同发展。

8.2.3 基于"双碳"目标的建筑业高质量发展路径的制定和实施

1）建立综合性政策法规体系，引导建筑业向低碳发展

为了实现基于"双碳"目标的建筑业高质量发展，需要建立综合性政策法规体系，以引导建筑业向低碳发展。这个体系包括国家、地方政府、建筑行业协会和企业等各方面的政策法规和标准。具体的实践中，可以从以下几个方面制定政策法规，以促进建筑业的节能减排和高质量发展。

首先，制定国家层面的政策法规。国家层面的政策法规是建立低碳建筑市场和促进技术创新的重要手段。政府可以从税收、补贴、奖励等方面引导建筑业节能减排，鼓励企业采用绿色建筑材料和技术，推广可再生能源的应用，促进节能减排和绿色发展。同时，政府还可以设立基金，支持绿色建筑的研究和开发，推进建筑节能减排技术的创新和应用。

其次，制定行业标准和规范。行业标准和规范是建筑节能减排和高质量发展的基础。建筑业可以通过制定行业标准和规范，推动绿色建筑的应用和发展，规范建筑节能减排的行为。例如，制定建筑节能评价标准，推广绿色建筑认证体系，加强建筑节能减排的管理和监督等方面，引导建筑业向低碳发展。

再次，建立绿色建筑产业联盟和协会。建立绿色建筑产业联盟和协会是促进建筑业节能减排和高质量发展的重要途径。绿色建筑产业联盟和协会可以整合行业资源，促进技术创新和绿色建筑的推广应用，加强企业之间的合作和交流，共同推动绿色建筑产业的发展。此外，绿色建筑产业联盟和协会还可以提供咨询、培训和评估等服务，为企业和政府提供建筑节能减排和绿色建筑方面的专业支持和指导。

最后，建立行业自律机制。行业自律机制是行业管理和监督的重要方式。建筑业可以通过企业联合体和行业协会等机构，建立行业自律机制，规范建

节能减排和绿色建筑的行为，促进行业健康发展。行业自律机制可以采取行业公约、行业守则、行业准入门槛等措施，约束企业行为，促进行业良性竞争和可持续发展。

2）建立科学的评价体系，推动建筑节能减排和高质量发展的有机结合

为了实现建筑节能减排和高质量发展的有机结合，需要建立相应的评价体系，对建筑节能减排和高质量发展进行评估和监测，为政府和企业提供科学的决策支持。

首先，需要建立建筑节能减排和高质量发展的综合评价体系。综合评价体系应包括建筑节能、低碳排放、生态环保、社会经济效益等多个方面。评价指标应具有科学性、可操作性和可比性，以评估建筑节能减排和高质量发展的综合水平和效果。此外，评价体系还应具有时效性和动态性，可以随着技术进步和社会变化进行调整和完善。

其次，需要建立评价机制，推动评价体系的实施和应用。评价机制应包括评价组织、评价流程、评价标准和评价结果的公示等方面。评价机制应具有公正、透明、科学、可信的特点，为政府和企业提供可靠的评价结果和决策支持。

再次，需要建立评价激励机制，促进建筑节能减排和高质量发展的积极性和主动性。评价激励机制应包括奖励和惩罚两个方面。对于取得优异成绩的企业和个人，应给予一定的奖励和荣誉；对于不达标的企业和个人，应给予一定的惩罚和处罚，以促进建筑节能减排和高质量发展的积极性和主动性。

最后，需要建立评价反馈机制，促进评价体系的不断完善和提高。评价反馈机制应包括对评价结果的反馈、对评价指标的反馈、对评价流程的反馈等方面。评价反馈机制可以帮助政府和企业了解建筑节能减排和高质量发展的现状和趋势，为进一步完善和优化建筑节能减排和高质量发展的政策和措施提供重要的参考依据。

8.3 我国建筑行业碳达峰碳中和路径

我国"双碳"目标为建筑业的发展带来新机遇，为建筑行业指明了"绿色、低碳、节能"的发展方向。建筑业需根据自身发展情况制定低碳策略，进行产业转型升级以早日实现碳达峰碳中和。

碳达峰碳中和的实现主要从减少碳排放和增加碳吸收两个路径进行，在建筑领域中可以通过提高能源利用率、减少化石能源的使用、使用清洁能源，来减少碳排放，促进碳达峰的实现；而通过加大小区绿化和城市绿地面积等方式来增加碳吸收，提高固碳能力，助力碳中和。

8.3.1 大力发展绿色建筑、装配式建筑、超低能耗建筑等

绿色建筑、装配式建筑、超低能耗建筑等建筑，通过合理的自然采光通风；通过围护结构提升建筑的保温隔热性能；应用可循环、可再生、减量化的建材；采用高效节能的暖通空调、给水排水等设备以及智能化的管理监测系统提高建筑的能效水平。绿色低碳建筑从建筑的规划设计、建造施工、运行维护以及废弃拆除等都以节能低碳为理念，减碳效果显著；装配式建筑构件模块化、生产标准化的特点有利于降低能源损耗，节省施工工序，回收利用装配式构件；超低能耗建筑是指充分利用当地气候条件，进行采光通风，采用围护结构保温隔热，相比传统建筑节能90%以上。

在碳达峰碳中和的战略目标以及能源和碳排放的双重制约下，积极推广低碳建筑、零碳建筑以及装配式建筑是"双碳"目标实现的重要途径之一。

8.3.2 对既有建筑进行节能改造

截至2020年底，住房和城乡建设部统计我国建筑面积696亿平方米，绿色低碳建筑面积66.45亿平方米。近年来随着低碳经济的发展，建筑行业大力推行绿色建筑、低碳建筑、低能耗建筑等，以实现建筑领域的节能减排。我国既有的建筑一般具有能耗高碳排放大的特点，而既有建筑仍有很长的寿命，还有很大的使用价值，若直接拆除重建绿色低碳建筑则会造成资源浪费，建筑废弃物难以回收也会给环境带来负担。对既有建筑的改造具有降低能源消耗，提高能源利用率，减少碳排放的重要意义，建筑运营阶段的能耗和碳排放在建筑全过程中占比将近一半，经节能改造后的既有建筑在运营阶段将会节能80%，因此，对既有建筑进行节能改造具有非常重要的意义，是促进碳达峰和碳中和的重要手段，政府应建立完善既有建筑节能改造标准和市场机制，大力推进既有建筑的节能改造。

8.3.3 加大城市绿化面积，提高碳汇能力

森林固碳是国际公认应对气候变化、实现碳达峰目标经济有效的方式之一，近年来我国通过不断拓宽城市绿地规模、植树造林合理增加森林面积、提高城市绿化质量，城区内生态系统固碳能力不断增强。

对建筑领域而言，应在建筑规划设计阶段合理规划用地，通过建设生态屋顶、绿化墙体、空中阳台花园、鼓励居民室内绿植等，尽量增加小区绿化和城市绿地面积，提升碳汇和碳固定的能力，助力"双碳"目标的实现。

8.3.4 绿色建筑试点示范全面推进

随着绿色建筑的推进和发展，全国各地在政策指引下，大力发展低碳建筑，各地政府和建筑行业通过技术引领、示范引导、先行先试深入发展绿色建筑，绿色建筑发展取得了显著成效，接下来应"以点带面"由绿色建筑试点和绿色建筑示范城市实现全面推广应用，政府部门完善制度，强化行政推动作用，大力推动绿色建筑建设，致力实现绿色建筑全面推进。

根据国家提出的"双碳"目标，与欧美国家相比，时间紧，任务重，要比他们付出更多的努力，才能够落实"双碳"目标。目前为止，"双碳"目标正在层层推进，有序落实，经国家—部门—行业层层传递，建筑行业作为重要的责任主体，对于完成"双碳"目标有着不可推卸的责任，为了实现更美好的生活，实现社会的高质量发展，建筑行业应当提高绿色低碳能力，提高行业竞争力。同时，建筑行业应当大力发挥自己的力量，制定好低碳目标，建设低碳工程，采取低碳方法，选取低碳途径，在建设过程中平衡好效率、效益、效果三者的关系，根据市场和社会不断发展的要求进行持续优化，通过做好建筑行业绿色环保低碳发展的"加减乘除"，使建筑行业这个传统的行业焕发出新的生机，切实肩负起实现国家"双碳"目标的重任。

附 录

文件 1

国务院关于加快建立健全
绿色低碳循环发展经济体系的指导意见

国发〔2021〕4号

各省、自治区、直辖市人民政府，国务院各部委、各直属机构：

建立健全绿色低碳循环发展经济体系，促进经济社会发展全面绿色转型，是解决我国资源环境生态问题的基础之策。为贯彻落实党的十九大部署，加快建立健全绿色低碳循环发展的经济体系，现提出如下意见。

一、总体要求

（一）指导思想。以习近平新时代中国特色社会主义思想为指导，深入贯彻党的十九大和十九届二中、三中、四中、五中全会精神，全面贯彻习近平生态文明思想，认真落实党中央、国务院决策部署，坚定不移贯彻新发展理念，全方位全过程推行绿色规划、绿色设计、绿色投资、绿色建设、绿色生产、绿色流通、绿色生活、绿色消费，使发展建立在高效利用资源、严格保护生态环境、有效控制温室气体排放的基础上，统筹推进高质量发展和高水平保护，建立健全绿色低碳循环发展的经济体系，确保实现碳达峰、碳中和目标，推动我国绿色发展迈上新台阶。

（二）工作原则。

坚持重点突破。以节能环保、清洁生产、清洁能源等为重点率先突破，做好与农业、制造业、服务业和信息技术的融合发展，全面带动一二三产业和基础设施绿色升级。

坚持创新引领。深入推动技术创新、模式创新、管理创新，加快构建市场导向的绿色技术创新体系，推行新型商业模式，构筑有力有效的政策支持体系。

坚持稳中求进。做好绿色转型与经济发展、技术进步、产业接续、稳岗就业、民生改善的有机结合，积极稳妥、韧性持久地加以推进。

坚持市场导向。在绿色转型中充分发挥市场的导向性作用、企业的主体作用、各类市场交易机制的作用，为绿色发展注入强大动力。

（三）主要目标。到 2025 年，产业结构、能源结构、运输结构明显优化，绿色产业比重显著提升，基础设施绿色化水平不断提高，清洁生产水平持续提高，生产生活方式绿色转型成效显著，能源资源配置更加合理、利用效率大幅提高，主要污染物排放总量持续减少，碳排放强度明显降低，生态环境持续改善，市场导向的绿色技术创新体系更加完善，法律法规政策体系更加有效，绿色低碳循环发展的生产体系、流通体系、消费体系初步形成。到 2035 年，绿色发展内生动力显著增强，绿色产业规模迈上新台阶，重点行业、重点产品能源资源利用效率达到国际先进水平，广泛形成绿色生产生活方式，碳排放达峰后稳中有降，生态环境根本好转，美丽中国建设目标基本实现。

二、健全绿色低碳循环发展的生产体系

（四）推进工业绿色升级。加快实施钢铁、石化、化工、有色、建材、纺织、造纸、皮革等行业绿色化改造。推行产品绿色设计，建设绿色制造体系。大力发展再制造产业，加强再制造产品认证与推广应用。建设资源综合利用基地，促进工业固体废物综合利用。全面推行清洁生产，依法在"双超双有高耗能"行业实施强制性清洁生产审核。完善"散乱污"企业认定办法，分类实施关停取缔、整合搬迁、整改提升等措施。加快实施排污许可制度。加强工业生产过程中危险废物管理。

（五）加快农业绿色发展。鼓励发展生态种植、生态养殖，加强绿色食品、有机农产品认证和管理。发展生态循环农业，提高畜禽粪污资源化利用水平，推进农作物秸秆综合利用，加强农膜污染治理。强化耕地质量保护与提升，推进退化耕地综合治理。发展林业循环经济，实施森林生态标志产品建设工程。大力推进农业节水，推广高效节水技术。推行水产健康养殖。实施农药、兽用抗菌药使用减量和产地环境净化行动。依法加强养殖水域滩涂统一规划。完善相关水域禁渔管理制度。推进农业与旅游、教育、文化、健康等产业深度融合，加快一二三产业融合发展。

（六）提高服务业绿色发展水平。促进商贸企业绿色升级，培育一批绿色流

通主体。有序发展出行、住宿等领域共享经济，规范发展闲置资源交易。加快信息服务业绿色转型，做好大中型数据中心、网络机房绿色建设和改造，建立绿色运营维护体系。推进会展业绿色发展，指导制定行业相关绿色标准，推动办展设施循环使用。推动汽修、装修装饰等行业使用低挥发性有机物含量原辅材料。倡导酒店、餐饮等行业不主动提供一次性用品。

（七）壮大绿色环保产业。建设一批国家绿色产业示范基地，推动形成开放、协同、高效的创新生态系统。加快培育市场主体，鼓励设立混合所有制公司，打造一批大型绿色产业集团；引导中小企业聚焦主业增强核心竞争力，培育"专精特新"中小企业。推行合同能源管理、合同节水管理、环境污染第三方治理等模式和以环境治理效果为导向的环境托管服务。进一步放开石油、化工、电力、天然气等领域节能环保竞争性业务，鼓励公共机构推行能源托管服务。适时修订绿色产业指导目录，引导产业发展方向。

（八）提升产业园区和产业集群循环化水平。科学编制新建产业园区开发建设规划，依法依规开展规划环境影响评价，严格准入标准，完善循环产业链条，推动形成产业循环耦合。推进既有产业园区和产业集群循环化改造，推动公共设施共建共享、能源梯级利用、资源循环利用和污染物集中安全处置等。鼓励建设电、热、冷、气等多种能源协同互济的综合能源项目。鼓励化工等产业园区配套建设危险废物集中贮存、预处理和处置设施。

（九）构建绿色供应链。鼓励企业开展绿色设计、选择绿色材料、实施绿色采购、打造绿色制造工艺、推行绿色包装、开展绿色运输、做好废弃产品回收处理，实现产品全周期的绿色环保。选择100家左右积极性高、社会影响大、带动作用强的企业开展绿色供应链试点，探索建立绿色供应链制度体系。鼓励行业协会通过制定规范、咨询服务、行业自律等方式提高行业供应链绿色化水平。

三、健全绿色低碳循环发展的流通体系

（十）打造绿色物流。积极调整运输结构，推进铁水、公铁、公水等多式联运，加快铁路专用线建设。加强物流运输组织管理，加快相关公共信息平台建设和信息共享，发展甩挂运输、共同配送。推广绿色低碳运输工具，淘汰更新或改造老旧车船，港口和机场服务、城市物流配送、邮政快递等领域要优先使

用新能源或清洁能源汽车；加大推广绿色船舶示范应用力度，推进内河船型标准化。加快港口岸电设施建设，支持机场开展飞机辅助动力装置替代设备建设和应用。支持物流企业构建数字化运营平台，鼓励发展智慧仓储、智慧运输，推动建立标准化托盘循环共用制度。

（十一）加强再生资源回收利用。推进垃圾分类回收与再生资源回收"两网融合"，鼓励地方建立再生资源区域交易中心。加快落实生产者责任延伸制度，引导生产企业建立逆向物流回收体系。鼓励企业采用现代信息技术实现废物回收线上与线下有机结合，培育新型商业模式，打造龙头企业，提升行业整体竞争力。完善废旧家电回收处理体系，推广典型回收模式和经验做法。加快构建废旧物资循环利用体系，加强废纸、废塑料、废旧轮胎、废金属、废玻璃等再生资源回收利用，提升资源产出率和回收利用率。

（十二）建立绿色贸易体系。积极优化贸易结构，大力发展高质量、高附加值的绿色产品贸易，从严控制高污染、高耗能产品出口。加强绿色标准国际合作，积极引领和参与相关国际标准制定，推动合格评定合作和互认机制，做好绿色贸易规则与进出口政策的衔接。深化绿色"一带一路"合作，拓宽节能环保、清洁能源等领域技术装备和服务合作。

四、健全绿色低碳循环发展的消费体系

（十三）促进绿色产品消费。加大政府绿色采购力度，扩大绿色产品采购范围，逐步将绿色采购制度扩展至国有企业。加强对企业和居民采购绿色产品的引导，鼓励地方采取补贴、积分奖励等方式促进绿色消费。推动电商平台设立绿色产品销售专区。加强绿色产品和服务认证管理，完善认证机构信用监管机制。推广绿色电力证书交易，引领全社会提升绿色电力消费。严厉打击虚标绿色产品行为，有关行政处罚等信息纳入国家企业信用信息公示系统。

（十四）倡导绿色低碳生活方式。厉行节约，坚决制止餐饮浪费行为。因地制宜推进生活垃圾分类和减量化、资源化，开展宣传、培训和成效评估。扎实推进塑料污染全链条治理。推进过度包装治理，推动生产经营者遵守限制商品过度包装的强制性标准。提升交通系统智能化水平，积极引导绿色出行。深入开展爱国卫生运动，整治环境脏乱差，打造宜居生活环境。开展绿色生活创建活动。

五、加快基础设施绿色升级

（十五）推动能源体系绿色低碳转型。坚持节能优先，完善能源消费总量和强度双控制度。提升可再生能源利用比例，大力推动风电、光伏发电发展，因地制宜发展水能、地热能、海洋能、氢能、生物质能、光热发电。加快大容量储能技术研发推广，提升电网汇集和外送能力。增加农村清洁能源供应，推动农村发展生物质能。促进燃煤清洁高效开发转化利用，继续提升大容量、高参数、低污染煤电机组占煤电装机比例。在北方地区县城积极发展清洁热电联产集中供暖，稳步推进生物质耦合供热。严控新增煤电装机容量。提高能源输配效率。实施城乡配电网建设和智能升级计划，推进农村电网升级改造。加快天然气基础设施建设和互联互通。开展二氧化碳捕集、利用和封存试验示范。

（十六）推进城镇环境基础设施建设升级。推进城镇污水管网全覆盖。推动城镇生活污水收集处理设施"厂网一体化"，加快建设污泥无害化资源化处置设施，因地制宜布局污水资源化利用设施，基本消除城市黑臭水体。加快城镇生活垃圾处理设施建设，推进生活垃圾焚烧发电，减少生活垃圾填埋处理。加强危险废物集中处置能力建设，提升信息化、智能化监管水平，严格执行经营许可管理制度。提升医疗废物应急处理能力。做好餐厨垃圾资源化利用和无害化处理。在沿海缺水城市推动大型海水淡化设施建设。

（十七）提升交通基础设施绿色发展水平。将生态环保理念贯穿交通基础设施规划、建设、运营和维护全过程，集约利用土地等资源，合理避让具有重要生态功能的国土空间，积极打造绿色公路、绿色铁路、绿色航道、绿色港口、绿色空港。加强新能源汽车充换电、加氢等配套基础设施建设。积极推广应用温拌沥青、智能通风、辅助动力替代和节能灯具、隔声屏障等节能环保先进技术和产品。加大工程建设中废弃资源综合利用力度，推动废旧路面、沥青、疏浚土等材料以及建筑垃圾的资源化利用。

（十八）改善城乡人居环境。相关空间性规划要贯彻绿色发展理念，统筹城市发展和安全，优化空间布局，合理确定开发强度，鼓励城市留白增绿。建立"美丽城市"评价体系，开展"美丽城市"建设试点。增强城市防洪排涝能力。开展绿色社区创建行动，大力发展绿色建筑，建立绿色建筑统一标识制度，结合城镇老旧小区改造推动社区基础设施绿色化和既有建筑节能改造。建立乡村建设评价体系，促进补齐乡村建设短板。加快推进农村人居环境整治，因地制宜推进农村改厕、生活垃圾处理和污水治理、村容村貌提升、乡村绿化美化等。继续做好农村清洁供暖改造、老旧危房改造，打造干净整洁有序美丽的村庄环境。

六、构建市场导向的绿色技术创新体系

（十九）鼓励绿色低碳技术研发。实施绿色技术创新攻关行动，围绕节能环保、清洁生产、清洁能源等领域布局一批前瞻性、战略性、颠覆性科技攻关项目。培育建设一批绿色技术国家技术创新中心、国家科技资源共享服务平台等创新基地平台。强化企业创新主体地位，支持企业整合高校、科研院所、产业园区等力量建立市场化运行的绿色技术创新联合体，鼓励企业牵头或参与财政资金支持的绿色技术研发项目、市场导向明确的绿色技术创新项目。

（二十）加速科技成果转化。积极利用首台（套）重大技术装备政策支持绿色技术应用。充分发挥国家科技成果转化引导基金作用，强化创业投资等各类基金引导，支持绿色技术创新成果转化应用。支持企业、高校、科研机构等建立绿色技术创新项目孵化器、创新创业基地。及时发布绿色技术推广目录，加快先进成熟技术推广应用。深入推进绿色技术交易中心建设。

七、完善法律法规政策体系

（二十一）强化法律法规支撑。推动完善促进绿色设计、强化清洁生产、提高资源利用效率、发展循环经济、严格污染治理、推动绿色产业发展、扩大绿色消费、实行环境信息公开、应对气候变化等方面法律法规制度。强化执法监督，加大违法行为查处和问责力度，加强行政执法机关与监察机关、司法机关的工作衔接配合。

（二十二）健全绿色收费价格机制。完善污水处理收费政策，按照覆盖污水处理设施运营和污泥处理处置成本并合理盈利的原则，合理制定污水处理收费标准，健全标准动态调整机制。按照产生者付费原则，建立健全生活垃圾处理收费制度，各地区可根据本地实际情况，实行分类计价、计量收费等差别化管理。完善节能环保电价政策，推进农业水价综合改革，继续落实好居民阶梯电价、气价、水价制度。

（二十三）加大财税扶持力度。继续利用财政资金和预算内投资支持环境基础设施补短板强弱项、绿色环保产业发展、能源高效利用、资源循环利用等。继续落实节能节水环保、资源综合利用以及合同能源管理、环境污染第三方治理等方面的所得税、增值税等优惠政策。做好资源税征收和水资源费改税试点工作。

（二十四）大力发展绿色金融。发展绿色信贷和绿色直接融资，加大对金融机构绿色金融业绩评价考核力度。统一绿色债券标准，建立绿色债券评级标准。发展绿色保险，发挥保险费率调节机制作用。支持符合条件的绿色产业企业上市融资。支持金融机构和相关企业在国际市场开展绿色融资。推动国际绿色金融标准趋同，有序推进绿色金融市场双向开放。推动气候投融资工作。

（二十五）完善绿色标准、绿色认证体系和统计监测制度。开展绿色标准体系顶层设计和系统规划，形成全面系统的绿色标准体系。加快标准化支撑机构建设。加快绿色产品认证制度建设，培育一批专业绿色认证机构。加强节能环保、清洁生产、清洁能源等领域统计监测，健全相关制度，强化统计信息共享。

（二十六）培育绿色交易市场机制。进一步健全排污权、用能权、用水权、碳排放权等交易机制，降低交易成本，提高运转效率。加快建立初始分配、有偿使用、市场交易、纠纷解决、配套服务等制度，做好绿色权属交易与相关目标指标的对接协调。

八、认真抓好组织实施

（二十七）抓好贯彻落实。各地区各有关部门要思想到位、措施到位、行动到位，充分认识建立健全绿色低碳循环发展经济体系的重要性和紧迫性，将其作为高质量发展的重要内容，进一步压实工作责任，加强督促落实，保质保量完成各项任务。各地区要根据本地实际情况研究提出具体措施，在抓落实上投入更大精力，确保政策措施落到实处。

（二十八）加强统筹协调。国务院各有关部门要加强协同配合，形成工作合力。国家发展改革委要会同有关部门强化统筹协调和督促指导，做好年度重点工作安排部署，及时总结各地区各有关部门的好经验好模式，探索编制年度绿色低碳循环发展报告，重大情况及时向党中央、国务院报告。

（二十九）深化国际合作。统筹国内国际两个大局，加强与世界各个国家和地区在绿色低碳循环发展领域的政策沟通、技术交流、项目合作、人才培训等，积极参与和引领全球气候治理，切实提高我国推动国际绿色低碳循环发展的能力和水平，为构建人类命运共同体作出积极贡献。

（三十）营造良好氛围。各类新闻媒体要讲好我国绿色低碳循环发展故事，大力宣传取得的显著成就，积极宣扬先进典型，适时曝光破坏生态、污染环境、严重浪费资源和违规乱上高污染、高耗能项目等方面的负面典型，为绿色低碳循环发展营造良好氛围。

国务院

2021年2月2日

文件 2

住房和城乡建设部等 15 部门
关于加强县城绿色低碳建设的意见
建村〔2021〕45 号

各省、自治区、直辖市住房和城乡建设厅（委、管委）、科技厅（委、局）、工业和信息化厅（经信厅、经信局、工信局、经信委）、民政厅（局）、生态环境厅（局）、交通运输厅（委、局）、水利（水务）厅（局）、文化和旅游厅（局）、应急管理厅（局）、市场监管局（厅、委）、体育局、能源局、林草局、文物局、乡村振兴（扶贫）部门，新疆生产建设兵团住房和城乡建设局、科技局、工业和信息化局、民政局、生态环境局、交通运输局、水利局、文化和旅游局、应急管理局、市场监管局、体育局、能源局、林草局、文物局、扶贫办：

县城是县域经济社会发展的中心和城乡融合发展的关键节点，是推进城乡绿色发展的重要载体。为深入贯彻落实党的十九届五中全会精神和"十四五"规划纲要部署要求，推进县城绿色低碳建设，现提出如下意见。

一、充分认识推动县城绿色低碳建设的重要意义

以县城为载体的就地城镇化是我国城镇化的重要特色。县域农业转移人口和返乡农民工在县城安家定居的需求日益增加，提高县城建设质量，增强对县域的综合服务能力，对于推进以人为核心的新型城镇化和乡村振兴具有十分重要的作用。改革开放以来，我国县城建设取得显著成就，县城面貌发生巨大变化，但在县城规模布局、密度强度、基础设施和公共服务能力、人居环境质量等方面仍存在不少问题和短板，迫切需要转变照搬城市的开发建设方式，推进县城建设绿色低碳发展。加强县城绿色低碳建设，是贯彻新发展理念、推动县城高质量发展的必然要求，是推进以县城为重要载体的新型城镇化建设、统筹城乡融合发展的重要内容，是补齐县城建设短板、满足人民群众日益增长的美好生活需要的重要举措。各地要立足新发展阶段，贯彻新发展理念，推动构建新发展格局，坚持以人民为中心的发展思想，统筹县城建设发展的经济需要、

生活需要、生态需要、安全需要，推动县城提质增效，提升县城承载力和公共服务水平，增强县城综合服务能力，以绿色低碳理念引领县城高质量发展，推动形成绿色生产方式和生活方式，促进实现碳达峰、碳中和目标。

二、严格落实县城绿色低碳建设的有关要求

（一）严守县城建设安全底线。县城建设要坚持系统观念，统筹发展与安全，明确县城建设安全底线要求。县城新建建筑应选择在安全、适宜的地段进行建设，避开地震活动断层、洪涝、滑坡、泥石流等自然灾害易发的区域以及矿山采空区等，并做好防灾安全论证。加强防洪排涝减灾工程建设，畅通行洪通道，留足蓄滞洪空间，完善非工程措施体系，提高洪涝风险防控能力。

（二）控制县城建设密度和强度。县城建设应疏密有度、错落有致、合理布局，既要防止盲目进行高密度高强度开发，又要防止摊大饼式无序蔓延。县城建成区人口密度应控制在每平方公里 0.6 万至 1 万人，县城建成区的建筑总面积与建设用地面积的比值应控制在 0.6 至 0.8。

（三）限制县城民用建筑高度。县城民用建筑高度要与消防救援能力相匹配。县城新建住宅以 6 层为主，6 层及以下住宅建筑面积占比应不低于 70%。鼓励新建多层住宅安装电梯。县城新建住宅最高不超过 18 层。确需建设 18 层以上居住建筑的，应严格充分论证，并确保消防应急、市政配套设施等建设到位。加强 50 米以上公共建筑消防安全管理。建筑物的耐火等级、防火间距、平面设计等要符合消防技术标准强制性要求。

（四）县城建设要与自然环境相协调。县城建设应融入自然，顺应原有地形地貌，不挖山，不填河湖，不破坏原有的山水环境，保持山水脉络和自然风貌。保护修复河湖缓冲带和河流自然弯曲度，不得以风雨廊桥等名义开发建设房屋。县城绿化美化主要采用乡土植物，实现县城风貌与周边山水林田湖草沙自然生态系统、农林牧业景观有机融合。充分借助自然条件，推进县城内生态绿道和绿色游憩空间等建设。

（五）大力发展绿色建筑和建筑节能。县城新建建筑要落实基本级绿色建筑要求，鼓励发展星级绿色建筑。加快推行绿色建筑和建筑节能节水标准，加强设计、施工和运行管理，不断提高新建建筑中绿色建筑的比例。推进老旧小区节能节水改造和功能提升。新建公共建筑必须安装节水器具。加快推进绿色建材产品认证，推广应用绿色建材。发展装配式钢结构等新型建造方式。全面推行绿色施工。提升县城能源使用效率，大力发展适应当地资源禀赋和需求的可再生能源，因地制宜开发利用地热能、生物质能、空气源和水源热泵等，推动区域清洁供热和北方县城清洁取暖，通过提升新建厂房、公共建筑等屋顶光伏比例和实施光伏建筑一体化开发等方式，降低传统化石能源在建筑用能中的比例。

（六）建设绿色节约型基础设施。县城基础设施建设要适合本地特点，以小型化、分散化、生态化方式为主，降低建设和运营维护成本。倡导大分散与小区域集中相结合的基础设施布局方式，统筹县城水电气热通信等设施布局，因地制宜布置分布式能源、生活垃圾和污水处理等设施，减少输配管线建设和运行成本，并与周边自然生态环境有机融合。加强生活垃圾分类和废旧物资回收利用。构建县城绿色低碳能源体系，推广分散式风电、分布式光伏、智能光伏等清洁能源应用，提高生产生活用能清洁化水平，推广综合智慧能源服务，加强配电网、储能、电动汽车充电桩等能源基础设施建设。

（七）加强县城历史文化保护传承。保护传承县城历史文化和风貌，保存传统街区整体格局和原有街巷网络。不拆历史建筑、不破坏历史环境，保护好古树名木。加快推进历史文化街区划定和历史建筑、历史水系确定工作，及时认定公布具有保护价值的老城片区、建筑和水利工程，实施挂牌测绘建档，明确保护管理要求，确保有效保护、合理利用。及时核定公布文物保护单位，做好文物保护单位"四有"工作和登记不可移动文物挂牌保护，加大文物保护修缮力度，促进文物开放利用。落实文物消防安全责任，加强消防供水、消防设施和器材的配备和维护。县城建设发展应注意避让大型古遗址古墓葬。

（八）建设绿色低碳交通系统。打造适宜步行的县城交通体系，建设连续通畅的步行道网络。打通步行道断头道路，连接中断节点，优化过街设施，清理违法占道行为，提高道路通达性。完善安全措施，加强管理养护，确保步行道通行安全。鼓励县城建设连续安全的自行车道。优先发展公共交通，引导绿色低碳出行方式。

（九）营造人性化公共环境。严格控制县城广场规模，县城广场的集中硬地面积不应超过2公顷。鼓励在行政中心、商业区、文化设施、居住区等建设便于居民就近使用的公共空间。推行"窄马路、密路网、小街区"，打造县城宜人的空间尺度。控制县城道路宽度，县城内部道路红线宽度应不超过40米。合理确定建筑物与交通干线的防噪声距离，因地制宜采取防噪声措施。

（十）推行以街区为单元的统筹建设方式。要合理确定县城居住区规模，加强市政基础设施和基本公共服务设施配套，因地制宜配置生活污水和垃圾处理等设施。探索以街区为单元统筹建设公共服务、商业服务、文化体育等设施，加强社区绿化、体育公园、健身步道、公共活动空间场所建设，打造尺度适宜、配套完善、邻里和谐的生活街区。

三、切实抓好组织实施

（一）细化落实措施。省级住房和城乡建设部门要会同科技、工业和信息化、民政、生态环境、交通运输、水利、文化和旅游、应急管理、市场监管、体育、能源、林业和草原、文物、乡村振兴等有关部门按照本意见要求，根据本地区县城常住人口规模、地理位置、自然条件、功能定位等因素明确适用范围，特别是位于生态功能区、农产品主产区的县城要严格按照有关要求开展绿色低碳建设。各地要根据本地实际情况提出具体措施，细化有关要求，可进一步提高标准，但不能降低底线要求。

（二）加强组织领导。各地要充分认识加强县城绿色低碳建设的重要性和紧迫性，将其作为落实"十四五"规划纲要、推动城乡建设绿色发展的重要内容，加强对本地区县城绿色低碳建设的督促指导，发挥科技创新引领作用，建立激励机制，强化政策支持。指导各县切实做好组织实施，压实工作责任，确保各项措施落实落地。各级住房和城乡建设等部门要在当地党委政府领导下，加强部门合作，形成工作合力，扎实推进实施工作。要加大宣传引导力度，发动各方力量参与县城绿色低碳建设，营造良好氛围。

（三）积极开展试点。各地要根据本地实际，选择有代表性的县城开展试点，探索可复制可推广的经验做法。要对本地区县城绿色低碳建设情况进行评估，总结工作进展成效，及时推广好的经验模式。住房和城乡建设部将会同有关部门在乡村建设评价中对县城绿色低碳建设实施情况进行评估，针对存在的问题提出改进措施，指导各地加大工作力度，持续提升县城绿色低碳建设水平。

住房和城乡建设部

科技部

工业和信息化部

民政部

生态环境部

交通运输部

水利部

文化和旅游部

应急部

市场监管总局

体育总局

能源局

林草局

文物局

乡村振兴局

2021 年 5 月 25 日

文件 3

国务院关于印发 2030 年前碳达峰
行动方案的通知
国发〔2021〕23 号

各省、自治区、直辖市人民政府，国务院各部委、各直属机构：

现将《2030 年前碳达峰行动方案》印发给你们，请认真贯彻执行。

国务院
2021 年 10 月 24 日

（本文有删减）

2030 年前碳达峰行动方案

为深入贯彻落实党中央、国务院关于碳达峰、碳中和的重大战略决策，扎实推进碳达峰行动，制定本方案。

一、总体要求

（一）指导思想。以习近平新时代中国特色社会主义思想为指导，全面贯彻党的十九大和十九届二中、三中、四中、五中全会精神，深入贯彻习近平生态文明思想，立足新发展阶段，完整、准确、全面贯彻新发展理念，构建新发展格局，坚持系统观念，处理好发展和减排、整体和局部、短期和中长期的关系，统筹稳增长和调结构，把碳达峰、碳中和纳入经济社会发展全局，坚持"全国统筹、节约优先、双轮驱动、内外畅通、防范风险"的总方针，有力有序有效做好碳达峰工作，明确各地区、各领域、各行业目标任务，加快实现生产生活方式绿色变革，推动经济社会发展建立在资源高效利用和绿色低碳发展的基础之上，确保如期实现 2030 年前碳达峰目标。

（二）工作原则。

——总体部署、分类施策。坚持全国一盘棋，强化顶层设计和各方统筹。

各地区、各领域、各行业因地制宜、分类施策，明确既符合自身实际又满足总体要求的目标任务。

——系统推进、重点突破。全面准确认识碳达峰行动对经济社会发展的深远影响，加强政策的系统性、协同性。抓住主要矛盾和矛盾的主要方面，推动重点领域、重点行业和有条件的地方率先达峰。

——双轮驱动、两手发力。更好发挥政府作用，构建新型举国体制，充分发挥市场机制作用，大力推进绿色低碳科技创新，深化能源和相关领域改革，形成有效激励约束机制。

——稳妥有序、安全降碳。立足我国富煤贫油少气的能源资源禀赋，坚持先立后破，稳住存量，拓展增量，以保障国家能源安全和经济发展为底线，争取时间实现新能源的逐渐替代，推动能源低碳转型平稳过渡，切实保障国家能源安全、产业链供应链安全、粮食安全和群众正常生产生活，着力化解各类风险隐患，防止过度反应，稳妥有序、循序渐进推进碳达峰行动，确保安全降碳。

二、主要目标

"十四五"期间，产业结构和能源结构调整优化取得明显进展，重点行业能源利用效率大幅提升，煤炭消费增长得到严格控制，新型电力系统加快构建，绿色低碳技术研发和推广应用取得新进展，绿色生产生活方式得到普遍推行，有利于绿色低碳循环发展的政策体系进一步完善。到2025年，非化石能源消费比重达到20%左右，单位国内生产总值能源消耗比2020年下降13.5%，单位国内生产总值二氧化碳排放比2020年下降18%，为实现碳达峰奠定坚实基础。

"十五五"期间，产业结构调整取得重大进展，清洁低碳安全高效的能源体系初步建立，重点领域低碳发展模式基本形成，重点耗能行业能源利用效率达到国际先进水平，非化石能源消费比重进一步提高，煤炭消费逐步减少，绿色低碳技术取得关键突破，绿色生活方式成为公众自觉选择，绿色低碳循环发展政策体系基本健全。到2030年，非化石能源消费比重达到25%左右，单位国内生产总值二氧化碳排放比2005年下降65%以上，顺利实现2030年前碳达峰目标。

三、重点任务

将碳达峰贯穿于经济社会发展全过程和各方面,重点实施能源绿色低碳转型行动、节能降碳增效行动、工业领域碳达峰行动、城乡建设碳达峰行动、交通运输绿色低碳行动、循环经济助力降碳行动、绿色低碳科技创新行动、碳汇能力巩固提升行动、绿色低碳全民行动、各地区梯次有序碳达峰行动等"碳达峰十大行动"。

(一)能源绿色低碳转型行动。

能源是经济社会发展的重要物质基础,也是碳排放的最主要来源。要坚持安全降碳,在保障能源安全的前提下,大力实施可再生能源替代,加快构建清洁低碳安全高效的能源体系。

1. 推进煤炭消费替代和转型升级。加快煤炭减量步伐,"十四五"时期严格合理控制煤炭消费增长,"十五五"时期逐步减少。严格控制新增煤电项目,新建机组煤耗标准达到国际先进水平,有序淘汰煤电落后产能,加快现役机组节能升级和灵活性改造,积极推进供热改造,推动煤电向基础保障性和系统调节性电源并重转型。严控跨区外送可再生能源电力配套煤电规模,新建通道可再生能源电量比例原则上不低于50%。推动重点用煤行业减煤限煤。大力推动煤炭清洁利用,合理划定禁止散烧区域,多措并举、积极有序推进散煤替代,逐步减少直至禁止煤炭散烧。

2. 大力发展新能源。全面推进风电、太阳能发电大规模开发和高质量发展,坚持集中式与分布式并举,加快建设风电和光伏发电基地。加快智能光伏产业创新升级和特色应用,创新"光伏+"模式,推进光伏发电多元布局。坚持陆海并重,推动风电协调快速发展,完善海上风电产业链,鼓励建设海上风电基地。积极发展太阳能光热发电,推动建立光热发电与光伏发电、风电互补调节的风光热综合可再生能源发电基地。因地制宜发展生物质发电、生物质能清洁供暖和生物天然气。探索深化地热能以及波浪能、潮流能、温差能等海洋新能源开发利用。进一步完善可再生能源电力消纳保障机制。到2030年,风电、太阳能发电总装机容量达到12亿千瓦以上。

3. 因地制宜开发水电。积极推进水电基地建设,推动金沙江上游、澜沧江上游、雅砻江中游、黄河上游等已纳入规划、符合生态保护要求的水电项目开工建设,推进雅鲁藏布江下游水电开发,推动小水电绿色发展。推动西南地区水电与风电、太阳能发电协同互补。统筹水电开发和生态保护，探索建立水能资源开发生态保护补偿机制。"十四五"、"十五五"期间分别新增水电装机容量4000万千瓦左右，西南地区以水电为主的可再生能源体系基本建立。

4. 积极安全有序发展核电。合理确定核电站布局和开发时序，在确保安全的前提下有序发展核电，保持平稳建设节奏。积极推动高温气冷堆、快堆、模块化小型堆、海上浮动堆等先进堆型示范工程，开展核能综合利用示范。加大核电标准化、自主化力度，加快关键技术装备攻关，培育高端核电装备制造产业集群。实行最严格的安全标准和最严格的监管，持续提升核安全监管能力。

5. 合理调控油气消费。保持石油消费处于合理区间，逐步调整汽油消费规模，大力推进先进生物液体燃料、可持续航空燃料等替代传统燃油，提升终端燃油产品能效。加快推进页岩气、煤层气、致密油（气）等非常规油气资源规模化开发。有序引导天然气消费，优化利用结构，优先保障民生用气，大力推动天然气与多种能源融合发展，因地制宜建设天然气调峰电站，合理引导工业用气和化工原料用气。支持车船使用液化天然气作为燃料。

6. 加快建设新型电力系统。构建新能源占比逐渐提高的新型电力系统，推动清洁电力资源大范围优化配置。大力提升电力系统综合调节能力，加快灵活调节电源建设，引导自备电厂、传统高载能工业负荷、工商业可中断负荷、电动汽车充电网络、虚拟电厂等参与系统调节，建设坚强智能电网，提升电网安全保障水平。积极发展"新能源+储能"、源网荷储一体化和多能互补，支持分布式新能源合理配置储能系统。制定新一轮抽水蓄能电站中长期发展规划，完善促进抽水蓄能发展的政策机制。加快新型储能示范推广应用。深化电力体制改革，加快构建全国统一电力市场体系。到2025年，新型储能装机容量达到3000万千瓦以上。到2030年，抽水蓄能电站装机容量达到1.2亿千瓦左右，省级电网基本具备5%以上的尖峰负荷响应能力。

（二）节能降碳增效行动。

落实节约优先方针，完善能源消费强度和总量双控制度，严格控制能耗强度，合理控制能源消费总量，推动能源消费革命，建设能源节约型社会。

1. 全面提升节能管理能力。推行用能预算管理，强化固定资产投资项目节能审查，对项目用能和碳排放情况进行综合评价，从源头推进节能降碳。提高节能管理信息化水平，完善重点用能单位能耗在线监测系统，建立全国性、行业性节能技术推广服务平台，推动高耗能企业建立能源管理中心。完善能源计量体系，鼓励采用认证手段提升节能管理水平。加强节能监察能力建设，健全省、市、县三级节能监察体系，建立跨部门联动机制，综合运用行政处罚、信用监管、绿色电价等手段，增强节能监察约束力。

2. 实施节能降碳重点工程。实施城市节能降碳工程，开展建筑、交通、照明、供热等基础设施节能升级改造，推进先进绿色建筑技术示范应用，推动城市综合能效提升。实施园区节能降碳工程，以高耗能高排放项目（以下称"两高"项目）集聚度高的园区为重点，推动能源系统优化和梯级利用，打造一批达到国际先进水平的节能低碳园区。实施重点行业节能降碳工程，推动电力、钢铁、有色金属、建材、石化化工等行业开展节能降碳改造，提升能源资源利用效率。实施重大节能降碳技术示范工程，支持已取得突破的绿色低碳关键技术开展产业化示范应用。

3. 推进重点用能设备节能增效。以电机、风机、泵、压缩机、变压器、换热器、工业锅炉等设备为重点，全面提升能效标准。建立以能效为导向的激励约束机制，推广先进高效产品设备，加快淘汰落后低效设备。加强重点用能设备节能审查和日常监管，强化生产、经营、销售、使用、报废全链条管理，严厉打击违法违规行为，确保能效标准和节能要求全面落实。

4. 加强新型基础设施节能降碳。优化新型基础设施空间布局，统筹谋划、科学配置数据中心等新型基础设施，避免低水平重复建设。优化新型基础设施用能结构，采用直流供电、分布式储能、"光伏+储能"等模式，探索多样化能源供应，提高非化石能源消费比重。对标国际先进水平，加快完善通信、运算、存储、传输等设备能效标准，提升准入门槛，淘汰落后设备和技术。加强新型基础设施用能管理，将年综合能耗超过1万吨标准煤的数据中心全部纳入重点用能单位能耗在线监测系统，开展能源计量审查。推动既有设施绿色升级改造，积极推广使用高效制冷、先进通风、余热利用、智能化用能控制等技术，提高设施能效水平。

（三）工业领域碳达峰行动。

工业是产生碳排放的主要领域之一，对全国整体实现碳达峰具有重要影响。工业领域要加快绿色低碳转型和高质量发展，力争率先实现碳达峰。

1. 推动工业领域绿色低碳发展。优化产业结构，加快退出落后产能，大力发展战略性新兴产业，加快传统产业绿色低碳改造。促进工业能源消费低碳化，推动化石能源清洁高效利用，提高可再生能源应用比重，加强电力需求侧管理，提升工业电气化水平。深入实施绿色制造工程，大力推行绿色设计，完善绿色制造体系，建设绿色工厂和绿色工业园区。推进工业领域数字化智能化绿色化融合发展，加强重点行业和领域技术改造。

2. 推动钢铁行业碳达峰。深化钢铁行业供给侧结构性改革，严格执行产能置换，严禁新增产能，推进存量优化，淘汰落后产能。推进钢铁企业跨地区、跨所有制兼并重组，提高行业集中度。优化生产力布局，以京津冀及周边地区为重点，继续压减钢铁产能。促进钢铁行业结构优化和清洁能源替代，大力推进非高炉炼铁技术示范，提升废钢资源回收利用水平，推行全废钢电炉工艺。推广先进适用技术，深挖节能降碳潜力，鼓励钢化联产，探索开展氢冶金、二氧化碳捕集利用一体化等试点示范，推动低品位余热供暖发展。

3. 推动有色金属行业碳达峰。巩固化解电解铝过剩产能成果，严格执行产能置换，严控新增产能。推进清洁能源替代，提高水电、风电、太阳能发电等应用比重。加快再生有色金属产业发展，完善废弃有色金属资源回收、分选和加工网络，提高再生有色金属产量。加快推广应用先进适用绿色低碳技术，提升有色金属生产过程余热回收水平，推动单位产品能耗持续下降。

4. 推动建材行业碳达峰。加强产能置换监管，加快低效产能退出，严禁新增水泥熟料、平板玻璃产能，引导建材行业向轻型化、集约化、制品化转型。推动水泥错峰生产常态化，合理缩短水泥熟料装置运转时间。因地制宜利用风能、太阳能等可再生能源，逐步提高电力、天然气应用比重。鼓励建材企业使用粉煤灰、工业废渣、尾矿渣等作为原料或水泥混合材。加快推进绿色建材产品认证和应用推广，加强新型胶凝材料、低碳混凝土、木竹建材等低碳建材产品研发应用。推广节能技术设备，开展能源管理体系建设，实现节能增效。

5. 推动石化化工行业碳达峰。优化产能规模和布局，加大落后产能淘汰力度，有效化解结构性过剩矛盾。严格项目准入，合理安排建设时序，严控新增炼油和传统煤化工生产能力，稳妥有序发展现代煤化工。引导企业转变用能方式，鼓励以电力、天然气等替代煤炭。调整原料结构，控制新增原料用煤，拓展富氢原料进口来源，推动石化化工原料轻质化。优化产品结构，促进石化化工与煤炭开采、冶金、建材、化纤等产业协同发展，加强炼厂干气、液化气等副产气体高效利用。鼓励企业节能升级改造，推动能量梯级利用、物料循环利用。到2025年，国内原油一次加工能力控制在10亿吨以内，主要产品产能利用率提升至80%以上。

6.坚决遏制"两高"项目盲目发展。采取强有力措施，对"两高"项目实行清单管理、分类处置、动态监控。全面排查在建项目，对能效水平低于本行业能耗限额准入值的，按有关规定停工整改，推动能效水平应提尽提，力争全面达到国内乃至国际先进水平。科学评估拟建项目，对产能已饱和的行业，按照"减量替代"原则压减产能；对产能尚未饱和的行业，按照国家布局和审批备案等要求，对标国际先进水平提高准入门槛；对能耗量较大的新兴产业，支持引导企业应用绿色低碳技术，提高能效水平。深入挖潜存量项目，加快淘汰落后产能，通过改造升级挖掘节能减排潜力。强化常态化监管，坚决拿下不符合要求的"两高"项目。

（四）城乡建设碳达峰行动。

加快推进城乡建设绿色低碳发展，城市更新和乡村振兴都要落实绿色低碳要求。

1.推进城乡建设绿色低碳转型。推动城市组团式发展，科学确定建设规模，控制新增建设用地过快增长。倡导绿色低碳规划设计理念，增强城乡气候韧性，建设海绵城市。推广绿色低碳建材和绿色建造方式，加快推进新型建筑工业化，大力发展装配式建筑，推广钢结构住宅，推动建材循环利用，强化绿色设计和绿色施工管理。加强县城绿色低碳建设。推动建立以绿色低碳为导向的城乡规划建设管理机制，制定建筑拆除管理办法，杜绝大拆大建。建设绿色城镇、绿色社区。

2.加快提升建筑能效水平。加快更新建筑节能、市政基础设施等标准，提高节能降碳要求。加强适用于不同气候区、不同建筑类型的节能低碳技术研发和推广，推动超低能耗建筑、低碳建筑规模化发展。加快推进居住建筑和公共建筑节能改造，持续推动老旧供热管网等市政基础设施节能降碳改造。提升城镇建筑和基础设施运行管理智能化水平，加快推广供热计量收费和合同能源管理，逐步开展公共建筑能耗限额管理。到2025年，城镇新建建筑全面执行绿色建筑标准。

3. 加快优化建筑用能结构。深化可再生能源建筑应用，推广光伏发电与建筑一体化应用。积极推动严寒、寒冷地区清洁取暖，推进热电联产集中供暖，加快工业余热供暖规模化应用，积极稳妥开展核能供热示范，因地制宜推行热泵、生物质能、地热能、太阳能等清洁低碳供暖。引导夏热冬冷地区科学取暖，因地制宜采用清洁高效取暖方式。提高建筑终端电气化水平，建设集光伏发电、储能、直流配电、柔性用电于一体的"光储直柔"建筑。到2025年，城镇建筑可再生能源替代率达到8%，新建公共机构建筑、新建厂房屋顶光伏覆盖率力争达到50%。

4. 推进农村建设和用能低碳转型。推进绿色农房建设，加快农房节能改造。持续推进农村地区清洁取暖，因地制宜选择适宜取暖方式。发展节能低碳农业大棚。推广节能环保灶具、电动农用车辆、节能环保农机和渔船。加快生物质能、太阳能等可再生能源在农业生产和农村生活中的应用。加强农村电网建设，提升农村用能电气化水平。

（五）交通运输绿色低碳行动。

加快形成绿色低碳运输方式，确保交通运输领域碳排放增长保持在合理区间。

1. 推动运输工具装备低碳转型。积极扩大电力、氢能、天然气、先进生物液体燃料等新能源、清洁能源在交通运输领域应用。大力推广新能源汽车，逐步降低传统燃油汽车在新车产销和汽车保有量中的占比，推动城市公共服务车辆电动化替代，推广电力、氢燃料、液化天然气动力重型货运车辆。提升铁路系统电气化水平。加快老旧船舶更新改造，发展电动、液化天然气动力船舶，深入推进船舶靠港使用岸电，因地制宜开展沿海、内河绿色智能船舶示范应用。提升机场运行电动化智能化水平，发展新能源航空器。到2030年，当年新增新能源、清洁能源动力的交通工具比例达到40%左右，营运交通工具单位换算周转量碳排放强度比2020年下降9.5%左右，国家铁路单位换算周转量综合能耗比2020年下降10%。陆路交通运输石油消费力争2030年前达到峰值。

2. 构建绿色高效交通运输体系。发展智能交通，推动不同运输方式合理分工、有效衔接，降低空载率和不合理客货运周转量。大力发展以铁路、水路为骨干的多式联运，推进工矿企业、港口、物流园区等铁路专用线建设，加快内河高等级航道网建设，加快大宗货物和中长距离货物运输"公转铁"、"公转水"。加快先进适用技术应用,提升民航运行管理效率,引导航空企业加强智慧运行,实现系统化节能降碳。加快城乡物流配送体系建设,创新绿色低碳、集约高效的配送模式。打造高效衔接、快捷舒适的公共交通服务体系,积极引导公众选择绿色低碳交通方式。"十四五"期间,集装箱铁水联运量年均增长15%以上。到2030年,城区常住人口100万以上的城市绿色出行比例不低于70%。

3.加快绿色交通基础设施建设。将绿色低碳理念贯穿于交通基础设施规划、建设、运营和维护全过程,降低全生命周期能耗和碳排放。开展交通基础设施绿色化提升改造,统筹利用综合运输通道线位、土地、空域等资源,加大岸线、锚地等资源整合力度,提高利用效率。有序推进充电桩、配套电网、加注(气)站、加氢站等基础设施建设,提升城市公共交通基础设施水平。到2030年,民用运输机场场内车辆装备等力争全面实现电动化。

(六)循环经济助力降碳行动。

抓住资源利用这个源头,大力发展循环经济,全面提高资源利用效率,充分发挥减少资源消耗和降碳的协同作用。

1.推进产业园区循环化发展。以提升资源产出率和循环利用率为目标,优化园区空间布局,开展园区循环化改造。推动园区企业循环式生产、产业循环式组合,组织企业实施清洁生产改造,促进废物综合利用、能量梯级利用、水资源循环利用,推进工业余压余热、废气废液废渣资源化利用,积极推广集中供气供热。搭建基础设施和公共服务共享平台,加强园区物质流管理。到2030年,省级以上重点产业园区全部实施循环化改造。

2.加强大宗固废综合利用。提高矿产资源综合开发利用水平和综合利用率,以煤矸石、粉煤灰、尾矿、共伴生矿、冶炼渣、工业副产石膏、建筑垃圾、农作物秸秆等大宗固废为重点,支持大掺量、规模化、高值化利用,鼓励应用于替代原生非金属矿、砂石等资源。在确保安全环保前提下,探索将磷石膏应用于土壤改良、井下充填、路基修筑等。推动建筑垃圾资源化利用,推广废弃路面材料原地再生利用。加快推进秸秆高值化利用,完善收储运体系,严格禁烧管控。加快大宗固废综合利用示范建设。到2025年,大宗固废年利用量达到40亿吨左右;到2030年,年利用量达到45亿吨左右。

3.健全资源循环利用体系。完善废旧物资回收网络,推行"互联网+"回收模式,实现再生资源应收尽收。加强再生资源综合利用行业规范管理,促进产业集聚发展。高水平建设现代化"城市矿产"基地，推动再生资源规范化、规模化、清洁化利用。推进退役动力电池、光伏组件、风电机组叶片等新兴产业废物循环利用。促进汽车零部件、工程机械、文办设备等再制造产业高质量发展。加强资源再生产品和再制造产品推广应用。到2025年，废钢铁、废铜、废铝、废铅、废锌、废纸、废塑料、废橡胶、废玻璃等9种主要再生资源循环利用量达到4.5亿吨，到2030年达到5.1亿吨。

4.大力推进生活垃圾减量化资源化。扎实推进生活垃圾分类，加快建立覆盖全社会的生活垃圾收运处置体系，全面实现分类投放、分类收集、分类运输、分类处理。加强塑料污染全链条治理，整治过度包装，推动生活垃圾源头减量。推进生活垃圾焚烧处理，降低填埋比例，探索适合我国厨余垃圾特性的资源化利用技术。推进污水资源化利用。到2025年，城市生活垃圾分类体系基本健全，生活垃圾资源化利用比例提升至60%左右。到2030年，城市生活垃圾分类实现全覆盖，生活垃圾资源化利用比例提升至65%。

（七）绿色低碳科技创新行动。

发挥科技创新的支撑引领作用，完善科技创新体制机制，强化创新能力，加快绿色低碳科技革命。

1.完善创新体制机制。制定科技支撑碳达峰碳中和行动方案，在国家重点研发计划中设立碳达峰碳中和关键技术研究与示范等重点专项，采取"揭榜挂帅"机制，开展低碳零碳负碳关键核心技术攻关。将绿色低碳技术创新成果纳入高等学校、科研单位、国有企业有关绩效考核。强化企业创新主体地位，支持企业承担国家绿色低碳重大科技项目，鼓励设施、数据等资源开放共享。推进国家绿色技术交易中心建设，加快创新成果转化。加强绿色低碳技术和产品知识产权保护。完善绿色低碳技术和产品检测、评估、认证体系。

2.加强创新能力建设和人才培养。组建碳达峰碳中和相关国家实验室、国家重点实验室和国家技术创新中心，适度超前布局国家重大科技基础设施，引导企业、高等学校、科研单位共建一批国家绿色低碳产业创新中心。创新人才培养模式，鼓励高等学校加快新能源、储能、氢能、碳减排、碳汇、碳排放权交易等学科建设和人才培养，建设一批绿色低碳领域未来技术学院、现代产业学院和示范性能源学院。深化产教融合，鼓励校企联合开展产学合作协同育人项目，组建碳达峰碳中和产教融合发展联盟，建设一批国家储能技术产教融合创新平台。

3.强化应用基础研究。实施一批具有前瞻性、战略性的国家重大前沿科技项目，推动低碳零碳负碳技术装备研发取得突破性进展。聚焦化石能源绿色智能开发和清洁低碳利用、可再生能源大规模利用、新型电力系统、节能、氢能、储能、动力电池、二氧化碳捕集利用与封存等重点，深化应用基础研究。积极研发先进核电技术，加强可控核聚变等前沿颠覆性技术研究。

4.加快先进适用技术研发和推广应用。集中力量开展复杂大电网安全稳定运行和控制、大容量风电、高效光伏、大功率液化天然气发动机、大容量储能、低成本可再生能源制氢、低成本二氧化碳捕集利用与封存等技术创新，加快碳纤维、气凝胶、特种钢材等基础材料研发，补齐关键零部件、元器件、软件等短板。推广先进成熟绿色低碳技术，开展示范应用。建设全流程、集成化、规模化二氧化碳捕集利用与封存示范项目。推进熔盐储能供热和发电示范应用。加快氢能技术研发和示范应用，探索在工业、交通运输、建筑等领域规模化应用。

（八）碳汇能力巩固提升行动。

坚持系统观念，推进山水林田湖草沙一体化保护和修复，提高生态系统质量和稳定性，提升生态系统碳汇增量。

1.巩固生态系统固碳作用。结合国土空间规划编制和实施，构建有利于碳达峰、碳中和的国土空间开发保护格局。严守生态保护红线，严控生态空间占用，建立以国家公园为主体的自然保护地体系，稳定现有森林、草原、湿地、海洋、土壤、冻土、岩溶等固碳作用。严格执行土地使用标准，加强节约集约用地评价，推广节地技术和节地模式。

2.提升生态系统碳汇能力。实施生态保护修复重大工程。深入推进大规模国土绿化行动，巩固退耕还林还草成果，扩大林草资源总量。强化森林资源保护，实施森林质量精准提升工程，提高森林质量和稳定性。加强草原生态保护修复，提高草原综合植被盖度。加强河湖、湿地保护修复。整体推进海洋生态系统保护和修复，提升红树林、海草床、盐沼等固碳能力。加强退化土地修复治理，开展荒漠化、石漠化、水土流失综合治理，实施历史遗留矿山生态修复工程。到2030年，全国森林覆盖率达到25%左右，森林蓄积量达到190亿立方米。

3. 加强生态系统碳汇基础支撑。依托和拓展自然资源调查监测体系，利用好国家林草生态综合监测评价成果，建立生态系统碳汇监测核算体系，开展森林、草原、湿地、海洋、土壤、冻土、岩溶等碳汇本底调查、碳储量评估、潜力分析，实施生态保护修复碳汇成效监测评估。加强陆地和海洋生态系统碳汇基础理论、基础方法、前沿颠覆性技术研究。建立健全能够体现碳汇价值的生态保护补偿机制，研究制定碳汇项目参与全国碳排放权交易相关规则。

4. 推进农业农村减排固碳。大力发展绿色低碳循环农业，推进农光互补、"光伏+设施农业""海上风电+海洋牧场"等低碳农业模式。研发应用增汇型农业技术。开展耕地质量提升行动，实施国家黑土地保护工程，提升土壤有机碳储量。合理控制化肥、农药、地膜使用量，实施化肥农药减量替代计划，加强农作物秸秆综合利用和畜禽粪污资源化利用。

（九）绿色低碳全民行动。

增强全民节约意识、环保意识、生态意识，倡导简约适度、绿色低碳、文明健康的生活方式，把绿色理念转化为全体人民的自觉行动。

1. 加强生态文明宣传教育。将生态文明教育纳入国民教育体系，开展多种形式的资源环境国情教育，普及碳达峰、碳中和基础知识。加强对公众的生态文明科普教育，将绿色低碳理念有机融入文艺作品，制作文创产品和公益广告，持续开展世界地球日、世界环境日、全国节能宣传周、全国低碳日等主题宣传活动，增强社会公众绿色低碳意识，推动生态文明理念更加深入人心。

2. 推广绿色低碳生活方式。坚决遏制奢侈浪费和不合理消费，着力破除奢靡铺张的歪风陋习，坚决制止餐饮浪费行为。在全社会倡导节约用能，开展绿色低碳社会行动示范创建，深入推进绿色生活创建行动，评选宣传一批优秀示范典型，营造绿色低碳生活新风尚。大力发展绿色消费，推广绿色低碳产品，完善绿色产品认证与标识制度。提升绿色产品在政府采购中的比例。

3. 引导企业履行社会责任。引导企业主动适应绿色低碳发展要求，强化环境责任意识，加强能源资源节约，提升绿色创新水平。重点领域国有企业特别是中央企业要制定实施企业碳达峰行动方案，发挥示范引领作用。重点用能单位要梳理核算自身碳排放情况，深入研究碳减排路径，"一企一策"制定专项工作方案，推进节能降碳。相关上市公司和发债企业要按照环境信息依法披露要求，定期公布企业碳排放信息。充分发挥行业协会等社会团体作用，督促企业自觉履行社会责任。

4.强化领导干部培训。将学习贯彻习近平生态文明思想作为干部教育培训的重要内容,各级党校(行政学院)要把碳达峰、碳中和相关内容列入教学计划,分阶段、多层次对各级领导干部开展培训,普及科学知识,宣讲政策要点,强化法治意识,深化各级领导干部对碳达峰、碳中和工作重要性、紧迫性、科学性、系统性的认识。从事绿色低碳发展相关工作的领导干部要尽快提升专业素养和业务能力,切实增强推动绿色低碳发展的本领。

(十)各地区梯次有序碳达峰行动。

各地区要准确把握自身发展定位,结合本地区经济社会发展实际和资源环境禀赋,坚持分类施策、因地制宜、上下联动,梯次有序推进碳达峰。

1.科学合理确定有序达峰目标。碳排放已经基本稳定的地区要巩固减排成果,在率先实现碳达峰的基础上进一步降低碳排放。产业结构较轻、能源结构较优的地区要坚持绿色低碳发展,坚决不走依靠"两高"项目拉动经济增长的老路,力争率先实现碳达峰。产业结构偏重、能源结构偏煤的地区和资源型地区要把节能降碳摆在突出位置,大力优化调整产业结构和能源结构,逐步实现碳排放增长与经济增长脱钩,力争与全国同步实现碳达峰。

2.因地制宜推进绿色低碳发展。各地区要结合区域重大战略、区域协调发展战略和主体功能区战略,从实际出发推进本地区绿色低碳发展。京津冀、长三角、粤港澳大湾区等区域要发挥高质量发展动力源和增长极作用,率先推动经济社会发展全面绿色转型。长江经济带、黄河流域和国家生态文明试验区要严格落实生态优先、绿色发展战略导向,在绿色低碳发展方面走在全国前列。中西部和东北地区要着力优化能源结构,按照产业政策和能耗双控要求,有序推动高耗能行业向清洁能源优势地区集中,积极培育绿色发展动能。

3.上下联动制定地方达峰方案。各省、自治区、直辖市人民政府要按照国家总体部署,结合本地区资源环境禀赋、产业布局、发展阶段等,坚持全国一盘棋,不抢跑,科学制定本地区碳达峰行动方案,提出符合实际、切实可行的碳达峰时间表、路线图、施工图,避免"一刀切"限电限产或运动式"减碳"。各地区碳达峰行动方案经碳达峰碳中和工作领导小组综合平衡、审核通过后,由地方自行印发实施。

4.组织开展碳达峰试点建设。加大中央对地方推进碳达峰的支持力度,选择 100 个具有典型代表性的城市和园区开展碳达峰试点建设，在政策、资金、技术等方面对试点城市和园区给予支持，加快实现绿色低碳转型，为全国提供可操作、可复制、可推广的经验做法。

四、国际合作

（一）深度参与全球气候治理。大力宣传习近平生态文明思想，分享中国生态文明、绿色发展理念与实践经验，为建设清洁美丽世界贡献中国智慧、中国方案、中国力量，共同构建人与自然生命共同体。主动参与全球绿色治理体系建设，坚持共同但有区别的责任原则、公平原则和各自能力原则，坚持多边主义，维护以联合国为核心的国际体系，推动各方全面履行《联合国气候变化框架公约》及其《巴黎协定》。积极参与国际航运、航空减排谈判。

（二）开展绿色经贸、技术与金融合作。优化贸易结构，大力发展高质量、高技术、高附加值绿色产品贸易。加强绿色标准国际合作，推动落实合格评定合作和互认机制，做好绿色贸易规则与进出口政策的衔接。加强节能环保产品和服务进出口。加大绿色技术合作力度，推动开展可再生能源、储能、氢能、二氧化碳捕集利用与封存等领域科研合作和技术交流，积极参与国际热核聚变实验堆计划等国际大科学工程。深化绿色金融国际合作，积极参与碳定价机制和绿色金融标准体系国际宏观协调，与有关各方共同推动绿色低碳转型。

（三）推进绿色"一带一路"建设。秉持共商共建共享原则，弘扬开放、绿色、廉洁理念，加强与共建"一带一路"国家的绿色基建、绿色能源、绿色金融等领域合作，提高境外项目环境可持续性，打造绿色、包容的"一带一路"能源合作伙伴关系，扩大新能源技术和产品出口。发挥"一带一路"绿色发展国际联盟等合作平台作用，推动实施《"一带一路"绿色投资原则》，推进"一带一路"应对气候变化南南合作计划和"一带一路"科技创新行动计划。

五、政策保障

（一）建立统一规范的碳排放统计核算体系。加强碳排放统计核算能力建设，深化核算方法研究，加快建立统一规范的碳排放统计核算体系。支持行业、企业依据自身特点开展碳排放核算方法学研究，建立健全碳排放计量体系。推进碳排放实测技术发展，加快遥感测量、大数据、云计算等新兴技术在碳排放实测技术领域的应用，提高统计核算水平。积极参与国际碳排放核算方法研究，推动建立更为公平合理的碳排放核算方法体系。

（二）健全法律法规标准。构建有利于绿色低碳发展的法律体系，推动能源法、节约能源法、电力法、煤炭法、可再生能源法、循环经济促进法、清洁生产促进法等制定修订。加快节能标准更新，修订一批能耗限额、产品设备能效强制性国家标准和工程建设标准，提高节能降碳要求。健全可再生能源标准体系，加快相关领域标准制定修订。建立健全氢制、储、输、用标准。完善工业绿色低碳标准体系。建立重点企业碳排放核算、报告、核查等标准，探索建立重点产品全生命周期碳足迹标准。积极参与国际能效、低碳等标准制定修订，加强国际标准协调。

（三）完善经济政策。各级人民政府要加大对碳达峰、碳中和工作的支持力度。建立健全有利于绿色低碳发展的税收政策体系，落实和完善节能节水、资源综合利用等税收优惠政策，更好发挥税收对市场主体绿色低碳发展的促进作用。完善绿色电价政策，健全居民阶梯电价制度和分时电价政策，探索建立分时电价动态调整机制。完善绿色金融评价机制，建立健全绿色金融标准体系。大力发展绿色贷款、绿色股权、绿色债券、绿色保险、绿色基金等金融工具，设立碳减排支持工具，引导金融机构为绿色低碳项目提供长期限、低成本资金，鼓励开发性政策性金融机构按照市场化法治化原则为碳达峰行动提供长期稳定融资支持。拓展绿色债券市场的深度和广度，支持符合条件的绿色企业上市融资、挂牌融资和再融资。研究设立国家低碳转型基金，支持传统产业和资源富集地区绿色转型。鼓励社会资本以市场化方式设立绿色低碳产业投资基金。

（四）建立健全市场化机制。发挥全国碳排放权交易市场作用，进一步完善配套制度，逐步扩大交易行业范围。建设全国用能权交易市场，完善用能权有偿使用和交易制度，做好与能耗双控制度的衔接。统筹推进碳排放权、用能权、电力交易等市场建设，加强市场机制间的衔接与协调，将碳排放权、用能权交易纳入公共资源交易平台。积极推行合同能源管理，推广节能咨询、诊断、设计、融资、改造、托管等"一站式"综合服务模式。

六、组织实施

（一）加强统筹协调。加强党中央对碳达峰、碳中和工作的集中统一领导，碳达峰碳中和工作领导小组对碳达峰相关工作进行整体部署和系统推进，统筹研究重要事项、制定重大政策。碳达峰碳中和工作领导小组成员单位要按照党中央、国务院决策部署和领导小组工作要求，扎实推进相关工作。碳达峰碳中和工作领导小组办公室要加强统筹协调，定期对各地区和重点领域、重点行业工作进展情况进行调度，科学提出碳达峰分步骤的时间表、路线图，督促将各项目标任务落实落细。

（二）强化责任落实。各地区各有关部门要深刻认识碳达峰、碳中和工作的重要性、紧迫性、复杂性，切实扛起责任，按照《中共中央 国务院关于完整准确全面贯彻新发展理念做好碳达峰碳中和工作的意见》和本方案确定的主要目标和重点任务，着力抓好各项任务落实，确保政策到位、措施到位、成效到位，落实情况纳入中央和省级生态环境保护督察。各相关单位、人民团体、社会组织要按照国家有关部署，积极发挥自身作用，推进绿色低碳发展。

（三）严格监督考核。实施以碳强度控制为主、碳排放总量控制为辅的制度，对能源消费和碳排放指标实行协同管理、协同分解、协同考核，逐步建立系统完善的碳达峰碳中和综合评价考核制度。加强监督考核结果应用，对碳达峰工作成效突出的地区、单位和个人按规定给予表彰奖励，对未完成目标任务的地区、部门依规依法实行通报批评和约谈问责。各省、自治区、直辖市人民政府要组织开展碳达峰目标任务年度评估，有关工作进展和重大问题要及时向碳达峰碳中和工作领导小组报告。

文件 4

**国务院关于印发"十四五"节能减排
综合工作方案的通知**

国发〔2021〕33号

各省、自治区、直辖市人民政府,国务院各部委、各直属机构:

现将《"十四五"节能减排综合工作方案》印发给你们,请结合本地区、本部门实际,认真贯彻落实。

国务院
2021年12月28日

(本文有删减)

"十四五"节能减排综合工作方案

为认真贯彻落实党中央、国务院重大决策部署,大力推动节能减排,深入打好污染防治攻坚战,加快建立健全绿色低碳循环发展经济体系,推进经济社会发展全面绿色转型,助力实现碳达峰、碳中和目标,制定本方案。

一、总体要求

以习近平新时代中国特色社会主义思想为指导,全面贯彻党的十九大和十九届历次全会精神,深入贯彻习近平生态文明思想,坚持稳中求进工作总基调,立足新发展阶段,完整、准确、全面贯彻新发展理念,构建新发展格局,推动高质量发展,完善实施能源消费强度和总量双控(以下称能耗双控)、主要污染物排放总量控制制度,组织实施节能减排重点工程,进一步健全节能减排政策机制,推动能源利用效率大幅提高、主要污染物排放总量持续减少,实现节能降碳减污协同增效、生态环境质量持续改善,确保完成"十四五"节能减排目标,为实现碳达峰、碳中和目标奠定坚实基础。

二、主要目标

到 2025 年,全国单位国内生产总值能源消耗比 2020 年下降 13.5%,能源消费总量得到合理控制,化学需氧量、氨氮、氮氧化物、挥发性有机物排放总量比 2020 年分别下降 8%、8%、10% 以上、10% 以上。节能减排政策机制更加健全,重点行业能源利用效率和主要污染物排放控制水平基本达到国际先进水平,经济社会发展绿色转型取得显著成效。

三、实施节能减排重点工程

(一)重点行业绿色升级工程。以钢铁、有色金属、建材、石化化工等行业为重点,推进节能改造和污染物深度治理。推广高效精馏系统、高温高压干熄焦、富氧强化熔炼等节能技术,鼓励将高炉—转炉长流程炼钢转型为电炉短流程炼钢。推进钢铁、水泥、焦化行业及燃煤锅炉超低排放改造,到 2025 年,完成 5.3 亿吨钢铁产能超低排放改造,大气污染防治重点区域燃煤锅炉全面实现超低排放。加强行业工艺革新,实施涂装类、化工类等产业集群分类治理,开展重点行业清洁生产和工业废水资源化利用改造。推进新型基础设施能效提升,加快绿色数据中心建设。"十四五"时期,规模以上工业单位增加值能耗下降 13.5%,万元工业增加值用水量下降 16%。到 2025 年,通过实施节能降碳行动,钢铁、电解铝、水泥、平板玻璃、炼油、乙烯、合成氨、电石等重点行业产能和数据中心达到能效标杆水平的比例超过 30%。(工业和信息化部、国家发展改革委、生态环境部、市场监管总局、国家能源局等按职责分工负责,地方各级人民政府负责落实。以下均需地方各级人民政府落实,不再列出)

(二)园区节能环保提升工程。引导工业企业向园区集聚,推动工业园区能源系统整体优化和污染综合整治,鼓励工业企业、园区优先利用可再生能源。以省级以上工业园区为重点,推进供热、供电、污水处理、中水回用等公共基础设施共建共享,对进水浓度异常的污水处理厂开展片区管网系统化整治,加强一般固体废物、危险废物集中贮存和处置,推动挥发性有机物、电镀废水及特征污染物集中治理等"绿岛"项目建设。到 2025 年,建成一批节能环保示范园区。(国家发展改革委、工业和信息化部、生态环境部等按职责分工负责)

(三)城镇绿色节能改造工程。全面推进城镇绿色规划、绿色建设、绿色运行管理,推动低碳城市、韧性城市、海绵城市、"无废城市"建设。全面提高建筑节能标准，加快发展超低能耗建筑，积极推进既有建筑节能改造、建筑光伏一体化建设。因地制宜推动北方地区清洁取暖，加快工业余热、可再生能源等在城镇供热中的规模化应用。实施绿色高效制冷行动，以建筑中央空调、数据中心、商务产业园区、冷链物流等为重点，更新升级制冷技术、设备，优化负荷供需匹配，大幅提升制冷系统能效水平。实施公共供水管网漏损治理工程。到2025年，城镇新建建筑全面执行绿色建筑标准，城镇清洁取暖比例和绿色高效制冷产品市场占有率大幅提升。（住房城乡建设部、生态环境部、国家发展改革委、自然资源部、交通运输部、市场监管总局、国家能源局等按职责分工负责）

（四）交通物流节能减排工程。推动绿色铁路、绿色公路、绿色港口、绿色航道、绿色机场建设，有序推进充换电、加注（气）、加氢、港口机场岸电等基础设施建设。提高城市公交、出租、物流、环卫清扫等车辆使用新能源汽车的比例。加快大宗货物和中长途货物运输"公转铁""公转水"，大力发展铁水、公铁、公水等多式联运。全面实施汽车国六排放标准和非道路移动柴油机械国四排放标准，基本淘汰国三及以下排放标准汽车。深入实施清洁柴油机行动，鼓励重型柴油货车更新替代。实施汽车排放检验与维护制度，加强机动车排放召回管理。加强船舶清洁能源动力推广应用，推动船舶岸电受电设施改造。提升铁路电气化水平，推广低能耗运输装备，推动实施铁路内燃机车国一排放标准。大力发展智能交通，积极运用大数据优化运输组织模式。加快绿色仓储建设，鼓励建设绿色物流园区。加快标准化物流周转箱推广应用。全面推广绿色快递包装，引导电商企业、邮政快递企业选购使用获得绿色认证的快递包装产品。到2025年，新能源汽车新车销售量达到汽车新车销售总量的20%左右，铁路、水路货运量占比进一步提升。（交通运输部、国家发展改革委牵头，工业和信息化部、公安部、财政部、生态环境部、住房城乡建设部、商务部、市场监管总局、国家能源局、国家铁路局、中国民航局、国家邮政局、中国国家铁路集团有限公司等按职责分工负责）

（五）农业农村节能减排工程。加快风能、太阳能、生物质能等可再生能源在农业生产和农村生活中的应用，有序推进农村清洁取暖。推广应用农用电动车辆、节能环保农机和渔船，发展节能农业大棚，推进农房节能改造和绿色农房建设。强化农业面源污染防治，推进农药化肥减量增效、秸秆综合利用，加快农膜和农药包装废弃物回收处理。深入推进规模养殖场污染治理，整县推进畜禽粪污资源化利用。整治提升农村人居环境，提高农村污水垃圾处理能力，基本消除较大面积的农村黑臭水体。到 2025 年，农村生活污水治理率达到 40%，秸秆综合利用率稳定在 86% 以上，主要农作物化肥、农药利用率均达到 43% 以上，畜禽粪污综合利用率达到 80% 以上，绿色防控、统防统治覆盖率分别达到 55%、45%，京津冀及周边地区大型规模化养殖场氨排放总量削减 5%。（农业农村部、生态环境部、国家能源局、国家乡村振兴局牵头，国家发展改革委、工业和信息化部、住房城乡建设部、水利部、市场监管总局等按职责分工负责）

（六）公共机构能效提升工程。加快公共机构既有建筑围护结构、供热、制冷、照明等设施设备节能改造，鼓励采用能源费用托管等合同能源管理模式。率先淘汰老旧车，率先采购使用节能和新能源汽车，新建和既有停车场要配备电动汽车充电设施或预留充电设施安装条件。推行能耗定额管理，全面开展节约型机关创建行动。到 2025 年，创建 2000 家节约型公共机构示范单位，遴选 200 家公共机构能效领跑者。（国管局、中直管理局等按职责分工负责）

（七）重点区域污染物减排工程。持续推进大气污染防治重点区域秋冬季攻坚行动，加大重点行业结构调整和污染治理力度。以大气污染防治重点区域及珠三角地区、成渝地区等为重点，推进挥发性有机物和氮氧化物协同减排，加强细颗粒物和臭氧协同控制。持续打好长江保护修复攻坚战，扎实推进城镇污水垃圾处理和工业、农业面源、船舶、尾矿库等污染治理工程，到 2025 年，长江流域总体水质保持为优，干流水质稳定达到 II 类。着力打好黄河生态保护治理攻坚战，实施深度节水控水行动，加强重要支流污染治理，开展入河排污口排查整治，到 2025 年，黄河干流上中游（花园口以上）水质达到 II 类。（国家发展改革委、生态环境部、工业和信息化部、水利部牵头，住房城乡建设部、交通运输部、国家能源局等按职责分工负责）

（八）煤炭清洁高效利用工程。要立足以煤为主的基本国情，坚持先立后破，严格合理控制煤炭消费增长，抓好煤炭清洁高效利用，推进存量煤电机组节煤降耗改造、供热改造、灵活性改造"三改联动"，持续推动煤电机组超低排放改造。稳妥有序推进大气污染防治重点区域燃料类煤气发生炉、燃煤热风炉、加热炉、热处理炉、干燥炉（窑）以及建材行业煤炭减量，实施清洁电力和天然气替代。推广大型燃煤电厂热电联产改造，充分挖掘供热潜力，推动淘汰供热管网覆盖范围内的燃煤锅炉和散煤。加大落后燃煤锅炉和燃煤小热电退出力度，推动以工业余热、电厂余热、清洁能源等替代煤炭供热（蒸汽）。到2025年，非化石能源占能源消费总量比重达到20%左右。"十四五"时期，京津冀及周边地区、长三角地区煤炭消费量分别下降10%、5%左右，汾渭平原煤炭消费量实现负增长。（国家发展改革委、生态环境部、工业和信息化部、住房城乡建设部、市场监管总局、国家能源局等按职责分工负责）

（九）挥发性有机物综合整治工程。推进原辅材料和产品源头替代工程，实施全过程污染物治理。以工业涂装、包装印刷等行业为重点，推动使用低挥发性有机物含量的涂料、油墨、胶粘剂、清洗剂。深化石化化工等行业挥发性有机物污染治理，全面提升废气收集率、治理设施同步运行率和去除率。对易挥发有机液体储罐实施改造，对浮顶罐推广采用全接液浮盘和高效双重密封技术，对废水系统高浓度废气实施单独收集处理。加强油船和原油、成品油码头油气回收治理。到2025年，溶剂型工业涂料、油墨使用比例分别降低20个百分点、10个百分点，溶剂型胶粘剂使用量降低20%。（工业和信息化部、生态环境部等按职责分工负责）

（十）环境基础设施水平提升工程。加快构建集污水、垃圾、固体废物、危险废物、医疗废物处理处置设施和监测监管能力于一体的环境基础设施体系，推动形成由城市向建制镇和乡村延伸覆盖的环境基础设施网络。推进城市生活污水管网建设和改造，实施混错接管网改造、老旧破损管网更新修复，加快补齐处理能力缺口，推行污水资源化利用和污泥无害化处置。建设分类投放、分类收集、分类运输、分类处理的生活垃圾处理系统。到2025年，新增和改造污水收集管网8万公里，新增污水处理能力2000万立方米/日，城市污泥无害化处置率达到90%，城镇生活垃圾焚烧处理能力达到80万吨/日左右，城市生活垃圾焚烧处理能力占比65%左右。（国家发展改革委、住房城乡建设部、生态环境部等按职责分工负责）

四、健全节能减排政策机制

（一）优化完善能耗双控制度。坚持节能优先，强化能耗强度降低约束性指标管理，有效增强能源消费总量管理弹性，加强能耗双控政策与碳达峰、碳中和目标任务的衔接。以能源产出率为重要依据，综合考虑发展阶段等因素，合理确定各地区能耗强度降低目标。国家对各省（自治区、直辖市）"十四五"能耗强度降低实行基本目标和激励目标双目标管理，由各省（自治区、直辖市）分解到每年。完善能源消费总量指标确定方式，各省（自治区、直辖市）根据地区生产总值增速目标和能耗强度降低基本目标确定年度能源消费总量目标，经济增速超过预期目标的地区可相应调整能源消费总量目标。对能耗强度降低达到国家下达的激励目标的地区，其能源消费总量在当期能耗双控考核中免予考核。各地区"十四五"时期新增可再生能源电力消费量不纳入地方能源消费总量考核。原料用能不纳入全国及地方能耗双控考核。有序实施国家重大项目能耗单列，支持国家重大项目建设。加强节能形势分析预警，对高预警等级地区加强工作指导。推动科学有序实行用能预算管理，优化能源要素合理配置。（国家发展改革委牵头，国家统计局、国家能源局等按职责分工负责）

（二）健全污染物排放总量控制制度。坚持精准治污、科学治污、依法治污，把污染物排放总量控制制度作为加快绿色低碳发展、推动结构优化调整、提升环境治理水平的重要抓手，推进实施重点减排工程，形成有效减排能力。优化总量减排指标分解方式，按照可监测、可核查、可考核的原则，将重点工程减排量下达地方，污染治理任务较重的地方承担相对较多的减排任务。改进总量减排核算方法，制定核算技术指南，加强与排污许可、环境影响评价审批等制度衔接，提升总量减排核算信息化水平。完善总量减排考核体系，健全激励约束机制，强化总量减排监督管理，重点核查重复计算、弄虚作假特别是不如实填报削减量和削减来源等问题。（生态环境部负责）

（三）坚决遏制高耗能高排放项目盲目发展。根据国家产业规划、产业政策、节能审查、环境影响评价审批等政策规定，对在建、拟建、建成的高耗能高排放项目（以下称"两高"项目）开展评估检查，建立工作清单，明确处置意见，严禁违规"两高"项目建设、运行，坚决拿下不符合要求的"两高"项目。加强对"两高"项目节能审查、环境影响评价审批程序和结果执行的监督评估，对审批能力不适应的依法依规调整上收审批权。对年综合能耗 5 万吨标准煤及以上的"两高"项目加强工作指导。严肃财经纪律，指导金融机构完善"两高"项目融资政策。（国家发展改革委、工业和信息化部、生态环境部牵头，人民银行、市场监管总局、银保监会、国家能源局等按职责分工负责）

（四）健全法规标准。推动制定修订资源综合利用法、节约能源法、循环经济促进法、清洁生产促进法、环境影响评价法及生态环境监测条例、民用建筑节能条例、公共机构节能条例等法律法规，完善固定资产投资项目节能审查、电力需求侧管理、非道路移动机械污染防治管理等办法。对标国际先进水平制定修订一批强制性节能标准，深入开展能效、水效领跑者引领行动。制定修订居民消费品挥发性有机物含量限制标准和涉挥发性有机物重点行业大气污染物排放标准，进口非道路移动机械执行国内排放标准。研究制定下一阶段轻型车、重型车排放标准和油品质量标准。（国家发展改革委、生态环境部、司法部、工业和信息化部、财政部、住房城乡建设部、交通运输部、市场监管总局、国管局等按职责分工负责）

（五）完善经济政策。各级财政加大节能减排支持力度，统筹安排相关专项资金支持节能减排重点工程建设，研究对节能目标责任评价考核结果为超额完成等级的地区给予奖励。逐步规范和取消低效化石能源补贴。扩大中央财政北方地区冬季清洁取暖政策支持范围。建立农村生活污水处理设施运维费用地方各级财政投入分担机制。扩大政府绿色采购覆盖范围。健全绿色金融体系，大力发展绿色信贷，支持重点行业领域节能减排，用好碳减排支持工具和支持煤炭清洁高效利用专项再贷款，加强环境和社会风险管理。鼓励有条件的地区探索建立绿色贷款财政贴息、奖补、风险补偿、信用担保等配套支持政策。加快绿色债券发展，支持符合条件的节能减排企业上市融资和再融资。积极推进环境高风险领域企业投保环境污染责任保险。落实环境保护、节能节水、资源综合利用税收优惠政策。完善挥发性有机物监测技术和排放量计算方法，在相关条件成熟后，研究适时将挥发性有机物纳入环境保护税征收范围。强化电价政策与节能减排政策协同，持续完善高耗能行业阶梯电价等绿色电价机制，扩大实施范围、加大实施力度，落实落后"两高"企业的电价上浮政策。深化供热体制改革，完善城镇供热价格机制。建立健全城镇污水处理费征收标准动态调整机制，具备条件的东部地区、中西部城市近郊区探索建立受益农户污水处理付费机制。（国家发展改革委、财政部、人民银行、银保监会、证监会、工业和信息化部、生态环境部、住房城乡建设部、税务总局、国家能源局等按职责分工负责）

（六）完善市场化机制。深化用能权有偿使用和交易试点，加强用能权交易与碳排放权交易的统筹衔接，推动能源要素向优质项目、企业、产业及经济发展条件好的地区流动和集聚。培育和发展排污权交易市场，鼓励有条件的地区扩大排污权交易试点范围。推广绿色电力证书交易。全面推进电力需求侧管理。推行合同能源管理，积极推广节能咨询、诊断、设计、融资、改造、托管等"一站式"综合服务模式。规范开放环境治理市场，推行环境污染第三方治理，探索推广生态环境导向的开发、环境托管服务等新模式。强化能效标识管理制度，扩大实施范围。健全统一的绿色产品标准、认证、标识体系，推行节能低碳环保产品认证。（国家发展改革委、生态环境部、工业和信息化部、财政部、市场监管总局、国家能源局等按职责分工负责）

（七）加强统计监测能力建设。严格实施重点用能单位能源利用状况报告制度，健全能源计量体系，加强重点用能单位能耗在线监测系统建设和应用。完善工业、建筑、交通运输等领域能源消费统计制度和指标体系，探索建立城市基础设施能源消费统计制度。优化污染源统计调查范围，调整污染物统计调查指标和排放计算方法。构建覆盖排污许可证单位的固定污染源监测体系，加强工业园区污染源监测，推动涉挥发性有机物排放的重点排污单位安装在线监控监测设施。加强统计基层队伍建设，强化统计数据审核，防范统计造假、弄虚作假，提升统计数据质量。（国家统计局、国家发展改革委、生态环境部、工业和信息化部、住房城乡建设部、交通运输部、市场监管总局等按职责分工负责）

（八）壮大节能减排人才队伍。健全省、市、县三级节能监察体系，加强节能监察能力建设。重点用能单位按要求设置能源管理岗位和负责人。加强县级及乡镇基层生态环境监管队伍建设，重点排污单位设置专职环保人员。加大政府有关部门及监察执法机构、企业等节能减排工作人员培训力度，通过业务培训、比赛竞赛、经验交流等方式提高业务水平。开发节能环保领域新职业，组织制定相应职业标准。（国家发展改革委、生态环境部、工业和信息化部、人力资源社会保障部等按职责分工负责）

五、强化工作落实

（一）加强组织领导。各地区、各部门和各有关单位要充分认识节能减排工作的重要性和紧迫性，把思想和行动统一到党中央、国务院关于节能减排的决策部署上来，立足经济社会发展大局，坚持系统观念，明确目标责任，制定实施方案，狠抓工作落实，确保完成"十四五"节能减排各项任务。地方各级人民政府对本行政区域节能减排工作负总责，主要负责同志是第一责任人，要切实加强组织领导和部署推进，将本地区节能减排目标与国民经济和社会发展五年规划及年度计划充分衔接，科学明确下一级政府、有关部门和重点单位责任。要科学考核，防止简单层层分解。中央企业要带头落实节能减排目标责任，鼓励实行更严格的目标管理。国家发展改革委、生态环境部要加强统筹协调，做好工作指导，推动任务有序有效落实，及时防范化解风险，重大情况及时向国务院报告。（国家发展改革委、生态环境部牵头，各有关部门按职责分工负责）

（二）强化监督考核。开展"十四五"省级人民政府节能减排目标责任评价考核，科学运用考核结果，对工作成效显著的地区加强激励，对工作不力的地区加强督促指导，考核结果经国务院审定后，交由干部主管部门作为对省级人民政府领导班子和领导干部综合考核评价的重要依据。完善能耗双控考核措施，增加能耗强度降低约束性指标考核权重，加大对坚决遏制"两高"项目盲目发展、推动能源资源优化配置措施落实情况的考核力度，统筹目标完成进展、经济形势及跨周期因素，优化考核频次。继续开展污染防治攻坚战成效考核，把总量减排目标任务完成情况作为重要考核内容，压实减排工作责任。完善中央生态环境保护督察制度，深化例行督察，强化专项督察。（国家发展改革委、生态环境部牵头，中央组织部等按职责分工负责）

（三）开展全民行动。深入开展绿色生活创建行动，增强全民节约意识，倡导简约适度、绿色低碳、文明健康的生活方式，坚决抵制和反对各种形式的奢侈浪费，营造绿色低碳社会风尚。推行绿色消费，加大绿色低碳产品推广力度，组织开展全国节能宣传周、世界环境日等主题宣传活动，通过多种传播渠道和方式广泛宣传节能减排法规、标准和知识。加大先进节能减排技术研发和推广力度。发挥行业协会、商业团体、公益组织的作用，支持节能减排公益事业。畅通群众参与生态环境监督渠道。开展节能减排自愿承诺，引导市场主体、社会公众自觉履行节能减排责任。（中央宣传部、中直管理局、国家发展改革委、科技部、生态环境部、国管局、全国妇联等按职责分工负责）

文件 5

国务院办公厅转发国家发展改革委等部门
关于加快推进城镇环境基础设施建设
指导意见的通知

国办函〔2022〕7 号

各省、自治区、直辖市人民政府，国务院各部委、各直属机构：

国家发展改革委、生态环境部、住房城乡建设部、国家卫生健康委《关于加快推进城镇环境基础设施建设的指导意见》已经国务院同意，现转发给你们，请认真贯彻执行。

国务院办公厅

2022 年 1 月 12 日

（此件公开发布）

关于加快推进城镇环境基础设施建设的指导意见

国家发展改革委　生态环境部　住房城乡建设部　国家卫生健康委

环境基础设施是基础设施的重要组成部分，是深入打好污染防治攻坚战、改善生态环境质量、增进民生福祉的基础保障，是完善现代环境治理体系的重要支撑。为加快推进城镇环境基础设施建设，提升基础设施现代化水平，推动生态文明建设和绿色发展，按照党中央、国务院决策部署，根据《中华人民共和国国民经济和社会发展第十四个五年规划和2035年远景目标纲要》，现提出如下意见。

一、总体要求

（一）指导思想。以习近平新时代中国特色社会主义思想为指导，全面贯彻党的十九大和十九届历次全会精神，深入贯彻习近平生态文明思想，立足新发展阶段，完整、准确、全面贯彻新发展理念，构建新发展格局，推动高质量发展，深化体制机制改革创新，加快转变发展方式，着力补短板、强弱项、优布局、提品质，全面提高城镇环境基础设施供给质量和运行效率，推进环境基础设施一体化、智能化、绿色化发展，逐步形成由城市向建制镇和乡村延伸覆盖的环境基础设施网络，推动减污降碳协同增效，促进生态环境质量持续改善，助力实现碳达峰、碳中和目标。

（二）工作原则。

坚持系统观念。注重系统谋划、统筹推进，适度超前投资建设，提升城镇环境基础设施供给能力，推动共建共享、协同处置，以城带乡提高环境基础设施水平。

坚持因地制宜。根据不同地区经济社会发展现状以及环境基础设施建设情况，分类施策，精准发力，加快补齐短板弱项，有序推进城镇环境基础设施转型升级。

坚持科技赋能。加强城镇环境基础设施关键核心技术攻关，突破技术瓶颈。加快环境污染治理技术创新和科技成果转化，推广先进适用技术装备，提升技术和管理水平。

坚持市场导向。发挥市场配置资源的决定性作用，规范市场秩序，营造公平公正的市场环境，激活各类主体活力。创新城镇环境基础设施投资运营模式，引导社会资本广泛参与，形成权责明确、制约有效、管理专业的市场化运行机制。

（三）总体目标。到 2025 年，城镇环境基础设施供给能力和水平显著提升，加快补齐重点地区、重点领域短板弱项，构建集污水、垃圾、固体废物、危险废物、医疗废物处理处置设施和监测监管能力于一体的环境基础设施体系。到 2030 年，基本建立系统完备、高效实用、智能绿色、安全可靠的现代化环境基础设施体系。

2025 年城镇环境基础设施建设主要目标：

污水处理及资源化利用。新增污水处理能力 2000 万立方米/日，新增和改造污水收集管网 8 万公里，新建、改建和扩建再生水生产能力不少于 1500 万立方米/日，县城污水处理率达到 95% 以上，地级及以上缺水城市污水资源化利用率超过 25%，城市污泥无害化处置率达到 90%。

生活垃圾处理。生活垃圾分类收运能力达到 70 万吨 / 日左右，城镇生活垃圾焚烧处理能力达到 80 万吨 / 日左右。城市生活垃圾资源化利用率达到 60% 左右，城市生活垃圾焚烧处理能力占无害化处理能力比重达到 65% 左右。

固体废物处置。固体废物处置及综合利用能力显著提升，利用规模不断扩大，新增大宗固体废物综合利用率达到 60%。

危险废物、医疗废物处置。基本补齐危险废物、医疗废物收集处理设施短板，危险废物处置能力充分保障，技术和运营水平进一步提升，县级以上城市建成区医疗废物全部实现无害化处置。

二、加快补齐能力短板

（四）健全污水收集处理及资源化利用设施。推进城镇污水管网全覆盖，推动生活污水收集处理设施"厂网一体化"。加快建设完善城中村、老旧城区、城乡结合部、建制镇和易地扶贫搬迁安置区生活污水收集管网。加大污水管网排查力度，推动老旧管网修复更新。长江干流沿线地级及以上城市基本解决市政污水管网混错接问题，黄河干流沿线城市建成区大力推进管网混错接改造，基本消除污水直排。统筹优化污水处理设施布局和规模，大中型城市可按照适度超前的原则推进建设，建制镇适当预留发展空间。京津冀、长三角、粤港澳大湾区、南水北调东线工程沿线、海南自由贸易港、长江经济带城市和县城、黄河干流沿线城市实现生活污水集中处理能力全覆盖。因地制宜稳步推进雨污分流改造。加快推进污水资源化利用，结合现有污水处理设施提标升级、扩能改造，系统规划建设污水再生利用设施。

（五）逐步提升生活垃圾分类和处理能力。建设分类投放、分类收集、分类运输、分类处理的生活垃圾处理系统。合理布局生活垃圾分类收集站点，完善分类运输系统，加快补齐分类收集转运设施能力短板。城市建成区生活垃圾日清运量超过 300 吨地区加快建设垃圾焚烧处理设施。不具备建设规模化垃圾焚烧处理设施条件的地区，鼓励通过跨区域共建共享方式建设。按照科学评估、适度超前的原则，稳妥有序推进厨余垃圾处理设施建设。加强可回收物回收、分拣、处置设施建设，提高可回收物再生利用和资源化水平。

（六）持续推进固体废物处置设施建设。推进工业园区工业固体废物处置及综合利用设施建设，提升处置及综合利用能力。加强建筑垃圾精细化分类及资源化利用，提高建筑垃圾资源化再生利用产品质量，扩大使用范围，规范建筑垃圾收集、贮存、运输、利用、处置行为。健全区域性再生资源回收利用体系，推进废钢铁、废有色金属、报废机动车、退役光伏组件和风电机组叶片、废旧家电、废旧电池、废旧轮胎、废旧木制品、废旧纺织品、废塑料、废纸、废玻璃等废弃物分类利用和集中处置。开展100个大宗固体废弃物综合利用示范。

（七）强化提升危险废物、医疗废物处置能力。全面摸排各类危险废物产生量、地域分布及利用处置能力现状，科学布局建设与产废情况总体匹配的危险废物集中处置设施。加强特殊类别危险废物处置能力，对需要特殊处置及具有地域分布特征的危险废物，按照全国统筹、相对集中的原则，以主要产业基地为重点，因地制宜建设一批处置能力强、技术水平高的区域性集中处置基地。建设国家和6个区域性危险废物风险防控技术中心、20个区域性特殊危险废物集中处置中心。积极推进地级及以上城市医疗废物应急处置能力建设，健全县域医疗废物收集转运处置体系，推动现有医疗废物集中处置设施提质升级。

三、着力构建一体化城镇环境基础设施

（八）推动环境基础设施体系统筹规划。突出规划先行，按照绿色低碳、集约高效、循环发展的原则，统筹推进城镇环境基础设施规划布局，依据城市基础设施建设规划、生态环境保护规划，做好环境基础设施选址工作。鼓励建设污水、垃圾、固体废物、危险废物、医疗废物处理处置及资源化利用"多位一体"的综合处置基地，推广静脉产业园建设模式，推进再生资源加工利用基地（园区）建设，加强基地（园区）产业循环链接，促进各类处理设施工艺设备共用、资源能源共享、环境污染共治、责任风险共担，实现资源合理利用、污染物有效处置、环境风险可防可控。持续推进县域生活垃圾和污水统筹治理，支持有条件的地方垃圾污水处理设施和服务向农村延伸。

（九）强化设施协同高效衔接。发挥环境基础设施协同处置功能，打破跨领域协同处置机制障碍，重点推动市政污泥处置与垃圾焚烧、渗滤液与污水处理、焚烧炉渣与固体废物综合利用、焚烧飞灰与危险废物处置、危险废物与医疗废物处置等有效衔接，提升协同处置效果。推动生活垃圾焚烧设施掺烧市政污泥、沼渣、浓缩液等废弃物，实现焚烧处理能力共用共享。对于具备纳管排放条件的地区或设施，探索在渗滤液经预处理后达到环保和纳管标准的前提下，

开展达标渗滤液纳管排放。在沿海缺水地区建设海水淡化工程，推广浓盐水综合利用。

四、推动智能绿色升级

（十）推进数字化融合。充分运用大数据、物联网、云计算等技术，推动城镇环境基础设施智能升级，鼓励开展城镇废弃物收集、贮存、交接、运输、处置全过程智能化处理体系建设。以数字化助推运营和监管模式创新，充分利用现有设施建设集中统一的监测服务平台，强化信息收集、共享、分析、评估及预警，将污水、垃圾、固体废物、危险废物、医疗废物处理处置纳入统一监管，加大要素监测覆盖范围，逐步建立完善环境基础设施智能管理体系。加快建立全国医疗废物信息化管理平台，提高医疗废物处置现代化管理水平。加强污染物排放和环境质量在线实时监测，加大设施设备功能定期排查力度，增强环境风险防控能力。

（十一）提升绿色底色。采用先进节能低碳环保技术设备和工艺，推动城镇环境基础设施绿色高质量发展。对技术水平不高、运行不稳定的环境基础设施，采取优化处理工艺、加强运行管理等措施推动稳定达标排放。强化环境基础设施二次污染防治能力建设。加强污泥无害化资源化处理。规范有序开展库容已满生活垃圾填埋设施封场治理，加快提高焚烧飞灰、渗滤液、浓缩液、填埋气、沼渣、沼液处理和资源化利用能力。提升再生资源利用设施水平，推动再生资源利用行业集约绿色发展。

五、提升建设运营市场化水平

（十二）积极营造规范开放市场环境。健全城镇环境基础设施市场化运行机制，平等对待各类市场主体，营造高效规范、公平竞争、公正开放的市场环境。鼓励技术能力强、运营管理水平高、信誉度良好、有社会责任感的市场主体公平进入环境基础设施领域，吸引各类社会资本积极参与建设和运营。完善市场监管机制，规范市场秩序，避免恶性竞争。健全市场主体信用体系，加强信用信息归集、共享、公开和应用。

（十三）深入推行环境污染第三方治理。鼓励第三方治理模式和体制机制创新，按照排污者付费、市场化运作、政府引导推动的原则，以园区、产业基地等工业集聚区为重点，推动第三方治理企业开展专业化污染治理，提升设施运行水平和污染治理效果。建设100家左右深入推行环境污染第三方治理示范园区。遴选一批环境污染第三方治理典型案例，总结推广成熟有效的治理模式。

（十四）探索开展环境综合治理托管服务。鼓励大型环保集团、具有专业能力的环境污染治理企业组建联合体，按照统筹规划建设、系统协同运营、多领域专业化治理的原则，对区域污水、垃圾、固体废物、危险废物、医疗废物处理处置提供环境综合治理托管服务。重点结合120个县城建设示范地区开展环境综合治理托管服务试点，积极探索区域整体环境托管服务长效运营模式和监管机制。继续开展生态环境导向的开发模式项目试点。

六、健全保障体系

（十五）加强科技支撑。完善技术创新市场导向机制，强化企业技术创新主体地位，加大关键环境治理技术与装备自主创新力度，围绕厨余垃圾、污泥、焚烧飞灰、渗滤液、磷石膏、锰渣、富集重金属废物等固体废物处置和小型垃圾焚烧等领域存在的技术短板，征集遴选一批掌握关键核心技术、具备较强创新能力的单位进行集中攻关。完善技术创新成果转化机制，推动产学研用深度融合，支持首台（套）重大技术装备示范应用，强化重点技术与装备创新转化和应用示范，着力提高环保产业技术与装备水平。

（十六）健全价格收费制度。完善污水、生活垃圾、危险废物、医疗废物处置价格形成和收费机制。对市场化发展比较成熟、通过市场能够调节价费的细分领域，按照市场化方式确定价格和收费标准。对市场化发展不够充分、依靠市场暂时难以充分调节价费的细分领域，兼顾环境基础设施的公益属性，按照覆盖成本、合理收益的原则，完善价格和收费标准。积极推行差别化排污收费，建立收费动态调整机制，确保环境基础设施可持续运营。有序推进建制镇生活污水处理收费。推广按照污水处理厂进水污染物浓度、污染物削减量等支付运营服务费。放开再生水政府定价，由再生水供应企业和用户按照优质优价的原则自主协商定价。全面落实生活垃圾收费制度，推行非居民用户垃圾计量收费，探索居民用户按量收费，鼓励各地创新生活垃圾处理收费模式，不断提高收缴率。统筹考虑区域医疗机构特点、医疗废物产生情况及处理成本等因素，合理核定医疗废物处置收费标准，鼓励采取按重量计费方式，具备竞争条件的，收费标准可由医疗废物处置单位和医疗机构协商确定。医疗机构按照规定支付的医疗废物处置费用作为医疗成本，在调整医疗服务价格时予以合理补偿。

（十七）加大财税金融政策支持力度。落实环境治理、环境服务、环保技术与装备有关财政税收优惠政策。对符合条件的城镇环境基础设施项目，通过中央预算内投资等渠道予以支持，将符合条件的项目纳入地方政府专项债券支持范围。引导各类金融机构创新金融服务模式，鼓励开发性、政策性金融机构发挥中长期贷款优势，按照市场化原则加大城镇环境基础设施项目融资支持力度。在不新增地方政府隐性债务的前提下，支持符合条件的企业通过发行企业债券、资产支持证券募集资金用于项目建设，鼓励具备条件的项目稳妥开展基础设施领域不动产投资信托基金（REITs）试点。

（十八）完善统计制度。充分运用现有污水、垃圾、固体废物、危险废物、医疗废物统计体系，加强统计管理和数据整合，进一步完善环境基础设施统计指标体系。加强统计能力建设，提高统计数据质量。强化统计数据运用和信息共享。对工作量大、技术要求高、时效性强的有关统计工作，鼓励采取政府购买服务方式，委托第三方机构开展。

七、强化组织实施

（十九）加强组织领导。国家发展改革委、生态环境部、住房城乡建设部、国家卫生健康委等有关部门加强统筹协调，强化政策联动，按照职责分工协同推进城镇环境基础设施建设工作。地方人民政府要细化目标任务，明确责任分工，制定工作措施，推动工作有效落实。

（二十）强化要素保障。加强城镇环境基础设施项目谋划与储备，将符合条件的项目纳入国家重大建设项目库。坚持"资金、要素跟着项目走"，优先安排环境基础设施用地指标，加大资金多元投入，优化审批流程，提高审批效率，加快办理项目前期手续，确保各项工程按时顺利落地。

（二十一）建立评估机制。建立城镇环境基础设施评估机制，完善评估标准体系，通过自评、第三方评估等方式，适时开展各地情况评估。对城镇环境基础设施存在短板弱项的地方，加强指导督促，加快推进环境基础设施建设。

文件6

关于印发《财政支持做好碳达峰碳中和工作的意见》的通知

财资环〔2022〕53号

各省、自治区、直辖市、计划单列市财政厅（局），新疆生产建设兵团财政局，财政部各地监管局：

为贯彻落实党中央、国务院关于推进碳达峰碳中和的重大决策部署，充分发挥财政职能作用，推动如期实现碳达峰碳中和目标，现将《财政支持做好碳达峰碳中和工作的意见》印发给你们，请遵照执行。

附件：财政支持做好碳达峰碳中和工作的意见

财政部

2022年5月25日

附件

财政支持做好碳达峰碳中和工作的意见

为深入贯彻落实党中央、国务院关于碳达峰碳中和重大战略决策，根据《中共中央 国务院关于完整准确全面贯彻新发展理念做好碳达峰碳中和工作的意见》和《2030年前碳达峰行动方案》（国发〔2021〕23号）有关工作部署，现就财政支持做好碳达峰碳中和工作提出如下意见。

一、总体要求

（一）指导思想。

以习近平新时代中国特色社会主义思想为指导，全面贯彻党的十九大和十九届历次全会精神，深入贯彻习近平生态文明思想，按照党中央、国务院决策部署，坚持稳中求进工作总基调，立足新发展阶段，完整、准确、全面贯彻新发展理念，构建新发展格局，推动高质量发展，坚持系统观念，把碳达峰碳中和工作纳入生态文明建设整体布局和经济社会发展全局。坚持降碳、减污、扩绿、增长协同推进，积极构建有利于促进资源高效利用和绿色低碳发展的财税政策体系，推动有为政府和有效市场更好结合，支持如期实现碳达峰碳中和目标。

（二）工作原则。

立足当前，着眼长远。围绕如期实现碳达峰碳中和目标，加强财政支持政策与国家"十四五"规划纲要衔接，抓住"十四五"碳达峰工作的关键期、窗口期，落实积极的财政政策要提升效能，更加注重精准、可持续的要求，合理规划财政支持碳达峰碳中和政策体系。

因地制宜，统筹推进。各地财政部门统筹考虑当地工作基础和实际，稳妥有序推进工作，分类施策，制定和实施既符合自身实际又满足总体要求的财政支持措施。加强财政资源统筹，常态化实施财政资金直达机制。推动资金、税收、政府采购等政策协同发力，提升财政政策效能。

结果导向，奖优罚劣。强化预算约束和绩效管理，中央财政对推进相关工作成效突出的地区给予奖励支持；对推进相关工作不积极或成效不明显地区适当扣减相关转移支付资金，形成激励约束机制。

加强交流，内外畅通。坚持共同但有区别的责任原则、公平原则和各自能力原则，强化多边、双边国际财经对话交流合作，统筹国内国际资源，推广国内外先进绿色低碳技术和经验，深度参与全球气候治理，积极争取国际资源支持。

（三）主要目标。

到2025年，财政政策工具不断丰富，有利于绿色低碳发展的财税政策框架初步建立，有力支持各地区各行业加快绿色低碳转型。2030年前，有利于绿色低碳发展的财税政策体系基本形成，促进绿色低碳发展的长效机制逐步建立，推动碳达峰目标顺利实现。2060年前，财政支持绿色低碳发展政策体系成熟健全，推动碳中和目标顺利实现。

二、支持重点方向和领域

（一）支持构建清洁低碳安全高效的能源体系。有序减量替代，推进煤炭消费转型升级。优化清洁能源支持政策，大力支持可再生能源高比例应用，推动构建新能源占比逐渐提高的新型电力系统。支持光伏、风电、生物质能等可再生能源，以及出力平稳的新能源替代化石能源。完善支持政策，激励非常规天然气开采增产上量。鼓励有条件的地区先行先试，因地制宜发展新型储能、抽水蓄能等，加快形成以储能和调峰能力为基础支撑的电力发展机制。加强对重点行业、重点设备的节能监察，组织开展能源计量审查。

（二）支持重点行业领域绿色低碳转型。支持工业部门向高端化智能化绿色化先进制造发展。深化城乡交通运输一体化示范县创建，提升城乡交通运输服务均等化水平。支持优化调整运输结构。大力支持发展新能源汽车，完善充换电基础设施支持政策，稳妥推动燃料电池汽车示范应用工作。推动减污降碳协同增效，持续开展燃煤锅炉、工业炉窑综合治理，扩大北方地区冬季清洁取暖支持范围，鼓励因地制宜采用清洁能源供暖供热。支持北方采暖地区开展既有城镇居住建筑节能改造和农房节能改造，促进城乡建设领域实现碳达峰碳中和。持续推进工业、交通、建筑、农业农村等领域电能替代，实施"以电代煤""以电代油"。

（三）支持绿色低碳科技创新和基础能力建设。加强对低碳零碳负碳、节能环保等绿色技术研发和推广应用的支持。鼓励有条件的单位、企业和地区开展低碳零碳负碳和储能新材料、新技术、新装备攻关，以及产业化、规模化应用，建立完善绿色低碳技术评估、交易体系和科技创新服务平台。强化碳达峰碳中和基础理论、基础方法、技术标准、实现路径研究。加强生态系统碳汇基础支撑。支持适应气候变化能力建设，提高防灾减灾抗灾救灾能力。

（四）支持绿色低碳生活和资源节约利用。发展循环经济，推动资源综合利用，加强城乡垃圾和农村废弃物资源利用。完善废旧物资循环利用体系，促进再生资源回收利用提质增效。建立健全汽车、电器电子产品的生产者责任延伸制度，促进再生资源回收行业健康发展。推动农作物秸秆和畜禽粪污资源化利用，推广地膜回收利用。支持"无废城市"建设，形成一批可复制可推广的经验模式。

（五）支持碳汇能力巩固提升。支持提升森林、草原、湿地、海洋等生态碳汇能力。开展山水林田湖草沙一体化保护和修复。实施重要生态系统保护和修复重大工程。深入推进大规模国土绿化行动，全面保护天然林，巩固退耕还林还草成果，支持森林资源管护和森林草原火灾防控，加强草原生态修复治理，强化湿地保护修复。支持牧区半牧区省份落实好草原补奖政策,加快推进草牧业发展方式转变,促进草原生态环境稳步恢复。整体推进海洋生态系统保护修复,提升红树林、海草床、盐沼等固碳能力。支持开展水土流失综合治理。

(六)支持完善绿色低碳市场体系。充分发挥碳排放权、用能权、排污权等交易市场作用,引导产业布局优化。健全碳排放统计核算和监管体系,完善相关标准体系,加强碳排放监测和计量体系建设。支持全国碳排放权交易的统一监督管理,完善全国碳排放权交易市场配额分配管理,逐步扩大交易行业范围,丰富交易品种和交易方式,适时引入有偿分配。全面实施排污许可制度,完善排污权有偿使用和交易制度,积极培育交易市场。健全企业、金融机构等碳排放报告和信息披露制度。

三、财政政策措施

(一)强化财政资金支持引导作用。加强财政资源统筹,优化财政支出结构,加大对碳达峰碳中和工作的支持力度。财政资金安排紧紧围绕党中央、国务院关于碳达峰碳中和有关工作部署,资金分配突出重点,强化对重点行业领域的保障力度,提高资金政策的精准性。中央财政在分配现有中央对地方相关转移支付资金时,对推动相关工作成效突出、发挥示范引领作用的地区给予奖励支持。

(二)健全市场化多元化投入机制。研究设立国家低碳转型基金,支持传统产业和资源富集地区绿色转型。充分发挥包括国家绿色发展基金在内的现有政府投资基金的引导作用。鼓励社会资本以市场化方式设立绿色低碳产业投资基金。将符合条件的绿色低碳发展项目纳入政府债券支持范围。采取多种方式支持生态环境领域政府和社会资本合作(PPP)项目,规范地方政府对 PPP 项目履约行为。

(三)发挥税收政策激励约束作用。落实环境保护税、资源税、消费税、车船税、车辆购置税、增值税、企业所得税等税收政策;落实节能节水、资源综合利用等税收优惠政策,研究支持碳减排相关税收政策,更好地发挥税收对市场主体绿色低碳发展的促进作用。按照加快推进绿色低碳发展和持续改善环境质量的要求,优化关税结构。

(四)完善政府绿色采购政策。建立健全绿色低碳产品的政府采购需求标准体系，分类制定绿色建筑和绿色建材政府采购需求标准。大力推广应用装配式建筑和绿色建材，促进建筑品质提升。加大新能源、清洁能源公务用车和用船政府采购力度，机要通信等公务用车除特殊地理环境等因素外原则上采购新能源汽车，优先采购提供新能源汽车的租赁服务，公务用船优先采购新能源、清洁能源船舶。强化采购人主体责任，在政府采购文件中明确绿色低碳要求，加大绿色低碳产品采购力度。

（五）加强应对气候变化国际合作。立足我国发展中国家定位，稳定现有多边和双边气候融资渠道，继续争取国际金融组织和外国政府对我国的技术、资金、项目援助。积极参与联合国气候资金谈判，推动《联合国气候变化框架公约》及其《巴黎协定》全面有效实施，打造"一带一路"绿色化、低碳化品牌，协同推进全球气候和环境治理。密切跟踪并积极参与国际可持续披露准则制定。

四、保障措施

（一）强化责任落实。各级财政部门要切实提高政治站位，高度重视碳达峰碳中和相关工作，按照中央与地方财政事权和支出责任划分有关要求，推动如期实现碳达峰碳中和目标。省级财政部门要健全工作机制，研究制定本地区财政支持做好碳达峰碳中和政策措施，层层压实责任，明确责任分工，加强对市县财政部门的督促和指导。市县财政部门负责本行政区域财政支持碳达峰碳中和工作，并抓好中央和省级政策落实。

（二）加强协调配合。建立健全财政部门上下联动、财政与其他部门横向互动的工作协同推进机制。各级财政部门要加快梳理现有政策，明确支持碳达峰碳中和相关资金投入渠道，将符合规定的碳达峰碳中和相关工作任务纳入支持范围，加强与发展改革、科技、工业和信息化、自然资源、生态环境、住房和城乡建设、交通运输、水利、农业农村、能源、林草、气象等部门协调配合，充分调动各方面工作积极性，形成工作合力。

（三）严格预算管理。不断提升财政资源配置效率和财政支持碳达峰碳中和资金使用效益。推动预算资金绩效管理在支持做好碳达峰碳中和工作领域全覆盖，加强预算资金绩效评价和日常监管，硬化预算约束。健全支持碳达峰碳中和工作的相关资金预算安排与绩效结果挂钩的激励约束机制。坚持资金投入与政策规划、工作任务相衔接,强化对目标任务完成情况的监督评价。财政部各地监管局要对支持碳达峰碳中和工作的相关资金开展评估评价,及时发现问题,提出改进措施,并监督地方落实整改措施。

(四)加大学习宣传力度。各级财政干部要自觉加强碳达峰碳中和相关政策和基础知识的学习研究,将碳达峰碳中和有关内容作为财政干部教育培训体系的重要内容,增强各级财政干部做好碳达峰碳中和工作的本领。加大财政支持做好碳达峰碳中和宣传和科普工作力度,鼓励有条件的地区采取多种方式加强生态文明宣传教育,建设碳达峰碳中和主题科普基地,推动生态文明理念更加深入人心,促进形成绿色低碳发展的良好氛围。

文件 7

关于印发《减污降碳协同增效实施方案》的通知

环综合〔2022〕42 号

各省、自治区、直辖市和新疆生产建设兵团生态环境厅（局）、发展改革委、工业和信息化主管部门、住房和城乡建设厅（局）、交通运输厅（局、委）、农业农村（农牧）厅（局、委）、能源局：

《减污降碳协同增效实施方案》已经碳达峰碳中和工作领导小组同意，现印发给你们，请结合实际认真贯彻落实。

生态环境部　　发展改革委
工业和信息化部　　住房城乡建设部
交通运输部　　农业农村部
能源局
2022 年 6 月 10 日

减污降碳协同增效实施方案

为深入贯彻落实党中央、国务院关于碳达峰碳中和决策部署，落实新发展阶段生态文明建设有关要求，协同推进减污降碳，实现一体谋划、一体部署、一体推进、一体考核，制定本实施方案。

一、面临形势

党的十八大以来，我国生态文明建设和生态环境保护取得历史性成就，生态环境质量持续改善，碳排放强度显著降低。但也要看到，我国发展不平衡、不充分问题依然突出，生态环境保护形势依然严峻，结构性、根源性、趋势性压力总体上尚未根本缓解，实现美丽中国建设和碳达峰碳中和目标愿景任重道远。与发达国家基本解决环境污染问题后转入强化碳排放控制阶段不同，当前我国生态文明建设同时面临实现生态环境根本好转和碳达峰碳中和两大战略任务，生态环境多目标治理要求进一步凸显，协同推进减污降碳已成为我国新发展阶段经济社会发展全面绿色转型的必然选择。

面对生态文明建设新形势新任务新要求，基于环境污染物和碳排放高度同根同源的特征，必须立足实际，遵循减污降碳内在规律，强化源头治理、系统治理、综合治理，切实发挥好降碳行动对生态环境质量改善的源头牵引作用，充分利用现有生态环境制度体系协同促进低碳发展，创新政策措施，优化治理路线，推动减污降碳协同增效。

二、总体要求

（一）指导思想。

以习近平新时代中国特色社会主义思想为指导，全面贯彻党的十九大和十九届历次全会精神，按照党中央、国务院决策部署，深入贯彻习近平生态文明思想，坚持稳中求进工作总基调，立足新发展阶段，完整、准确、全面贯彻新发展理念，构建新发展格局，推动高质量发展，把实现减污降碳协同增效作为促进经济社会发展全面绿色转型的总抓手，锚定美丽中国建设和碳达峰碳中和目标，科学把握污染防治和气候治理的整体性，以结构调整、布局优化为关键，以优化治理路径为重点，以政策协同、机制创新为手段，完善法规标准，强化科技支撑，全面提高环境治理综合效能，实现环境效益、气候效益、经济效益多赢。

（二）工作原则。

突出协同增效。坚持系统观念，统筹碳达峰碳中和与生态环境保护相关工作，强化目标协同、区域协同、领域协同、任务协同、政策协同、监管协同，增强生态环境政策与能源产业政策协同性，以碳达峰行动进一步深化环境治理，以环境治理助推高质量达峰。

强化源头防控。紧盯环境污染物和碳排放主要源头，突出主要领域、重点行业和关键环节，强化资源能源节约和高效利用，加快形成有利于减污降碳的产业结构、生产方式和生活方式。

优化技术路径。统筹水、气、土、固废、温室气体等领域减排要求，优化治理目标、治理工艺和技术路线，优先采用基于自然的解决方案，加强技术研发应用，强化多污染物与温室气体协同控制，增强污染防治与碳排放治理的协调性。

注重机制创新。充分利用现有法律、法规、标准、政策体系和统计、监测、监管能力，完善管理制度、基础能力和市场机制，一体推进减污降碳，形成有效激励约束，有力支撑减污降碳目标任务落地实施。

鼓励先行先试。发挥基层积极性和创造力，创新管理方式，形成各具特色的典型做法和有效模式，加强推广应用，实现多层面、多领域减污降碳协同增效。

（三）主要目标。

到2025年，减污降碳协同推进的工作格局基本形成；重点区域、重点领域结构优化调整和绿色低碳发展取得明显成效；形成一批可复制、可推广的典型经验；减污降碳协同度有效提升。

到2030年，减污降碳协同能力显著提升，助力实现碳达峰目标；大气污染防治重点区域碳达峰与空气质量改善协同推进取得显著成效；水、土壤、固体废物等污染防治领域协同治理水平显著提高。

三、加强源头防控

（四）强化生态环境分区管控。构建城市化地区、农产品主产区、重点生态功能区分类指导的减污降碳政策体系。衔接国土空间规划分区和用途管制要求，将碳达峰碳中和要求纳入"三线一单"（生态保护红线、环境质量底线、资源利用上线和生态环境准入清单）分区管控体系。增强区域环境质量改善目标对能源和产业布局的引导作用，研究建立以区域环境质量改善和碳达峰目标为导向的产业准入及退出清单制度。加大污染严重地区结构调整和布局优化力度，加快推动重点区域、重点流域落后和过剩产能退出。依法加快城市建成区重污染企业搬迁改造或关闭退出。（生态环境部、国家发展改革委、工业和信息化部、自然资源部、水利部按职责分工负责）

（五）加强生态环境准入管理。坚决遏制高耗能、高排放、低水平项目盲目发展，高耗能、高排放项目审批要严格落实国家产业规划、产业政策、"三线一单"、环评审批、取水许可审批、节能审查以及污染物区域削减替代等要求，采取先进适用的工艺技术和装备，提升高耗能项目能耗准入标准，能耗、物耗、水耗要达到清洁生产先进水平。持续加强产业集群环境治理，明确产业布局和发展方向，高起点设定项目准入类别，引导产业向"专精特新"转型。在产业结构调整指导目录中考虑减污降碳协同增效要求，优化鼓励类、限制类、淘汰类相关项目类别。优化生态环境影响相关评价方法和准入要求，推动在沙漠、戈壁、荒漠地区加快规划建设大型风电光伏基地项目。大气污染防治重点区域严禁新增钢铁、焦化、炼油、电解铝、水泥、平板玻璃（不含光伏玻璃）等产能。（生态环境部、国家发展改革委、工业和信息化部、水利部、市场监管总局、国家能源局按职责分工负责）

（六）推动能源绿色低碳转型。统筹能源安全和绿色低碳发展，推动能源供给体系清洁化低碳化和终端能源消费电气化。实施可再生能源替代行动，大力发展风能、太阳能、生物质能、海洋能、地热能等，因地制宜开发水电，开展小水电绿色改造，在严监管、确保绝对安全前提下有序发展核电，不断提高非化石能源消费比重。严控煤电项目，"十四五"时期严格合理控制煤炭消费增长，"十五五"时期逐步减少。重点削减散煤等非电用煤，严禁在国家政策允许的领域以外新（扩）建燃煤自备电厂。持续推进北方地区冬季清洁取暖。新改扩建工业炉窑采用清洁低碳能源，优化天然气使用方式，优先保障居民用气，有序推进工业燃煤和农业用煤天然气替代。（国家发展改革委、国家能源局、工业和信息化部、自然资源部、生态环境部、住房城乡建设部、农业农村部、水利部、市场监管总局按职责分工负责）

（七）加快形成绿色生活方式。倡导简约适度、绿色低碳、文明健康的生活方式，从源头上减少污染物和碳排放。扩大绿色低碳产品供给和消费，加快推进构建统一的绿色产品认证与标识体系，完善绿色产品推广机制。开展绿色社区等建设，深入开展全社会反对浪费行动。推广绿色包装，推动包装印刷减量化，减少印刷面积和颜色种类。引导公众优先选择公共交通、自行车和步行等绿色低碳出行方式。发挥公共机构特别是党政机关节能减排引领示范作用。探索建立"碳普惠"等公众参与机制。（国家发展改革委、生态环境部、工业和信息化部、财政部、住房城乡建设部、交通运输部、商务部、市场监管总局、国管局按职责分工负责）

四、突出重点领域

（八）推进工业领域协同增效。实施绿色制造工程，推广绿色设计，探索产品设计、生产工艺、产品分销以及回收处置利用全产业链绿色化，加快工业领域源头减排、过程控制、末端治理、综合利用全流程绿色发展。推进工业节能和能效水平提升。依法实施"双超双有高耗能"企业强制性清洁生产审核，开展重点行业清洁生产改造，推动一批重点企业达到国际领先水平。研究建立大气环境容量约束下的钢铁、焦化等行业去产能长效机制，逐步减少独立烧结、热轧企业数量。大力支持电炉短流程工艺发展，水泥行业加快原燃料替代，石化行业加快推动减油增化，铝行业提高再生铝比例，推广高效低碳技术，加快再生有色金属产业发展。2025年和2030年，全国短流程炼钢占比分别提升至15%、20%以上。2025年再生铝产量达到1150万吨，2030年电解铝使用可再生能源比例提高至30%以上。推动冶炼副产能源资源与建材、石化、化工行业深度耦合发展。鼓励重点行业企业探索采用多污染物和温室气体协同控制技术工艺，开展协同创新。推动碳捕集、利用与封存技术在工业领域应用。（工业和信息化部、国家发展改革委、生态环境部、国家能源局按职责分工负责）

（九）推进交通运输协同增效。加快推进"公转铁""公转水"，提高铁路、水运在综合运输中的承运比例。发展城市绿色配送体系，加强城市慢行交通系统建设。加快新能源车发展，逐步推动公共领域用车电动化，有序推动老旧车辆替换为新能源车辆和非道路移动机械使用新能源清洁能源动力，探索开展中重型电动、燃料电池货车示范应用和商业化运营。到2030年，大气污染防治重点区域新能源汽车新车销售量达到汽车新车销售量的50%左右。加快淘汰老旧船舶，推动新能源、清洁能源动力船舶应用，加快港口供电设施建设，推动船舶靠港使用岸电。（交通运输部、国家发展改革委、工业和信息化部、生态环境部、住房城乡建设部、中国国家铁路集团有限公司按职责分工负责）

（十）推进城乡建设协同增效。优化城镇布局，合理控制城镇建筑总规模，加强建筑拆建管理，多措并举提高绿色建筑比例，推动超低能耗建筑、近零碳建筑规模化发展。稳步发展装配式建筑，推广使用绿色建材。推动北方地区建筑节能绿色改造与清洁取暖同步实施，优先支持大气污染防治重点区域利用太阳能、地热、生物质能等可再生能源满足建筑供热、制冷及生活热水等用能需求。鼓励在城镇老旧小区改造、农村危房改造、农房抗震改造等过程中同步实施建筑绿色化改造。鼓励小规模、渐进式更新和微改造，推进建筑废弃物再生利用。合理控制城市照明能耗。大力发展光伏建筑一体化应用，开展光储直柔一体化试点。在农村人居环境整治提升中统筹考虑减污降碳要求。（住房城乡建

设部、自然资源部、生态环境部、农业农村部、国家能源局、国家乡村振兴局等按职责分工负责）

（十一）推进农业领域协同增效。推行农业绿色生产方式，协同推进种植业、畜牧业、渔业节能减排与污染治理。深入实施化肥农药减量增效行动，加强种植业面源污染防治，优化稻田水分灌溉管理，推广优良品种和绿色高效栽培技术，提高氮肥利用效率，到2025年，三大粮食作物化肥、农药利用率均提高到43%。提升秸秆综合利用水平，强化秸秆焚烧管控。提高畜禽粪污资源化利用水平，适度发展稻渔综合种养、渔光一体、鱼菜共生等多层次综合水产养殖模式，推进渔船渔机节能减排。加快老旧农机报废更新力度，推广先进适用的低碳节能农机装备。在农业领域大力推广生物质能、太阳能等绿色用能模式，加快农村取暖炊事、农业及农产品加工设施等可再生能源替代。（农业农村部、生态环境部、国家能源局按职责分工负责）

（十二）推进生态建设协同增效。坚持因地制宜，宜林则林，宜草则草，科学开展大规模国土绿化行动，持续增加森林面积和蓄积量。强化生态保护监管，完善自然保护地、生态保护红线监管制度，落实不同生态功能区分级分区保护、修复、监管要求，强化河湖生态流量管理。加强土地利用变化管理和森林可持续经营。全面加强天然林保护修复。实施生物多样性保护重大工程。科学推进荒漠化、石漠化、水土流失综合治理，科学实施重点区域生态保护和修复综合治理项目，建设生态清洁小流域。坚持以自然恢复为主，推行森林、草原、河流、湖泊、湿地休养生息，加强海洋生态系统保护，改善水生态环境，提升生态系统质量和稳定性。加强城市生态建设，完善城市绿色生态网络，科学规划、合理布局城市生态廊道和生态缓冲带。优化城市绿化树种，降低花粉污染和自然源挥发性有机物排放，优先选择乡土树种。提升城市水体自然岸线保有率。开展生态改善、环境扩容、碳汇提升等方面效果综合评估，不断提升生态系统碳汇与净化功能。（国家林草局、国家发展改革委、自然资源部、生态环境部、住房城乡建设部、水利部按职责分工负责）

五、优化环境治理

（十三）推进大气污染防治协同控制。优化治理技术路线，加大氮氧化物、挥发性有机物（VOCs）以及温室气体协同减排力度。一体推进重点行业大气污染深度治理与节能降碳行动,推动钢铁、水泥、焦化行业及锅炉超低排放改造,探索开展大气污染物与温室气体排放协同控制改造提升工程试点。VOCs等大气污染物治理优先采用源头替代措施。推进大气污染治理设备节能降耗,提高设备自动化智能化运行水平。加强消耗臭氧层物质和氢氟碳化物管理,加快使用含氢氯氟烃生产线改造,逐步淘汰氢氯氟烃使用。推进移动源大气污染物排放和碳排放协同治理。(生态环境部、国家发展改革委、工业和信息化部、交通运输部、国家能源局按职责分工负责)

(十四)推进水环境治理协同控制。大力推进污水资源化利用。提高工业用水效率,推进产业园区用水系统集成优化,实现串联用水、分质用水、一水多用、梯级利用和再生利用。构建区域再生水循环利用体系,因地制宜建设人工湿地水质净化工程及再生水调蓄设施。探索推广污水社区化分类处理和就地回用。建设资源能源标杆再生水厂。推进污水处理厂节能降耗,优化工艺流程,提高处理效率;鼓励污水处理厂采用高效水力输送、混合搅拌和鼓风曝气装置等高效低能耗设备;推广污水处理厂污泥沼气热电联产及水源热泵等热能利用技术;提高污泥处置和综合利用水平;在污水处理厂推广建设太阳能发电设施。开展城镇污水处理和资源化利用碳排放测算,优化污水处理设施能耗和碳排放管理。以资源化、生态化和可持续化为导向,因地制宜推进农村生活污水集中或分散式治理及就近回用。(生态环境部、国家发展改革委、工业和信息化部、住房城乡建设部、农业农村部按职责分工负责)

(十五)推进土壤污染治理协同控制。合理规划污染地块土地用途,鼓励农药、化工等行业中重度污染地块优先规划用于拓展生态空间,降低修复能耗。鼓励绿色低碳修复,优化土壤污染风险管控和修复技术路线,注重节能降耗。推动严格管控类受污染耕地植树造林增汇,研究利用废弃矿山、采煤沉陷区受损土地、已封场垃圾填埋场、污染地块等因地制宜规划建设光伏发电、风力发电等新能源项目。(生态环境部、国家发展改革委、自然资源部、住房城乡建设部、国家能源局、国家林草局按职责分工负责)

(十六)推进固体废物污染防治协同控制。强化资源回收和综合利用,加强"无废城市"建设。推动煤矸石、粉煤灰、尾矿、冶炼渣等工业固废资源利用或替代建材生产原料,到2025年,新增大宗固废综合利用率达到60%,存量大宗固废有序减少。推进退役动力电池、光伏组件、风电机组叶片等新型废弃物回收利用。加强生活垃圾减量化、资源化和无害化处理，大力推进垃圾分类，优化生活垃圾处理处置方式，加强可回收物和厨余垃圾资源化利用，持续推进生活垃圾焚烧处理能力建设。减少有机垃圾填埋，加强生活垃圾填埋场垃圾渗滤液、恶臭和温室气体协同控制，推动垃圾填埋场填埋气收集和利用设施建设。因地制宜稳步推进生物质能多元化开发利用。禁止持久性有机污染物和添汞产品的非法生产，从源头减少含有毒有害化学物质的固体废物产生。（生态环境部、国家发展改革委、工业和信息化部、住房城乡建设部、商务部、市场监管总局、国家能源局按职责分工负责）

六、开展模式创新

（十七）开展区域减污降碳协同创新。基于深入打好污染防治攻坚战和碳达峰目标要求，在国家重大战略区域、大气污染防治重点区域、重点海湾、重点城市群，加快探索减污降碳协同增效的有效模式，优化区域产业结构、能源结构、交通运输结构，培育绿色低碳生活方式，加强技术创新和体制机制创新，助力实现区域绿色低碳发展目标。（生态环境部、国家发展改革委等按职责分工负责）

（十八）开展城市减污降碳协同创新。统筹污染治理、生态保护以及温室气体减排要求，在国家环境保护模范城市、"无废城市"建设中强化减污降碳协同增效要求，探索不同类型城市减污降碳推进机制，在城市建设、生产生活各领域加强减污降碳协同增效，加快实现城市绿色低碳发展。（生态环境部、国家发展改革委、住房城乡建设部等按职责分工负责）

（十九）开展产业园区减污降碳协同创新。鼓励各类产业园区根据自身主导产业和污染物、碳排放水平，积极探索推进减污降碳协同增效，优化园区空间布局，大力推广使用新能源，促进园区能源系统优化和梯级利用、水资源集约节约高效循环利用、废物综合利用，升级改造污水处理设施和垃圾焚烧设施，提升基础设施绿色低碳发展水平。（生态环境部、国家发展改革委、科技部、工业和信息化部、住房城乡建设部、水利部、商务部等按职责分工负责）

（二十）开展企业减污降碳协同创新。通过政策激励、提升标准、鼓励先进等手段，推动重点行业企业开展减污降碳试点工作。鼓励企业采取工艺改进、能源替代、节能提效、综合治理等措施，实现生产过程中大气、水和固体废物等多种污染物以及温室气体大幅减排，显著提升环境治理绩效，实现污染物和碳排放均达到行业先进水平，"十四五"期间力争推动一批企业开展减污降碳协同创新行动；支持企业进一步探索深度减污降碳路径，打造"双近零"排放标杆企业。（生态环境部负责）

七、强化支撑保障

（二十一）加强协同技术研发应用。加强减污降碳协同增效基础科学和机理研究，在大气污染防治、碳达峰碳中和等国家重点研发项目中设置研究任务，建设一批相关重点实验室，部署实施一批重点创新项目。加强氢能冶金、二氧化碳合成化学品、新型电力系统关键技术等研发，推动炼化系统能量优化、低温室效应制冷剂替代、碳捕集与利用等技术试点应用，推广光储直柔、可再生能源与建筑一体化、智慧交通、交通能源融合技术。开展烟气超低排放与碳减排协同技术创新，研发多污染物系统治理、VOCs源头替代、低温脱硝等技术和装备。充分利用国家生态环境科技成果转化综合服务平台，实施百城千县万名专家生态环境科技帮扶行动，提升减污降碳科技成果转化力度和效率。加快重点领域绿色低碳共性技术示范、制造、系统集成和产业化。开展水土保持措施碳汇效应研究。加强科技创新能力建设，推动重点方向学科交叉研究，形成减污降碳领域国家战略科技力量。（科技部、国家发展改革委、生态环境部、住房城乡建设部、交通运输部、水利部、国家能源局按职责分工负责）

（二十二）完善减污降碳法规标准。制定实施《碳排放权交易管理暂行条例》。推动将协同控制温室气体排放纳入生态环境相关法律法规。完善生态环境标准体系，制修订相关排放标准，强化非二氧化碳温室气体管控，研究制订重点行业温室气体排放标准，制定污染物与温室气体排放协同控制可行技术指南、监测技术指南。完善汽车等移动源排放标准，推动污染物与温室气体排放协同控制。（生态环境部、司法部、工业和信息化部、交通运输部、市场监管总局按职责分工负责）

（二十三）加强减污降碳协同管理。研究探索统筹排污许可和碳排放管理，衔接减污降碳管理要求。加快全国碳排放权交易市场建设，严厉打击碳排放数据造假行为，强化日常监管，建立长效机制，严格落实履约制度，优化配额分配方法。开展相关计量技术研究，建立健全计量测试服务体系。开展重点城市、产业园区、重点企业减污降碳协同度评价研究，引导各地区优化协同管理机制。推动污染物和碳排放量大的企业开展环境信息依法披露。（生态环境部、国家发展改革委、工业和信息化部、市场监管总局、国家能源局按职责分工负责）

（二十四）强化减污降碳经济政策。加大对绿色低碳投资项目和协同技术应用的财政政策支持，财政部门要做好减污降碳相关经费保障。大力发展绿色金融，用好碳减排货币政策工具，引导金融机构和社会资本加大对减污降碳的支持力度。扎实推进气候投融资，建设国家气候投融资项目库，开展气候投融资试点。建立有助于企业绿色低碳发展的绿色电价政策。将清洁取暖财政政策支持范围扩大到整个北方地区，有序推进散煤替代和既有建筑节能改造工作。加强清洁生产审核和评价认证结果应用，将其作为阶梯电价、用水定额、重污染天气绩效分级管控等差异化政策制定和实施的重要依据。推动绿色电力交易试点。（财政部、国家发展改革委、生态环境部、住房城乡建设部、交通运输部、人民银行、银保监会、证监会按职责分工负责）

（二十五）提升减污降碳基础能力。拓展完善天地一体监测网络，提升减污降碳协同监测能力。健全排放源统计调查、核算核查、监管制度，按履约要求编制国家温室气体排放清单，建立温室气体排放因子库。研究建立固定源污染物与碳排放核查协同管理制度，实行一体化监管执法。依托移动源环保信息公开、达标监管、检测与维修等制度，探索实施移动源碳排放核查、核算与报告制度。（生态环境部、国家发展改革委、国家统计局按职责分工负责）

八、加强组织实施

（二十六）加强组织领导。各地区各有关部门要认真贯彻落实党中央、国务院决策部署，充分认识减污降碳协同增效工作的重要性、紧迫性，坚决扛起责任，抓好贯彻落实。各有关部门要加强协调配合，各司其职，各负其责，形成合力，系统推进相关工作。各地区生态环境部门要结合实际，制定实施方案，明确时间目标，细化工作任务，确保各项重点举措落地见效。（各相关部门、地方按职责分工负责）

（二十七）加强宣传教育。将绿色低碳发展纳入国民教育体系。加强干部队伍能力建设，组织开展减污降碳协同增效业务培训，提升相关部门、地方政府、企业管理人员能力水平。加强宣传引导，选树减污降碳先进典型，发挥榜样示范和价值引领作用，利用六五环境日、全国低碳日、全国节能宣传周等广泛开展宣传教育活动。开展生态环境保护和应对气候变化科普活动。加大信息公开力度，完善公众监督和举报反馈机制，提高环境决策公众参与水平。（生态环境部、国家发展改革委、教育部、科技部按职责分工负责）

（二十八）加强国际合作。积极参与全球气候和环境治理，广泛开展应对气候变化、保护生物多样性、海洋环境治理等生态环保国际合作，与共建"一带一路"国家开展绿色发展政策沟通，加强减污降碳政策、标准联通，在绿色低碳技术研发应用、绿色基础设施建设、绿色金融、气候投融资等领域开展务实合作。加强减污降碳国际经验交流，为实现2030年全球可持续发展目标贡献中国智慧、中国方案。（生态环境部、国家发展改革委、科技部、财政部、住房城乡建设部、人民银行、市场监管总局、中国气象局、证监会、国家林草局等按职责分工负责）

（二十九）加强考核督察。统筹减污降碳工作要求，将温室气体排放控制目标完成情况纳入生态环境相关考核，逐步形成体现减污降碳协同增效要求的生态环境考核体系。（生态环境部牵头负责）

文件 8

住房和城乡建设部 国家发展改革委关于印发城乡建设领域碳达峰实施方案的通知

建标〔2022〕53 号

国务院有关部门，各省、自治区住房和城乡建设厅、发展改革委，直辖市住房和城乡建设（管）委、发展改革委，新疆生产建设兵团住房和城乡建设局、发展改革委：

《城乡建设领域碳达峰实施方案》已经碳达峰碳中和工作领导小组审议通过，现印发给你们，请认真贯彻落实。

住房和城乡建设部
国家发展改革委
2022 年 6 月 30 日

（此件公开发布）

城乡建设领域碳达峰实施方案

城乡建设是碳排放的主要领域之一。随着城镇化快速推进和产业结构深度调整，城乡建设领域碳排放量及其占全社会碳排放总量比例均将进一步提高。为深入贯彻落实党中央、国务院关于碳达峰碳中和决策部署，控制城乡建设领域碳排放量增长，切实做好城乡建设领域碳达峰工作，根据《中共中央 国务院关于完整准确全面贯彻新发展理念做好碳达峰碳中和工作的意见》《2030 年前碳达峰行动方案》，制定本实施方案。

一、总体要求

（一）指导思想。以习近平新时代中国特色社会主义思想为指导，全面贯彻党的十九大和十九届历次全会精神，深入贯彻习近平生态文明思想，按照党中央、国务院决策部署，坚持稳中求进工作总基调，立足新发展阶段，完整、准确、全面贯彻新发展理念,构建新发展格局,坚持生态优先、节约优先、保护优先,坚持人与自然和谐共生,坚持系统观念,统筹发展和安全,以绿色低碳发展为引领,推进城市更新行动和乡村建设行动,加快转变城乡建设方式,提升绿色低碳发展质量,不断满足人民群众对美好生活的需要。

（二）工作原则。坚持系统谋划、分步实施,加强顶层设计,强化结果控制,合理确定工作节奏,统筹推进实现碳达峰。坚持因地制宜,区分城市、乡村、不同气候区,科学确定节能降碳要求。坚持创新引领、转型发展,加强核心技术攻坚,完善技术体系,强化机制创新,完善城乡建设碳减排管理制度。坚持双轮驱动、共同发力,充分发挥政府主导和市场机制作用,形成有效的激励约束机制,实施共建共享,协同推进各项工作。

（三）主要目标。2030年前,城乡建设领域碳排放达到峰值。城乡建设绿色低碳发展政策体系和体制机制基本建立;建筑节能、垃圾资源化利用等水平大幅提高,能源资源利用效率达到国际先进水平;用能结构和方式更加优化,可再生能源应用更加充分;城乡建设方式绿色低碳转型取得积极进展,"大量建设、大量消耗、大量排放"基本扭转;城市整体性、系统性、生长性增强,"城市病"问题初步解决;建筑品质和工程质量进一步提高,人居环境质量大幅改善;绿色生活方式普遍形成,绿色低碳运行初步实现。力争到2060年前,城乡建设方式全面实现绿色低碳转型,系统性变革全面实现,美好人居环境全面建成,城乡建设领域碳排放治理现代化全面实现,人民生活更加幸福。

二、建设绿色低碳城市

（四）优化城市结构和布局。城市形态、密度、功能布局和建设方式对碳减排具有基础性重要影响。积极开展绿色低碳城市建设,推动组团式发展。每个组团面积不超过50平方公里,组团内平均人口密度原则上不超过1万人/平方公里,个别地段最高不超过1.5万人/平方公里。加强生态廊道、景观视廊、通风廊道、滨水空间和城市绿道统筹布局,留足城市河湖生态空间和防洪排涝空间,组团间的生态廊道应贯通连续,净宽度不少于100米。推动城市生态修复,完善城市生态系统。严格控制新建超高层建筑,一般不得新建超高层住宅。新城新区合理控制职住比例,促进就业岗位和居住空间均衡融合布局。合理布局城市快速干线交通、生活性集散交通和绿色慢行交通设施,主城区道路网密度应大于 8 公里/平方公里。严格既有建筑拆除管理，坚持从"拆改留"到"留改拆"推动城市更新，除违法建筑和经专业机构鉴定为危房且无修缮保留价值的建筑外，不大规模、成片集中拆除现状建筑，城市更新单元（片区）或项目内拆除建筑面积原则上不应大于现状总建筑面积的 20%。盘活存量房屋，减少各类空置房。

（五）开展绿色低碳社区建设。社区是形成简约适度、绿色低碳、文明健康生活方式的重要场所。推广功能复合的混合街区，倡导居住、商业、无污染产业等混合布局。按照《完整居住社区建设标准（试行）》配建基本公共服务设施、便民商业服务设施、市政配套基础设施和公共活动空间，到 2030 年地级及以上城市的完整居住社区覆盖率提高到 60% 以上。通过步行和骑行网络串联若干个居住社区，构建十五分钟生活圈。推进绿色社区创建行动，将绿色发展理念贯穿社区规划建设管理全过程，60% 的城市社区先行达到创建要求。探索零碳社区建设。鼓励物业服务企业向业主提供居家养老、家政、托幼、健身、购物等生活服务，在步行范围内满足业主基本生活需求。鼓励选用绿色家电产品，减少使用一次性消费品。鼓励"部分空间、部分时间"等绿色低碳用能方式，倡导随手关灯，电视机、空调、电脑等电器不用时关闭插座电源。鼓励选用新能源汽车，推进社区充换电设施建设。

（六）全面提高绿色低碳建筑水平。持续开展绿色建筑创建行动，到 2025 年，城镇新建建筑全面执行绿色建筑标准，星级绿色建筑占比达到 30% 以上，新建政府投资公益性公共建筑和大型公共建筑全部达到一星级以上。2030 年前严寒、寒冷地区新建居住建筑本体达到 83% 节能要求，夏热冬冷、夏热冬暖、温和地区新建居住建筑本体达到 75% 节能要求，新建公共建筑本体达到 78% 节能要求。推动低碳建筑规模化发展，鼓励建设零碳建筑和近零能耗建筑。加强节能改造鉴定评估，编制改造专项规划，对具备改造价值和条件的居住建筑要应改尽改，改造部分节能水平应达到现行标准规定。持续推进公共建筑能效提升重点城市建设，到 2030 年地级以上重点城市全部完成改造任务，改造后实现整体能效提升 20% 以上。推进公共建筑能耗监测和统计分析，逐步实施能耗限额管理。加强空调、照明、电梯等重点用能设备运行调适，提升设备能效，到 2030 年实现公共建筑机电系统的总体能效在现有水平上提升 10%。

（七）建设绿色低碳住宅。提升住宅品质，积极发展中小户型普通住宅，限制发展超大户型住宅。依据当地气候条件，合理确定住宅朝向、窗墙比和体形系数，降低住宅能耗。合理布局居住生活空间，鼓励大开间、小进深，充分利用日照和自然通风。推行灵活可变的居住空间设计，减少改造或拆除造成的资源浪费。推动新建住宅全装修交付使用，减少资源消耗和环境污染。积极推广装配化装修，推行整体卫浴和厨房等模块化部品应用技术，实现部品部件可拆改、可循环使用。提高共用设施设备维修养护水平，提升智能化程度。加强住宅共用部位维护管理，延长住宅使用寿命。

（八）提高基础设施运行效率。基础设施体系化、智能化、生态绿色化建设和稳定运行，可以有效减少能源消耗和碳排放。实施30年以上老旧供热管网更新改造工程，加强供热管网保温材料更换，推进供热场站、管网智能化改造，到2030年城市供热管网热损失比2020年下降5个百分点。开展人行道净化和自行车专用道建设专项行动，完善城市轨道交通站点与周边建筑连廊或地下通道等配套接驳设施，加大城市公交专用道建设力度，提升城市公共交通运行效率和服务水平，城市绿色交通出行比例稳步提升。全面推行垃圾分类和减量化、资源化，完善生活垃圾分类投放、分类收集、分类运输、分类处理系统，到2030年城市生活垃圾资源化利用率达到65%。结合城市特点，充分尊重自然，加强城市设施与原有河流、湖泊等生态本底的有效衔接，因地制宜，系统化全域推进海绵城市建设，综合采用"渗、滞、蓄、净、用、排"方式，加大雨水蓄滞与利用，到2030年全国城市建成区平均可渗透面积占比达到45%。推进节水型城市建设，实施城市老旧供水管网更新改造，推进管网分区计量，提升供水管网智能化管理水平，力争到2030年城市公共供水管网漏损率控制在8%以内。实施污水收集处理设施改造和城镇污水资源化利用行动，到2030年全国城市平均再生水利用率达到30%。加快推进城市供气管道和设施更新改造。推进城市绿色照明，加强城市照明规划、设计、建设运营全过程管理，控制过度亮化和光污染，到2030年LED等高效节能灯具使用占比超过80%，30%以上城市建成照明数字化系统。开展城市园林绿化提升行动，完善城市公园体系，推进中心城区、老城区绿道网络建设，加强立体绿化，提高乡土和本地适生植物应用比例，到2030年城市建成区绿地率达到38.9%，城市建成区拥有绿道长度超过1公里/万人。

（九）优化城市建设用能结构。推进建筑太阳能光伏一体化建设，到2025

年新建公共机构建筑、新建厂房屋顶光伏覆盖率力争达到50%。推动既有公共建筑屋顶加装太阳能光伏系统。加快智能光伏应用推广。在太阳能资源较丰富地区及有稳定热水需求的建筑中，积极推广太阳能光热建筑应用。因地制宜推进地热能、生物质能应用，推广空气源等各类电动热泵技术。到2025年城镇建筑可再生能源替代率达到8%。引导建筑供暖、生活热水、炊事等向电气化发展，到2030年建筑用电占建筑能耗比例超过65%。推动开展新建公共建筑全面电气化，到2030年电气化比例达到20%。推广热泵热水器、高效电炉灶等替代燃气产品，推动高效直流电器与设备应用。推动智能微电网、"光储直柔"、蓄冷蓄热、负荷灵活调节、虚拟电厂等技术应用，优先消纳可再生能源电力，主动参与电力需求侧响应。探索建筑用电设备智能群控技术，在满足用电需求前提下，合理调配用电负荷，实现电力少增容、不增容。根据既有能源基础设施和经济承受能力，因地制宜探索氢燃料电池分布式热电联供。推动建筑热源端低碳化，综合利用热电联产余热、工业余热、核电余热，根据各地实际情况应用尽用。充分发挥城市热电供热能力，提高城市热电生物质耦合能力。引导寒冷地区达到超低能耗的建筑不再采用市政集中供暖。

（十）推进绿色低碳建造。大力发展装配式建筑，推广钢结构住宅，到2030年装配式建筑占当年城镇新建建筑的比例达到40%。推广智能建造，到2030年培育100个智能建造产业基地，打造一批建筑产业互联网平台，形成一系列建筑机器人标志性产品。推广建筑材料工厂化精准加工、精细化管理，到2030年施工现场建筑材料损耗率比2020年下降20%。加强施工现场建筑垃圾管控，到2030年新建建筑施工现场建筑垃圾排放量不高于300吨/万平方米。积极推广节能型施工设备，监控重点设备耗能，对多台同类设备实施群控管理。优先选用获得绿色建材认证标识的建材产品，建立政府工程采购绿色建材机制，到2030年星级绿色建筑全面推广绿色建材。鼓励有条件的地区使用木竹建材。提高预制构件和部品部件通用性，推广标准化、少规格、多组合设计。推进建筑垃圾集中处理、分级利用，到2030年建筑垃圾资源化利用率达到55%。

三、打造绿色低碳县城和乡村

（十一）提升县城绿色低碳水平。开展绿色低碳县城建设，构建集约节约、尺度宜人的县城格局。充分借助自然条件、顺应原有地形地貌，实现县城与自然环境融合协调。结合实际推行大分散与小区域集中相结合的基础设施分布式布局，建设绿色节约型基础设施。要因地制宜强化县城建设密度与强度管控，位于生态功能区、农产品主产区的县城建成区人口密度控制在0.6—1万人/平方公里，建筑总面积与建设用地比值控制在0.6—0.8；建筑高度要与消防救援能力相匹配，新建住宅以6层为主，最高不超过18层，6层及以下住宅建筑面积占比应不低于70%；确需建设18层以上居住建筑的，应严格充分论证，并确保消防应急、市政配套设施等建设到位；推行"窄马路、密路网、小街区"，县城内部道路红线宽度不超过40米，广场集中硬地面积不超过2公顷，步行道网络应连续通畅。

（十二）营造自然紧凑乡村格局。合理布局乡村建设，保护乡村生态环境，减少资源能源消耗。开展绿色低碳村庄建设，提升乡村生态和环境质量。农房和村庄建设选址要安全可靠，顺应地形地貌，保护山水林田湖草沙生态脉络。鼓励新建农房向基础设施完善、自然条件优越、公共服务设施齐全、景观环境优美的村庄聚集，农房群落自然、紧凑、有序。

（十三）推进绿色低碳农房建设。提升农房绿色低碳设计建造水平，提高农房能效水平，到2030年建成一批绿色农房，鼓励建设星级绿色农房和零碳农房。按照结构安全、功能完善、节能降碳等要求，制定和完善农房建设相关标准。引导新建农房执行《农村居住建筑节能设计标准》等相关标准，完善农房节能措施，因地制宜推广太阳能暖房等可再生能源利用方式。推广使用高能效照明、灶具等设施设备。鼓励就地取材和利用乡土材料，推广使用绿色建材，鼓励选用装配式钢结构、木结构等建造方式。大力推进北方地区农村清洁取暖。在北方地区冬季清洁取暖项目中积极推进农房节能改造，提高常住房间舒适性，改造后实现整体能效提升30%以上。

（十四）推进生活垃圾污水治理低碳化。推进农村污水处理，合理确定排放标准，推动农村生活污水就近就地资源化利用。因地制宜，推广小型化、生态化、分散化的污水处理工艺，推行微动力、低能耗、低成本的运行方式。推动农村生活垃圾分类处理，倡导农村生活垃圾资源化利用，从源头减少农村生活垃圾产生量。

（十五）推广应用可再生能源。推进太阳能、地热能、空气热能、生物质能等可再生能源在乡村供气、供暖、供电等方面的应用。大力推动农房屋顶、院落空地、农业设施加装太阳能光伏系统。推动乡村进一步提高电气化水平，鼓励炊事、供暖、照明、交通、热水等用能电气化。充分利用太阳能光热系统提供生活热水，鼓励使用太阳能灶等设备。

四、强化保障措施

（十六）建立完善法律法规和标准计量体系。推动完善城乡建设领域碳达峰相关法律法规，建立健全碳排放管理制度，明确责任主体。建立完善节能降碳标准计量体系，制定完善绿色建筑、零碳建筑、绿色建造等标准。鼓励具备条件的地区制定高于国家标准的地方工程建设强制性标准和推荐性标准。各地根据碳排放控制目标要求和产业结构情况，合理确定城乡建设领域碳排放控制目标。建立城市、县城、社区、行政村、住宅开发项目绿色低碳指标体系。完善省市公共建筑节能监管平台，推动能源消费数据共享，加强建筑领域计量器具配备和管理。加强城市、县城、乡村等常住人口调查与分析。

（十七）构建绿色低碳转型发展模式。以绿色低碳为目标，构建纵向到底、横向到边、共建共治共享发展模式，健全政府主导、群团带动、社会参与机制。建立健全"一年一体检、五年一评估"的城市体检评估制度。建立乡村建设评价机制。利用建筑信息模型（BIM）技术和城市信息模型（CIM）平台等，推动数字建筑、数字孪生城市建设，加快城乡建设数字化转型。大力发展节能服务产业，推广合同能源管理，探索节能咨询、诊断、设计、融资、改造、托管等"一站式"综合服务模式。

（十八）建立产学研一体化机制。组织开展基础研究、关键核心技术攻关、工程示范和产业化应用，推动科技研发、成果转化、产业培育协同发展。整合优化行业产学研科技资源，推动高水平创新团队和创新平台建设，加强创新型领军企业培育。鼓励支持领军企业联合高校、科研院所、产业园区、金融机构等力量，组建产业技术创新联盟等多种形式的创新联合体。鼓励高校增设碳达峰碳中和相关课程，加强人才队伍建设。

（十九）完善金融财政支持政策。完善支持城乡建设领域碳达峰的相关财政政策，落实税收优惠政策。完善绿色建筑和绿色建材政府采购需求标准，在政府采购领域推广绿色建筑和绿色建材应用。强化绿色金融支持，鼓励银行业金融机构在风险可控和商业自主原则下，创新信贷产品和服务支持城乡建设领域节能降碳。鼓励开发商投保全装修住宅质量保险，强化保险支持，发挥绿色保险产品的风险保障作用。合理开放城镇基础设施投资、建设和运营市场，应用特许经营、政府购买服务等手段吸引社会资本投入。完善差别电价、分时电价和居民阶梯电价政策，加快推进供热计量和按供热量收费。

五、加强组织实施

（二十）加强组织领导。在碳达峰碳中和工作领导小组领导下，住房和城乡建设部、国家发展改革委等部门加强协作，形成合力。各地区各有关部门要加强协调，科学制定城乡建设领域碳达峰实施细化方案，明确任务目标，制定责任清单。

（二十一）强化任务落实。各地区各有关部门要明确责任，将各项任务落实落细，及时总结好经验好做法，扎实推进相关工作。各省（区、市）住房和城乡建设、发展改革部门于每年11月底前将当年贯彻落实情况报住房和城乡建设部、国家发展改革委。

（二十二）加大培训宣传。将碳达峰碳中和作为城乡建设领域干部培训重要内容，提高绿色低碳发展能力。通过业务培训、比赛竞赛、经验交流等多种方式，提高规划、设计、施工、运行相关单位和企业人才业务水平。加大对优秀项目、典型案例的宣传力度，配合开展好"全民节能行动"、"节能宣传周"等活动。编写绿色生活宣传手册，积极倡导绿色低碳生活方式，动员社会各方力量参与降碳行动，形成社会各界支持、群众积极参与的浓厚氛围。开展减排自愿承诺，引导公众自觉履行节能减排责任。

文件 9

工业和信息化部　发展改革委　生态环境部关于印发工业
领域碳达峰实施方案的通知
工信部联节〔2022〕88 号

外交部、科技部、司法部、财政部、住房城乡建设部、交通运输部、商务部、人民银行、国资委、税务总局、市场监管总局、统计局、银保监会、证监会、能源局、林草局、邮政局，各省、自治区、直辖市及计划单列市、新疆生产建设兵团工业和信息化主管部门、发展改革委、生态环境厅（局）：

《工业领域碳达峰实施方案》已经碳达峰碳中和工作领导小组审议通过，现印发给你们，请认真贯彻落实。

工业和信息化部
发展改革委
生态环境部
2022 年 7 月 7 日

工业领域碳达峰实施方案

为深入贯彻落实党中央、国务院关于碳达峰碳中和决策部署，加快推进工业绿色低碳转型，切实做好工业领域碳达峰工作，根据《中共中央　国务院关于完整准确全面贯彻新发展理念做好碳达峰碳中和工作的意见》和《2030 年前碳达峰行动方案》，结合相关规划，制定本实施方案。

一、总体要求

（一）指导思想。

以习近平新时代中国特色社会主义思想为指导，全面贯彻党的十九大和十九届历次全会精神，深入贯彻习近平生态文明思想，按照党中央、国务院决策部署，坚持稳中求进工作总基调，立足新发展阶段，完整、准确、全面贯彻新发展理念，构建新发展格局，坚定不移实施制造强国和网络强国战略，锚定碳达峰碳中和目标愿景，坚持系统观念，统筹处理好工业发展和减排、整体和局部、长远目标和短期目标、政府和市场的关系，以深化供给侧结构性改革为主线，以重点行业达峰为突破，着力构建绿色制造体系，提高资源能源利用效率，推动数字化智能化绿色化融合，扩大绿色低碳产品供给，加快制造业绿色低碳转型和高质量发展。

（二）工作原则。

统筹谋划，系统推进。坚持在保持制造业比重基本稳定、确保产业链供应链安全、满足合理消费需求的同时，将碳达峰碳中和目标愿景贯穿工业生产各方面和全过程，积极稳妥推进碳达峰各项任务，统筹推动各行业绿色低碳转型。

效率优先，源头把控。坚持把节约能源资源放在首位，提升利用效率，优化用能和原料结构，推动企业循环式生产，加强产业间耦合链接，推进减污降碳协同增效，持续降低单位产出能源资源消耗，从源头减少二氧化碳排放。

创新驱动，数字赋能。坚持把创新作为第一驱动力，强化技术创新和制度创新，推进重大低碳技术工艺装备攻关，强化新一代信息技术在绿色低碳领域的创新应用，以数字化智能化赋能绿色化。

政策引领，市场主导。坚持双轮驱动，发挥市场在资源配置中的决定性作用，更好发挥政府作用，健全以碳减排为导向的激励约束机制，充分调动企业积极性，激发市场主体低碳转型发展的内生动力。

（三）总体目标。

"十四五"期间，产业结构与用能结构优化取得积极进展，能源资源利用效率大幅提升，建成一批绿色工厂和绿色工业园区，研发、示范、推广一批减排效果显著的低碳零碳负碳技术工艺装备产品，筑牢工业领域碳达峰基础。到2025年，规模以上工业单位增加值能耗较2020年下降13.5%，单位工业增加值二氧化碳排放下降幅度大于全社会下降幅度，重点行业二氧化碳排放强度明显下降。

"十五五"期间，产业结构布局进一步优化，工业能耗强度、二氧化碳排放强度持续下降，努力达峰削峰，在实现工业领域碳达峰的基础上强化碳中和能力，基本建立以高效、绿色、循环、低碳为重要特征的现代工业体系。确保工业领域二氧化碳排放在2030年前达峰。

二、重点任务

（四）深度调整产业结构。

推动产业结构优化升级，坚决遏制高耗能高排放低水平项目盲目发展，大力发展绿色低碳产业。

1. 构建有利于碳减排的产业布局。贯彻落实产业发展与转移指导目录，推进京津冀、长江经济带、粤港澳大湾区、长三角地区、黄河流域等重点区域产业有序转移和承接。落实石化产业规划布局方案，科学确定东中西部产业定位，合理安排建设时序。引导有色金属等行业产能向可再生能源富集、资源环境可承载地区有序转移。鼓励钢铁、有色金属等行业原生与再生、冶炼与加工产业集群化发展。围绕新一代信息技术、生物技术、新能源、新材料、高端装备、新能源汽车、绿色环保以及航空航天、海洋装备等战略性新兴产业，打造低碳转型效果明显的先进制造业集群。（国家发展改革委、工业和信息化部、生态环境部、国务院国资委、国家能源局等按职责分工负责）

2. 坚决遏制高耗能高排放低水平项目盲目发展。采取强有力措施，对高耗能高排放低水平项目实行清单管理、分类处置、动态监控。严把高耗能高排放低水平项目准入关，加强固定资产投资项目节能审查、环境影响评价，对项目用能和碳排放情况进行综合评价，严格项目审批、备案和核准。全面排查在建项目，对不符合要求的高耗能高排放低水平项目按有关规定停工整改。科学评估拟建项目，对产能已饱和的行业要按照"减量替代"原则压减产能，对产能尚未饱和的行业要按照国家布局和审批备案等要求对标国内领先、国际先进水平提高准入标准。（国家发展改革委、工业和信息化部、生态环境部等按职责分工负责）

3. 优化重点行业产能规模。修订产业结构调整指导目录。严格落实钢铁、水泥、平板玻璃、电解铝等行业产能置换政策，加强重点行业产能过剩分析预警和窗口指导，加快化解过剩产能。完善以环保、能耗、质量、安全、技术为主的综合标准体系，严格常态化执法和强制性标准实施，持续依法依规淘汰落后产能。（国家发展改革委、工业和信息化部、生态环境部、市场监管总局、国家能源局等按职责分工负责）

4. 推动产业低碳协同示范。强化能源、钢铁、石化化工、建材、有色金属、纺织、造纸等行业耦合发展，推动产业循环链接，实施钢化联产、炼化一体化、林浆纸一体化、林板一体化。加强产业链跨地区协同布局，减少中间产品物流量。鼓励龙头企业联合上下游企业、行业间企业开展协同降碳行动，构建企业首尾相连、互为供需、互联互通的产业链。建设一批"产业协同"、"以化固碳"示范项目。（国家发展改革委、工业和信息化部、国务院国资委、国家能源局、国家林草局等按职责分工负责）

（五）深入推进节能降碳。

把节能提效作为满足能源消费增长的最优先来源，大幅提升重点行业能源利用效率和重点产品能效水平，推进用能低碳化、智慧化、系统化。

1. 调整优化用能结构。重点控制化石能源消费，有序推进钢铁、建材、石化化工、有色金属等行业煤炭减量替代，稳妥有序发展现代煤化工，促进煤炭分质分级高效清洁利用。有序引导天然气消费，合理引导工业用气和化工原料用气增长。推进氢能制储输运销用全链条发展。鼓励企业、园区就近利用清洁能源，支持具备条件的企业开展"光伏+储能"等自备电厂、自备电源建设。（国家发展改革委、工业和信息化部、生态环境部、国家能源局等按职责分工负责）

2. 推动工业用能电气化。综合考虑电力供需形势，拓宽电能替代领域，在铸造、玻璃、陶瓷等重点行业推广电锅炉、电窑炉、电加热等技术，开展高温热泵、大功率电热储能锅炉等电能替代，扩大电气化终端用能设备使用比例。重点对工业生产过程1000℃以下中低温热源进行电气化改造。加强电力需求侧管理，开展工业领域电力需求侧管理示范企业和园区创建，示范推广应用相关技术产品，提升消纳绿色电力比例，优化电力资源配置。（国家发展改革委、工业和信息化部、生态环境部、国家能源局等按职责分工负责）

3. 加快工业绿色微电网建设。增强源网荷储协调互动，引导企业、园区加快分布式光伏、分散式风电、多元储能、高效热泵、余热余压利用、智慧能源管控等一体化系统开发运行，推进多能高效互补利用，促进就近大规模高比例消纳可再生能源。加强能源系统优化和梯级利用，因地制宜推广园区集中供热、能源供应中枢等新业态。加快新型储能规模化应用。（国家发展改革委、工业和信息化部、国家能源局等按职责分工负责）

4. 加快实施节能降碳改造升级。落实能源消费强度和总量双控制度，实施工业节能改造工程。聚焦钢铁、建材、石化化工、有色金属等重点行业，完善差别电价、阶梯电价等绿色电价政策，鼓励企业对标能耗限额标准先进值或国际先进水平，加快节能技术创新与推广应用。推动制造业主要产品工艺升级与节能技术改造，不断提升工业产品能效水平。在钢铁、石化化工等行业实施能效"领跑者"行动。（国家发展改革委、工业和信息化部、市场监管总局等按职责分工负责）

5. 提升重点用能设备能效。实施变压器、电机等能效提升计划，推动工业窑炉、锅炉、压缩机、风机、泵等重点用能设备系统节能改造升级。重点推广稀土永磁无铁芯电机、特大功率高压变频变压器、三角形立体卷铁芯结构变压器、可控热管式节能热处理炉、变频无级变速风机、磁悬浮离心风机等新型节能设备。（国家发展改革委、工业和信息化部、市场监管总局等按职责分工负责）

6. 强化节能监督管理。持续开展国家工业专项节能监察，制定节能监察工作计划，聚焦重点企业、重点用能设备，加强节能法律法规、强制性节能标准执行情况监督检查，依法依规查处违法用能行为，跟踪督促、整改落实。健全省、市、县三级节能监察体系，开展跨区域交叉执法、跨级联动执法。全面实施节能诊断和能源审计，鼓励企业采用合同能源管理、能源托管等模式实施改造。发挥重点领域中央企业、国有企业引领作用，带头开展节能自愿承诺。（国家发展改革委、工业和信息化部、国务院国资委、市场监管总局等按职责分工负责）

（六）积极推行绿色制造。

完善绿色制造体系，深入推进清洁生产，打造绿色低碳工厂、绿色低碳工业园区、绿色低碳供应链，通过典型示范带动生产模式绿色转型。

1. 建设绿色低碳工厂。培育绿色工厂，开展绿色制造技术创新及集成应用。实施绿色工厂动态化管理，强化对第三方评价机构监督管理，完善绿色制造公共服务平台。鼓励绿色工厂编制绿色低碳年度发展报告。引导绿色工厂进一步提标改造，对标国际先进水平，建设一批"超级能效"和"零碳"工厂。（工业和信息化部、生态环境部、市场监管总局等按职责分工负责）

2. 构建绿色低碳供应链。支持汽车、机械、电子、纺织、通信等行业龙头企业，在供应链整合、创新低碳管理等关键领域发挥引领作用，将绿色低碳理念贯穿于产品设计、原料采购、生产、运输、储存、使用、回收处理的全过程，加快推进构建统一的绿色产品认证与标识体系，推动供应链全链条绿色低碳发展。鼓励"一链一策"制定低碳发展方案，发布核心供应商碳减排成效报告。鼓励有条件的工业企业加快铁路专用线和管道基础设施建设，推动优化大宗货物运输方式和厂内物流运输结构。（国家发展改革委、工业和信息化部、生态环境部、交通运输部、商务部、国务院国资委、市场监管总局等按职责分工负责）

3. 打造绿色低碳工业园区。通过"横向耦合、纵向延伸"，构建园区内绿色低碳产业链条，促进园区内企业采用能源资源综合利用生产模式，推进工业余压余热、废水废气废液资源化利用，实施园区"绿电倍增"工程。到2025年，通过已创建的绿色工业园区实践形成一批可复制、可推广的碳达峰优秀典型经验和案例。（国家发展改革委、工业和信息化部、生态环境部、国家能源局等按职责分工负责）

4. 促进中小企业绿色低碳发展。优化中小企业资源配置和生产模式，探索开展绿色低碳发展评价，引导中小企业提升碳减排能力。实施中小企业绿色发展促进工程，开展中小企业节能诊断服务，在低碳产品开发、低碳技术创新等领域培育专精特新"小巨人"。创新低碳服务模式，面向中小企业打造普惠集成的低碳环保服务平台，助推企业增强绿色制造能力。（工业和信息化部、生态环境部等按职责分工负责）

5. 全面提升清洁生产水平。深入开展清洁生产审核和评价认证，推动钢铁、建材、石化化工、有色金属、印染、造纸、化学原料药、电镀、农副食品加工、工业涂装、包装印刷等行业企业实施节能、节水、节材、减污、降碳等系统性清洁生产改造。清洁生产审核和评价认证结果作为差异化政策制定和实施的重要依据。（国家发展改革委、工业和信息化部、生态环境部等按职责分工负责）

（七）大力发展循环经济。

优化资源配置结构，充分发挥节约资源和降碳的协同作用，通过资源高效循环利用降低工业领域碳排放。

1. 推动低碳原料替代。在保证水泥产品质量的前提下，推广高固废掺量的低碳水泥生产技术，引导水泥企业通过磷石膏、钛石膏、氟石膏、矿渣、电石渣、钢渣、镁渣、粉煤灰等非碳酸盐原料制水泥。推进水泥窑协同处置垃圾衍生可燃物。鼓励有条件的地区利用可再生能源制氢，优化煤化工、合成氨、甲醇等原料结构。支持发展生物质化工，推动石化原料多元化。鼓励

依法依规进口再生原料。（国家发展改革委、工业和信息化部、生态环境部、商务部、市场监管总局、国家能源局等按职责分工负责）

2. 加强再生资源循环利用。实施废钢铁、废有色金属、废纸、废塑料、废旧轮胎等再生资源回收利用行业规范管理，鼓励符合规范条件的企业公布碳足迹。延伸再生资源精深加工产业链条，促进钢铁、铜、铝、铅、锌、镍、钴、锂、钨等高效再生循环利用。研究退役光伏组件、废弃风电叶片等资源化利用的技术路线和实施路径。围绕电器电子、汽车等产品，推行生产者责任延伸制度。推动新能源汽车动力电池回收利用体系建设。（国家发展改革委、科技部、工业和信息化部、生态环境部、交通运输部、商务部、市场监管总局、国家能源局等按职责分工负责）

3. 推进机电产品再制造。围绕航空发动机、盾构机、工业机器人、服务器等高值关键件再制造，打造再制造创新载体。加快增材制造、柔性成型、特种材料、无损检测等关键再制造技术创新与产业化应用。面向交通、钢铁、石化化工等行业机电设备维护升级需要，培育50家再制造解决方案供应商，实施智能升级改造。加强再制造产品认定，建立自愿认证和自我声明结合的产品合格评定制度。（国家发展改革委、工业和信息化部、市场监管总局等按职责分工负责）

4. 强化工业固废综合利用。落实资源综合利用税收优惠政策，鼓励地方开展资源利用评价。支持尾矿、粉煤灰、煤矸石等工业固废规模化高值化利用，加快全固废胶凝材料、全固废绿色混凝土等技术研发推广。深入推动工业资源综合利用基地建设，探索形成基于区域产业特色和固废特点的工业固废综合利用产业发展路径。到2025年，大宗工业固废综合利用率达到57%，2030年进一步提升至62%。（国家发展改革委、科技部、工业和信息化部、财政部、生态环境部、税务总局、市场监管总局等按职责分工负责）

（八）加快工业绿色低碳技术变革。

推进重大低碳技术、工艺、装备创新突破和改造应用，以技术工艺革新、生产流程再造促进工业减碳去碳。

1. 推动绿色低碳技术重大突破。部署工业低碳前沿技术研究，实施低碳零碳工业流程再造工程，研究实施氢冶金行动计划。布局"减碳去碳"基础零部件、基础工艺、关键基础材料、低碳颠覆性技术研究，突破推广一批高效储能、能源电子、氢能、碳捕集利用封存、温和条件二氧化碳资源化利用等关键核心技术。推动构建以企业为主体，产学研协作、上下游协同的低碳零碳负碳技术创新体系。（国家发展改革委、科技部、工业和信息化部、生态环境部、国家能源局等按职责分工负责）

2. 加大绿色低碳技术推广力度。发布工业重大低碳技术目录，组织制定技术推广方案和供需对接指南，促进先进适用的工业绿色低碳新技术、新工艺、新设备、新材料推广应用。以水泥、钢铁、石化化工、电解铝等行业为重点，聚焦低碳原料替代、短流程制造等关键技术，推进生产制造工艺革新和设备改造，减少工业过程温室气体排放。鼓励各地区、各行业探索绿色低碳技术推广新机制。（国家发展改革委、科技部、工业和信息化部、生态环境部等按职责分工负责）

3. 开展重点行业升级改造示范。围绕钢铁、建材、石化化工、有色金属、机械、轻工、纺织等行业，实施生产工艺深度脱碳、工业流程再造、电气化改造、二氧化碳回收循环利用等技术示范工程。鼓励中央企业、大型企业集团发挥引领作用，加大在绿色低碳技术创新应用上的投资力度，形成一批可复制可推广的技术经验和行业方案。以企业技术改造投资指南为依托，聚焦绿色低碳编制升级改造导向计划。（国家发展改革委、科技部、工业和信息化部、生态环境部、国务院国资委、国家能源局等按职责分工负责）

（九）主动推进工业领域数字化转型。

推动数字赋能工业绿色低碳转型，强化企业需求和信息服务供给对接，加快数字化低碳解决方案应用推广。

1. 推动新一代信息技术与制造业深度融合。利用大数据、第五代移动通信（5G）、工业互联网、云计算、人工智能、数字孪生等对工艺流程和设备进行绿色低碳升级改造。深入实施智能制造，持续推动工艺革新、装备升级、管理优化和生产过程智能化。在钢铁、建材、石化化工、有色金属等行业加强全流程精细化管理，开展绿色用能监测评价，持续加大能源管控中心建设力度。在汽车、机械、电子、船舶、轨道交通、航空航天等行业打造数字化协同的绿色供应链。在家电、纺织、食品等行业发挥信息技术在个性化定制、柔性生产、产品溯源等方面优势，推行全生命周期管理。推进绿色低碳技术软件化封装。开展新一代信息技术与制造业融合发展试点示范。（国家发展改革委、科技部、工

业和信息化部等按职责分工负责)

2. 建立数字化碳管理体系。加强信息技术在能源消费与碳排放等领域的开发部署。推动重点用能设备上云上平台,形成感知、监测、预警、应急等能力,提升碳排放的数字化管理、网络化协同、智能化管控水平。促进企业构建碳排放数据计量、监测、分析体系。打造重点行业碳达峰碳中和公共服务平台,建立产品全生命周期碳排放基础数据库。加强对重点产品产能产量监测预警,提高产业链供应链安全保障能力。(国家发展改革委、工业和信息化部、生态环境部、市场监管总局、国家统计局等按职责分工负责)

3. 推进"工业互联网+绿色低碳"。鼓励电信企业、信息服务企业和工业企业加强合作,利用工业互联网、大数据等技术,统筹共享低碳信息基础数据和工业大数据资源,为生产流程再造、跨行业耦合、跨区域协同、跨领域配给等提供数据支撑。聚焦能源管理、节能降碳等典型场景,培育推广标准化的"工业互联网+绿色低碳"解决方案和工业APP,助力行业和区域绿色化转型。(国家发展改革委、工业和信息化部、国务院国资委、国家能源局等按职责分工负责)

三、重大行动

(十)重点行业达峰行动。

聚焦重点行业,制定钢铁、建材、石化化工、有色金属等行业碳达峰实施方案,研究消费品、装备制造、电子等行业低碳发展路线图,分业施策、持续推进,降低碳排放强度,控制碳排放量。

1. 钢铁。严格落实产能置换和项目备案、环境影响评价、节能评估审查等相关规定,切实控制钢铁产能。强化产业协同,构建清洁能源与钢铁产业共同体。鼓励适度稳步提高钢铁先进电炉短流程发展。推进低碳炼铁技术示范推广。优化产品结构,提高高强高韧、耐蚀耐候、节材节能等低碳产品应用比例。到2025年,废钢铁加工准入企业年加工能力超过1.8亿吨,短流程炼钢占比达15%以上。到2030年,富氢碳循环高炉冶炼、氢基竖炉直接还原铁、碳捕集利用封存等技术取得突破应用,短流程炼钢占比达20%以上。(国家发展改革委、科技部、工业和信息化部、生态环境部、国务院国资委、市场监管总局、国家能源局等按职责分工负责)

2. 建材。严格执行水泥、平板玻璃产能置换政策，依法依规淘汰落后产能。加快全氧、富氧、电熔等工业窑炉节能降耗技术应用，推广水泥高效篦冷机、高效节能粉磨、低阻旋风预热器、浮法玻璃一窑多线、陶瓷干法制粉等节能降碳装备。到2025年，水泥熟料单位产品综合能耗水平下降3%以上。到2030年，原燃料替代水平大幅提高，突破玻璃熔窑窑外预热、窑炉氢能煅烧等低碳技术，在水泥、玻璃、陶瓷等行业改造建设一批减污降碳协同增效的绿色低碳生产线，实现窑炉碳捕集利用封存技术产业化示范。（国家发展改革委、科技部、工业和信息化部、生态环境部、国务院国资委、市场监管总局等按职责分工负责）

3. 石化化工。增强天然气、乙烷、丙烷等原料供应能力，提高低碳原料比重。合理控制煤制油气产能规模。推广应用原油直接裂解制乙烯、新一代离子膜电解槽等技术装备。开发可再生能源制取高值化学品技术。到2025年，"减油增化"取得积极进展，新建炼化一体化项目成品油产量占原油加工量比例降至40%以下，加快部署大规模碳捕集利用封存产业化示范项目。到2030年，合成气一步法制烯烃、乙醇等短流程合成技术实现规模化应用。（国家发展改革委、科技部、工业和信息化部、生态环境部、国务院国资委、市场监管总局、国家能源局等按职责分工负责）

4. 有色金属。坚持电解铝产能总量约束，研究差异化电解铝减量置换政策，防范铜、铅、锌、氧化铝等冶炼产能盲目扩张，新建及改扩建冶炼项目须符合行业规范条件，且达到能耗限额标准先进值。实施铝用高质量阳极示范、铜锍连续吹炼、大直径竖罐双蓄热底出渣炼镁等技改工程。突破冶炼余热回收、氨法炼锌、海绵钛颠覆性制备等技术。依法依规管理电解铝出口，鼓励增加高品质再生金属原料进口。到2025年，铝水直接合金化比例提高到90%以上，再生铜、再生铝产量分别达到400万吨、1150万吨，再生金属供应占比达24%以上。到2030年，电解铝使用可再生能源比例提至30%以上。（国家发展改革委、科技部、工业和信息化部、生态环境部、国务院国资委、国家能源局等按职责分工负责）

5. 消费品。造纸行业建立农林生物质剩余物回收储运体系，研发利用生物质替代化石能源技术，推广低能耗蒸煮、氧脱木素、宽压区压榨、污泥余热干燥等低碳技术装备。到2025年，产业集中度前30位企业达75%，采用热电联产占比达85%；到2030年，热电联产占比达90%以上。纺织行业发展化学纤维智能化高效柔性制备技术，推广低能耗印染装备，应用低温印染、小浴比染色、针织物连续印染等先进工艺。加快推动废旧纺织品循环利用。到2025年，差别化高品质绿色纤维产量和比重大幅提升，低温、短流程印染低能耗技术应用比例达50%，能源循环利用技术占比达70%。到2030年，印染低能耗技术占比达60%。（国家发展改革委、科技部、工业和信息化部、生态环境部、国务院国资委、国家能源局等按职责分工负责）

6.装备制造。围绕电力装备、石化通用装备、重型机械、汽车、船舶、航空等领域绿色低碳需求，聚焦重点工序，加强先进铸造、锻压、焊接与热处理等基础制造工艺与新技术融合发展，实施智能化、绿色化改造。加快推广抗疲劳制造、轻量化制造等节能节材工艺。研究制定电力装备及技术绿色低碳发展路线图。到2025年，一体化压铸成形、无模铸造、超高强钢热成形、精密冷锻、异质材料焊接、轻质高强合金轻量化、激光热处理等先进近净成形工艺技术实现产业化应用。到2030年，创新研发一批先进绿色制造技术，大幅降低生产能耗。（国家发展改革委、科技部、工业和信息化部、生态环境部、国务院国资委等按职责分工负责）

7.电子。强化行业集聚和低碳发展，进一步降低非电能源的应用比例。以电子材料、元器件、典型电子整机产品为重点，大力推进单晶硅、电极箔、磁性材料、锂电材料、电子陶瓷、电子玻璃、光纤及光纤预制棒等生产工艺的改进。加快推广多晶硅闭环制造工艺、先进拉晶技术、节能光纤预制及拉丝技术、印制电路板清洁生产技术等研发和产业化应用。到2025年，连续拉晶技术应用范围95%以上，锂电材料、光纤行业非电能源占比分别在7%、2%以下。到2030年，电子材料、电子整机产品制造能耗显著下降。（国家发展改革委、科技部、工业和信息化部、生态环境部、国务院国资委、国家能源局等按职责分工负责）

（十一）绿色低碳产品供给提升行动。

发挥绿色低碳产品装备在碳达峰碳中和工作中的支撑作用，完善设计开发推广机制，为能源生产、交通运输、城乡建设等领域提供高质量产品装备，打造绿色低碳产品供给体系，助力全社会达峰。

1.构建绿色低碳产品开发推广机制。推行工业产品绿色设计，按照全生命周期管理要求，探索开展产品碳足迹核算。聚焦消费者关注度高的工业产品，以减污降碳协同增效为目标，鼓励企业采用自我声明或自愿性认证方式，发布绿色低碳产品名单。推行绿色产品认证与标识制度。到2025年，创建一批生态（绿色）设计示范企业，制修订300项左右绿色低碳产品评价相关标准，开发推广万种绿色低碳产品。（工业和信息化部、生态环境部、市场监管总局等按职责分工负责）

2. 加大能源生产领域绿色低碳产品供给。加强能源电子产业高质量发展统筹规划，推动光伏、新型储能、重点终端应用、关键信息技术产品协同创新。实施智能光伏产业发展行动计划并开展试点示范，加快基础材料、关键设备升级。推进先进太阳能电池及部件智能制造，提高光伏产品全生命周期信息化管理水平。支持低成本、高效率光伏技术研发及产业化应用，优化实施光伏、锂电等行业规范条件、综合标准体系。持续推动陆上风电机组稳步发展，加快大功率固定式海上风电机组和漂浮式海上风电机组研制，开展高空风电机组预研。重点攻克变流器、主轴承、联轴器、电控系统及核心元器件，完善风电装备产业链。（国家发展改革委、工业和信息化部、国家能源局等按职责分工负责）

3. 加大交通运输领域绿色低碳产品供给。大力推广节能与新能源汽车，强化整车集成技术创新，提高新能源汽车产业集中度。提高城市公交、出租汽车、邮政快递、环卫、城市物流配送等领域新能源汽车比例，提升新能源汽车个人消费比例。开展电动重卡、氢燃料汽车研发及示范应用。加快充电桩建设及换电模式创新，构建便利高效适度超前的充电网络体系。对标国际领先标准，制修订汽车节能减排标准。到2030年，当年新增新能源、清洁能源动力的交通工具比例达到40%左右，乘用车和商用车新车二氧化碳排放强度分别比2020年下降25%和20%以上。大力发展绿色智能船舶，加强船用混合动力、LNG动力、电池动力、氨燃料、氢燃料等低碳清洁能源装备研发，推动内河、沿海老旧船舶更新改造，加快新一代绿色智能船舶研制及示范应用。推动下一代国产民机绿色化发展，积极发展电动飞机等新能源航空器。（国家发展改革委、工业和信息化部、住房城乡建设部、交通运输部、市场监管总局、国家能源局、国家邮政局等按职责分工负责）

4. 加大城乡建设领域绿色低碳产品供给。将水泥、玻璃、陶瓷、石灰、墙体材料等产品碳排放指标纳入绿色建材标准体系，加快推进绿色建材产品认证。开展绿色建材试点城市创建和绿色建材下乡行动，推广节能玻璃、高性能门窗、新型保温材料、建筑用热轧型钢和耐候钢、新型墙体材料，推动优先选用获得绿色建材认证标识的产品，促进绿色建材与绿色建筑协同发展。推广高效节能的空调、照明器具、电梯等用能设备，扩大太阳能热水器、分布式光伏、空气热泵等清洁能源设备在建筑领域应用。（国家发展改革委、工业和信息化部、生态环境部、住房城乡建设部、市场监管总局等按职责分工负责）

四、政策保障

（十二）健全法律法规。构建有利于绿色低碳发展的法律体系，统筹推动制修订节约能源法、可再生能源法、循环经济促进法、清洁生产促进法等法律法规。制定出台工业节能监察管理办法、机电产品再制造管理办法、新能源汽车动力电池回收利用管理办法等部门规章。完善工业领域碳达峰相关配套制度。（国家发展改革委、工业和信息化部、司法部、生态环境部、市场监管总局、国家能源局等按职责分工负责）

（十三）构建标准计量体系。加快制修订能耗限额、产品设备能效强制性国家标准，提升重点产品能效能耗要求，扩大覆盖范围。建立健全工业领域碳达峰标准体系，重点制定基础通用、碳排放核算、低碳工艺技术等领域标准。强化标准实施，推进标准实施效果评价。鼓励各地区结合实际依法制定更严格地方标准。积极培育先进团体标准，完善标准采信机制。鼓励行业协会、企业、标准化机构等积极参与国际标准化活动，共同制定国际标准。开展工业领域关键计量测试和技术研究，逐步建立健全碳计量体系。（国家发展改革委、工业和信息化部、生态环境部、市场监管总局等按职责分工负责）

（十四）完善经济政策。建立健全有利于绿色低碳发展的税收政策体系，落实节能节水、资源综合利用等税收优惠政策，更好发挥税收对市场主体绿色低碳发展的促进作用。落实可再生能源有关政策。统筹发挥现有资金渠道促进工业领域碳达峰碳中和。完善首台（套）重大技术装备、重点新材料首批次应用政策，支持符合条件的绿色低碳技术装备材料应用。优化关税结构。（国家发展改革委、工业和信息化部、财政部、生态环境部、商务部、税务总局等按职责分工负责）

（十五）完善市场机制。健全全国碳排放权交易市场配套制度，逐步扩大行业覆盖范围，统筹推进碳排放权交易、用能权、电力交易等市场建设。研究重点行业排放基准,科学制定工业企业碳排放配额。开展绿色电力交易试点,推动绿色电力在交易组织、电网调度、市场价格机制等方面体现优先地位。打通绿电认购、交易、使用绿色通道。建立健全绿色产品认证与标识制度,强化绿色低碳产品、服务、管理体系认证。(国家发展改革委、工业和信息化部、生态环境部、市场监管总局、国家能源局等按职责分工负责)

(十六)发展绿色金融。按照市场化法治化原则,构建金融有效支持工业绿色低碳发展机制,加快研究制定转型金融标准,将符合条件的绿色低碳项目纳入支持范围。发挥国家产融合作平台作用,支持金融资源精准对接企业融资需求。完善绿色金融激励机制,引导金融机构扩大绿色信贷投放。建立工业绿色发展指导目录和项目库。在依法合规、风险可控前提下,利用绿色信贷加快制造业绿色低碳改造,在钢铁、建材、石化化工、有色金属、轻工、纺织、机械、汽车、船舶、电子等行业支持一批低碳技改项目。审慎稳妥推动在绿色工业园区开展基础设施领域不动产投资信托基金试点。引导气候投融资试点地方加强对工业领域碳达峰的金融支持。(国家发展改革委、工业和信息化部、财政部、生态环境部、人民银行、银保监会、证监会等按职责分工负责)

(十七)开展国际合作。秉持共商共建共享原则,深度参与全球工业绿色低碳发展,深化绿色技术、绿色装备、绿色贸易等方面交流合作。落实《对外投资合作绿色发展工作指引》。推动共建绿色"一带一路",完善绿色金融和绿色投资支持政策,务实推进绿色低碳项目合作。利用现有双多边机制,加强工业绿色低碳发展政策交流,聚焦绿色制造、智能制造、高端装备等领域开展多层面对接,充分挖掘新合作契合点。鼓励绿色低碳相关企业服务和产品"走出去",提供系统解决方案。(外交部、国家发展改革委、工业和信息化部、生态环境部、商务部等按职责分工负责)

五、组织实施

(十八)加强统筹协调。贯彻落实碳达峰碳中和工作领导小组对碳达峰相关工作的整体部署,统筹研究重要事项,制定重大政策。做好工业和信息化、发展改革、科技、财政、生态环境、住房和城乡建设、交通运输、商务、市场监管、金融、能源等部门间协同,形成政策合力。加强对地方指导,及时调度各地区工业领域碳达峰工作进展。(碳达峰碳中和工作领导小组办公室成员单位按

职责分工负责）

（十九）强化责任落实。各地区相关部门要充分认识工业领域碳达峰工作的重要性、紧迫性和复杂性，结合本地区工业发展实际，按照本方案编制本地区相关方案，提出符合实际、切实可行的碳达峰时间表、路线图、施工图，明确工作目标、重点任务、达峰路径，加大对工业绿色低碳转型支持力度，切实做好本地区工业碳达峰工作，有关落实情况纳入中央生态环境保护督察。国有企业要结合自身实际制定实施企业碳达峰方案，落实任务举措，开展重大技术示范，发挥引领作用。中小企业要提高环境意识，加强碳减排信息公开，积极采用先进适用技术工艺，加快绿色低碳转型。（各地区相关部门、各有关部门按职责分工负责）

（二十）深化宣传交流。充分发挥行业协会、科研院所、标准化组织、各类媒体、产业联盟等机构的作用，利用全国节能宣传周、全国低碳日、六五环境日，开展多形式宣传教育。加大高校、科研院所、企业低碳相关技术人才培养力度，建立完善多层次人才培养体系。引导企业履行社会责任，鼓励企业组织碳减排相关公众开放日活动，引导建立绿色生产消费模式，为工业绿色低碳发展营造良好环境。（国家发展改革委、教育部、工业和信息化部、生态环境部、国务院国资委、市场监管总局等按职责分工负责）

参考文献

[1] 唐晓可. 新一轮电力体制改革下吉电股份盈利能力影响因素研究 [D]. 吉林：东北电力大学，2021.

[2] 杨曦晨. 动力电池故障诊断及智能评价系统研究 [D]. 济南：山东大学，2021.

[3] 本刊. "双碳目标"催动建筑行业低碳转型 [J]. 建筑，2021（8）：14–17.

[4] 新华社. 中华人民共和国国民经济和社会发展第十四个五年规划和2035年远景目标纲要 [EB/OL]. （2021-03-13）[2021-03-13].

[5] 卫萌. 自然资源资产离任审计是否促进了资源型企业转型？[D]. 太原：太原理工大学，2021.

[6] 张凯，陆玉梅，陆海曙. 双碳目标背景下我国绿色建筑高质量发展对策研究 [J]. 住宅产业，2022，（10）：14–20.

[7] 郁泽君，聂影，王瑶，郁达飞. 双碳目标下绿色建筑减碳路径研究 [J]. 建筑经济，2022，43（3）：15–20.

[8] 张兵，仲敏. 绿色建筑发展水平测度与时空演变特征 [J]. 工程管理学报，2022，36（2）：1–6.

[9] 沈彦君. 基于全寿命周期"十四五"背景下绿色建筑的经济效益分析 [J]. 智能建筑与智慧城市，2022，（4）：133–135.

[10] 柴丽. 绿色建筑发展中的问题及法律对策研究 [J]. 建筑经济，2021，42（S1）：193–195.

[11] 李张怡，刘金硕. 双碳目标下绿色建筑发展和对策研究 [J]. 西南金融，2021，（10）：55–66.

[12] Lirui Dong and Dong Lirui. Research on the Development of Green Building Industry in China[J]. IOP Conference Series：Earth and Environmental Science，2020，525（1）：012117.

[13] Guo Ke and Yuan Yongbo. Geographic distribution and influencing factor analysis of

green residential buildings in China[J]. Sustainability, 2021, 13 (21): 12060-12060.

[14] Wang Liping, Zou Dongyao, Liu Yanpei, Xi Guangyong, Sharma Vishal. Decision Model Applied in IoT for Green Buildings Based on Grey Incidence Analysis and ANN[J]. Wireless Communications and Mobile Computing, 2022, 2022 (1): 3134201.

[15] Xie Ying, Zhao YiQing, Chen YaHui, Allen Colin. Green construction supply chain management: Integrating governmental intervention and public-private partnerships through ecological modernisation[J]. Journal of Cleaner Production, 2022, 331 (1): 129986.

[16] 何文波. 大力推广装配式钢结构住宅建设 [J]. 施工企业管理, 2022 (4): 52.

[17] 汪盛. "双碳"目标下装配式建筑技术发展研究 [J]. 建筑科技, 2022, 6 (1): 44-46.

[18] Zairul Mohd. The recent trends on prefabricated buildings with circular economy (CE) approach [J]. Cleaner Engineering and Technology, 2021, 4 (1): 100239.

[19] 吴祺航, 赵康, 葛坚. 基于灰色系统评价方法的既有建筑绿色化改造潜力评价 [J]. 中外建筑, 2021, (6): 133-138.

[20] 杨震. 夏热冬冷地区既有建筑绿色化改造案例研究 [J]. 建设科技, 2021, (5): 53-55; 59.

[21] 王玉婧. 既有公共建筑绿色化改造技术研究与应用 [J]. 中外建筑, 2020, (12): 45-47.

[22] 王凤晖, 郭汉丁, 刘谦. 既有建筑绿色改造市场治理体系优化与运行实践研究综述 [J]. 再生资源与循环经济, 2022, 15 (3): 4-10.

[23] 陈立文, 张孟佳, 李素红, 李雪静. 基于 DEMATEL-ISM 的既有建筑节能改造推广影响因素研究 [J]. 建筑经济, 2022, 43 (1): 84-92.

[24] Clemett Nicholas, Carofilis Gallo Wilson Wladimir, O'Reilly Gerard J, Gabbianelli Giammaria, Monteiro Ricardo. Optimal seismic retrofitting of existing buildings considering environmental impact [J]. Engineering Structures, 2021, 250 (1): 113391.

[25] 张亮, 洪智程, 冯一舰. 杭州市某典型建筑垃圾资源化处理项目的技术过程碳减排效益分析 [J]. 环境污染与防治, 2022, 44 (4): 506-509; 514.

[26] 王森彪, 许泽胜, 陈佳蕊. 北京市建筑垃圾处置利用发展历程研究 [J]. 应用化工,

2022，（1）：1-4.

[27] 舒宏源. 建筑垃圾资源化处置及综合利用研究 [J]. 低碳世界，2021，11（12）：19-20.

[28] Xu Jinjun, Liu Yi, Simi Alessandra, Zhang Ji. Recycling and reuse of construction and demolition waste: From the perspective of national natural science foundation-supported research and research-driven application [J]. Case Studies in Construction Materials，2022, PP e00876.

[29] 财经网. 左前明：如何理解纠正运动式"减碳"[EB/OL].（2021-08-03）[2021-08-03].

[30] 国家统计局. 中国统计年鉴 2021[M]. 北京：中国统计出版社，2021.

[31] 国家统计局. 中华人民共和国 2021 年国民经济和社会发展统计公报 [M]. 北京：中国统计出版社，2022.

[32] 武魏楠，田甜. BIPV 崎路曲折 [J]. 能源，2021（4）：10-18.

[33] 人民网. 提升建筑能效 助力低碳发展（经济聚焦·关注碳达峰碳中和）[EB/OL].（2022-01-11）[2022-01-11].

[34] 郁泽君，聂影，王瑶，郁达飞. 双碳目标下绿色建筑减碳路径研究 [J]. 住宅产业，2021（10）：15-20.

[35] 封文娜，谷玉荣. 多指标体系和改进神经网络的绿色建筑设计方案评价模型 [J]. 现代电子技术，2021，44（13）：101-105.

[36] 张津，王晓. 城市高层住宅绿色建筑设计方案评价及软件开发研究 [J]. 湖北工程学院学报，2021，41（6）：90-96.

[37] 杨一杰，曹维林. 基于模糊交叉效率评价的绿色建筑设计方案选择研究 [J]. 黄河科技学院学报，2020，22（5）：32-35.

[38] 蔡怀剑. 层次分析法在绿色建筑设计方案中的应用 [J]. 长春大学学报，2019，29（4）：23-26.

[39] 江晓欣，李素蕾. 装配式建筑产业链中构配件生产企业的选择研究 [J]. 建筑经济，2020，41（S2）：46-50.

[40] 杨坳兰. 预应力筋的关键参数对不对称混合连接节点复位性能的研究 [D]. 武汉：湖北工业大学，2019.

[41] 徐昊宇. 永安林业纵向一体化战略效果研究 [D]. 兰州：西北师范大学，2020.

[42] 蔡宇婷，杨贞珍，刘谊等. 装配式建筑在绿色建筑中的应用分析 [J]. 四川建材，2021，47（12）：39-40.

[43] 国务院办公厅. 国务院办公厅关于促进建筑业持续健康发展的意见.

[44] 刘秀杰. 基于全寿命周期成本理论的绿色建筑环境效益分析[D]. 北京：北京交通大学，2012.

[45] UNEP. The emissions gap report 2019 [R/OL]. 2019[2020-10-15].

[46] 孟冲. 既有建筑绿色化改造标识项目现状分析[J]. 建设科技，2014（7）：18-20. DOI：10.16116/j.cnki.jskj.2014.07.013、

[47] 金融界. 大悦城控股丨北京西单大悦城商场节能改造项目，实现年二氧化碳减排2985吨[EB/OL].（2021-12-01）[2021-12-01].

[48] 杨剑明. 重大工程项目建设的环境管理[M]. 上海：华东理工大学出版社，2016.

[49] 吴泽洲，曾爱民. 建筑垃圾及工程废浆处理市场分析[J]. 中国设备工程，2022（7）：160-161.

[50] 中意矿机移动破碎站. 郑州中意在湖南汨罗建筑垃圾处理项目成功案例[EB/OL].（2021-12-21）[2021-12-21].

后 记

　　环境问题的逐渐严重以及"双碳"国家战略目标的提出使得建筑行业朝着绿色低碳方向的发展已迫在眉睫。本书从新建建筑、既有建筑、建筑垃圾三大角度出发对碳达峰、碳中和目标下建筑行业发展路径进行了循序渐进的研究，以绿色建筑、既有建筑绿色化改造、建筑垃圾资源化利用作为主要研究体系展开，最终总结得出碳达峰、碳中和目标下建筑行业发展路径。在对绿色建筑的研究中，本书通过分析其与"双碳"目标的内在逻辑，深刻凸显出"双碳"目标下发展绿色建筑的重要性，绿色建筑的发展离不开要对绿色建筑设计方案的选择，本书基于OPA法构建了绿色建筑设计方案评价模型，对绿色建筑设计方案进行评价，该方法与传统的评价方法相比，优点突出，该方法的最显著优点是它不使用成对比较矩阵、决策矩阵、归一化方法、聚合专家意见的平均方法和语言变量。通过该方法将减少常见的评价错误，使评价结果更加科学、客观、准确，为决策者对绿色建筑的投资决策提供科学的决策依据。并且通过具体实例将运用绿色节能技术的绿色建筑与传统建筑的碳排放进行对比，直观地认识到绿色建筑的节能水平，进一步发现推动绿色建筑发展，是实现"双碳"目标的必然要求。最终提出了绿色建筑发展建议。在对既有建筑绿色化改造中，通过分析其与"双碳"目标的内在逻辑，理论联系实际，发现对既有建筑进行绿色化改造是推动生态文明建设、落实建筑行业碳达峰、碳中和的重要举措，是实现城乡建设规划绿色发展和建筑业转型发展的必然途径。在对建筑垃圾资源化利用中，通过分析其与"双碳"目标内在逻辑，作为理论与实际案例分析相结合，发现对建筑垃圾资源化利用符合"双碳"目标发展理念，也是发展绿色环保节能建筑材料的主要路径之一。综合以上，提出碳达峰、碳中和目标下建筑行业应当从多方面入手，挖掘建筑行业碳减排潜力，促进建筑行业绿色低碳发展，精心谋划、采取行动，积极落实。

在上述研究过程中，限于作者研究水平以及研究条件的限制，仍然存在一定的不足：

（1）本书的主要研究内容是从绿色建筑、既有建筑绿色化改造、建筑垃圾资源化利用着手分析的，未综合考虑其他方面。针对此，后续可持续创新，建立不同的研究体系。

（2）本书对OPA方法进行了研究，基于OPA建立了绿色建筑设计方案评价模型，主要用了绿色建筑设计方案评价，未应用此方法于其他方面。针对此，后续可更加深入研究，建立不同模型。